U0907073

北京市经济信息中心

# 2012 北京市经济形势分析与预测

◎刘骏 • 等著

# BEIJING ECONOMIC SITUATION ANALYSIS & FORECAST

中国财政经济出版社

**图书在版编目（CIP）数据**

北京市经济形势分析与预测. 2012/刘骏·等著.
—北京：中国财政经济出版社，2012.1
ISBN 978-7-5095-3335-2
Ⅰ. ①北… Ⅱ. ①刘… Ⅲ. ①区域经济—经济分析—北京市—2011
②区域经济—经济预测—北京市—2012 Ⅳ. ①F127.1

**中国版本图书馆CIP数据核字（2011）第272394号**

责任编辑：陆宗祥

责任校对：杜建东

装帧设计：北京真色彩广告有限公司

中国财政经济出版社 出版
URL：http://www.efeph.cn
E-mail:cfeph@cfeph.cn

社址：北京市海淀区阜成路甲28号　邮政编码:100142
发行处电话:88190406　财经书店电话:64033436
北京北邮印刷有限公司印刷　各地新华书店经销
787×1092毫米　16开　24.5印张　35万字
2012年1月第1版　2012年1月 第1次印刷
印数:1-1000　定价:58.00元
ISBN 978-7-5095-3335-2/F·2825
（图书出现印装问题，本社负责调换）
本社质量投诉电话：010-88190744

# 《2012 北京市经济形势分析与预测》
## 撰写委员会

主　　任：刘　骏

副 主 任：林明金　刘岚芳

委　　员：邢志俊　齐　心　崔　岩　贾秋淼　胡彭辉
　　　　　袁海霞　杨永恒　孙　哲　宋亚妮　梁　勤
　　　　　王　涛　吴海娜　张兆宇　赵　阳

# 目　录

## 导 言


主动调控促转型 创新驱动赢先机 ............ 1

### 第一章　经济增长　主动转型下呈现调整 积极应对中趋于稳健

一、2011年北京市经济在预期中回落调整 ............ 6

（一）内需拉动作用增强，需求结构调整积蓄增长动力 ............ 7

（二）服务业稳定作用突出，产业融合和创新发展孕育增长势能 ............ 9

（三）长期结构性矛盾和短期应对危机刺激政策推动物价持续上涨 ............ 11

（四）结构调整对就业的短期冲击较小，就业形势总体保持平稳 ............ 11

二、经济运行中需要关注的问题 ............ 13

（一）成本攀升影响投资环境改善，不利于经济的稳定增长 ............ 13

（二）居民收入实际增长偏低、差距较大是影响居民消费扩大的瓶颈 ............ 13

（三）资金供需矛盾加大使地方调节经济运行的手段收窄 ............ 15

（四）房地产市场长期积累的矛盾对经济社会发展的影响依然突出 ............ 16

（五）服务业增长速度放缓将影响整体经济增长 ............ 17

三、2012年北京市经济面临环境分析 ............ 18

（一）世界经济陷入“滞涨”可能性增大 ............ 18

（二）国内经济增速相对放缓，结构调整有待改善 ............ 21

（三）宏观调控政策主基调不变，适时适度预调微调将加强 ............ 21

（四）文化创新和科技创新双轮驱动成为转方式的强大动力......24
（五）打造首都经济圈上升为国家战略有利于提供更大发展空间......24
**四、2012年北京市经济增长展望**......25
（一）北京市经济仍处于本轮周期的下行趋稳区间......25
（二）北京市经济增长情景分析与预测......26
**五、政策建议**......30
（一）密切跟踪国内外环境变化，把握好主动调控的时机和力度......30
（二）尽快出台市级层面的收入分配改革措施，建立扩大消费需求的长效机制......30
（三）着力降低企业发展的综合成本，改善投资环境......31
（四）积极探索融资渠道，缓解资金紧张局面......31
（五）增强调控政策的前瞻性和灵活性，缓解房地产领域的结构性矛盾..32
（六）借助政策东风，推动服务业内涵式发展......33
（七）完善调控手段，进一步理顺价格矛盾，稳定价格水平......33
（八）合理布局功能和要素，提升首都经济的竞争力、控制力和辐射力......33
**※ 专题研究**
——北京市投资对消费的拉动作用分析......34

**第二章　投资　政策引导激发投资热点 结构调整助力平稳运行**

**一、有保有压的政策引导结构调整**......44
**二、2011年北京市投资运行特点**......45
（一）投资总量平稳增长，实物投资量明显提高......45
（二）要素供给整体趋紧......46
（三）投资方向出现积极变化......48

（四）中央投资增长高位回落，民间投资增长乏力，外商及港澳台投资快速增长 ...... 49
（五）投资空间布局调整成效显著 ...... 50
三、投资领域需要关注的问题 ...... 51
（一）融资困境难以破解，影响后续投资稳健增长 ...... 51
（二）民间投资依然难以释放，影响投资结构改善 ...... 52
（三）住房市场持续调整，对经济运行影响依然存在 ...... 53
四、2012年投资运行面临环境及形势判断 ...... 53
（一）外部环境较 2011 年相对宽松 ...... 53
（二）2012 年北京市投资运行稳中回落 ...... 55
五、政策建议 ...... 60
（一）加强投融资模式创新，拓宽融资渠道 ...... 60
（二）规范政府投融资制度，防范政府财政风险 ...... 60
（三）进一步优化民间投资政策环境 ...... 61
（四）加强对房地产市场监控，合理引导社会舆论 ...... 61

## 第三章　消费　平稳度过限购转型阵痛 消费升级支撑内需增长

一、2011年北京市消费领域运行特点 ...... 62
（一）承受转型阵痛，消费市场保持平稳增长 ...... 62
（二）房、车消费退潮明显，其他商品消费相对稳定 ...... 64
（三）享受型消费和以网店为代表的新兴业态增势迅猛 ...... 66
（四）居民服务型消费稳步提高 ...... 66
（五）旅游市场快速发展，外来消费进一步扩大 ...... 67
（六）高通胀影响居民消费信心，消费倾向有所下降 ...... 68

二、消费领域需关注的主要问题......68
（一）居民收入放缓成为影响消费结构升级的瓶颈......68
（二）消费服务供给短缺制约居民潜在消费能力释放......69
（三）基本公共服务不均衡加重居民额外支出负担......70
（四）消费环境不尽如意抑制居民正常消费需求......70
三、2012年消费需求影响因素及趋势展望......71
（一）扩大居民消费需求的政策体系不断完善......71
（二）部分扩大消费政策到期，已有消费政策效应出现弱化......71
（三）多项政策破题有望启动相关消费领域......72
（四）居民财产性收入缩水不利于消费增长......73
（五）保障房加快入市有利于填补商品房限购消费缺口......73
（六）热点区域加快开发有利于拓展新的消费空间......74
（七）独特城市地位为北京消费带来不竭动力......74
四、政策建议......75
（一）切实改革收入分配制度，努力缩小收入差距......76
（二）适时调整政策，挖掘房、车市场消费潜力......76
（三）提升供给品质，将更多购买力留在北京......76
（四）加大扶持力度，提高服务性消费......77
（五）借助政策东风，扩大居民文化消费......77
（六）推动资源均衡，减少居民不合理支出负担......78
（七）规范消费环境，让公众安全放心地消费......78
（八）出台鼓励低碳消费和绿色消费的优惠政策......78
（九）构建与时俱进的消费指标统计体系......79

## 第四章　价格　不断攀升终现拐点 压力缓解却难回低位

一、2011年北京市价格运行特点 ........ 80
（一）消费者价格持续攀升，位居全国前列 ........ 80
（二）生产者价格不断上扬 ........ 81
（三）生活必需品价格全面上涨 ........ 83
（四）住宅销售价格不断下滑，租赁价格持续上扬 ........ 85
二、未来影响价格的因素分析 ........ 86
（一）国际大宗商品价格变化的不确定性加大 ........ 86
（二）供需紧平衡与成本上升支撑粮食等农产品价格高位运行 ........ 87
（三）劳动力成本提高是推动价格上升的主动力 ........ 88
（四）资源品价格改革适时推进助推价格上涨 ........ 88
（五）国内经济增长趋缓与政策显效、预期管理加强有助于稳定价格 ........ 90
三、2012年价格走势判断 ........ 91
（一）2012 年居民消费价格指数涨幅在 4%~4.5%之间 ........ 91
（二）2012 年工业生产者出厂和购进价格指数涨幅分别在 2.8%和 8.4% ........ 93
四、政策建议 ........ 95
（一）客观看待价格上涨，将其转化为“调结构、促转型”的动力 ........ 95
（二）积极稳妥推进资源价格改革 ........ 95
（三）保障生活必需品供应，维护市场稳定，规范市场秩序 ........ 95
（四）设立价格调节基金 ........ 96
（五）做好低收入等特殊群体、困难群体的生活保障工作 ........ 97
（六）加强通胀预期管理 ........ 97

※ 专题研究
——国际大宗商品价格上涨对国内价格的影响分析 97

## 第五章 外资外贸 外贸呈现平稳回落 外资结构更趋优化

一、2011年北京地区外贸形势分析 103
（一）对外贸易保持平稳增长，进口依然是主要拉动力量 104
（二）价格高位下资源类产品依然是进出口主力 105
（三）一般贸易仍为主要方式，加工贸易进出口规模下降 108
（四）主要贸易伙伴进口进一步增加 109
（五）国有企业为进出口主力，民营企业发展迅速 110
二、2011年北京市外资利用情况 112
（一）实际利用外资稳步增加，外商独资仍为主要形式 112
（二）利用外资结构持续优化，资金流向更高层次业态 113
三、2012年北京市外资外贸形势展望 114
（一）世界经济复苏缓慢曲折，外需回升态势趋缓 114
（二）贸易保护主义愈演愈烈，出口环境恶化 115
（三）国内政策和运行环境有利于促进外贸平衡 117
（四）企业生产成本上升，产品价格优势减弱 119
（五）依托自身优势与良好外部环境，服务贸易进一步发展 120
（六）外资保持平稳增长，结构进一步优化 121
四、政策建议 124
（一）继续改善出口环境，保证出口持续稳定增长 124
（二）引导企业走创新之路，满足多元化市场需要 124
（三）大力引进战略性新兴产业技术和产品，优化进口产品结构 124

（四）利用外资结构调整，带动产业结构升级……124

## 第六章　农村经济　产业融合发展态势显现　城乡一体化进程加快

一、2011年农村经济形势分析……126
（一）农业生产保持低速增长……126
（二）都市型现代农业优势产业增势强劲……127
（三）镇村企业经济运行效益稳中有升……128
（四）农村投资高开低走，农村消费保持平稳……129
（五）农民收入实际增速出现明显放缓……129
二、农村发展中需关注的主要问题……131
（一）高度关注农村人口空心化现象及其影响……131
（二）融资难问题制约镇村企业长远发展……131
（三）乡村旅游的规模和档次亟待提升……132
（四）小城镇建设资金的市场化融资机制尚待完善……133
（五）城乡结合部改造后的遗留问题亟待解决……133
三、2012年农村经济趋势展望……134
（一）都市型现代农业比重将继续保持提升……134
（二）乡村旅游市场将保持快速发展势头……134
（三）小城镇建设进入了加快发展的新阶段……136
（四）农村基础设施维护、新型农村社区建设和农民住宅抗震节能改造有望成为下一阶段新农村建设的主要抓手……137
（五）农产品生产成本将长期保持高位运行……138
（六）农民持续增收压力依然较大……138
四、政策建议……139

（一）进一步提高农产品自给率和品牌化建设......139
（二）以土地整合和融资创新为动力，推动社会资本参与小城镇建设......140
（三）采取分类培训方式，逐步建立以提高农村劳动力就业技能为目标的职业培训制度......142
（四）加大对农村低收入群体扶助力度......142
（五）加快推进关键领域改革，释放农村发展活力......142

## 第七章　工业　结构优化成效明显 高端制造蓄势待发

一、2011年工业经济发展回顾......144
（一）工业运行经历低缓，渐趋走稳......144
（二）结构优化成效显著，高端产业抗风险能力提升，重点行业挣脱困境增速回升......146
（三）南部高技术制造业和战略性新兴产业初具“一区六园”格局，开发区工业经济运行趋缓......148
（四）工业效益保持增长，行业利润差异较大......149
二、当前需关注的问题......151
（一）企业运营环境不容乐观......151
（二）工业效益下行趋势日益凸现......151
（三）工业技改投资放缓对产业升级的影响不容忽视......152
三、2012年工业经济展望......152
（一）2012 年工业发展面临的环境因素分析......152
（二）2012 年工业形势判断......156
（三）重点行业发展态势......158
四、政策建议......162

（一）加强对中小企业的扶持力度……162
（二）引导和鼓励企业自主创新和品牌培育……162
（三）加快重点产业园区、基地的建设……162

## 第八章　服务业　政策环境更为有利　增长速度趋于稳定

一、2011年北京市服务业发展现状……164
（一）服务业增速回落中趋于稳定，经济稳定器作用依然明显……164
（二）服务业形成多点支撑格局，高技术服务业表现突出……166
（三）企业利润持续增加，内涵式增长动力提升……168
（四）“两城两带、六高四新”的建设有利于高端资源集聚……169
二、需要关注的主要问题……170
（一）服务业出现趋缓迹象需引起关注……170
（二）生产性服务业增长原动力亟需体制改革激发……172
（三）服务价格上涨速度过快，劳动生产率增长缓慢……172
（四）要素成本上升制约总部经济的乘数效应发挥……173
（五）服务型产品供给难以满足多层次、多样化需求……174
三、2012年北京市服务业发展的总体趋势……174
（一）多项政策扶持有利于北京市服务业保持稳定增长……174
（二）服务业将焕发出新的活力……175
（三）产业空间布局将更趋完善……176
（四）企业效益将有所提升……177
四、服务业内部各行业发展展望……177
（一）文化资源优势有望得以释放，文创产业继续保持快速增长……177
（二）信息服务业较快增长……178

（三）科技服务业保持稳定......178
（四）金融业将继续趋缓......179
（五）房地产业难有起色......179
（六）批发零售业有望实现稳定增长......180
（七）交通运输、仓储和邮政业保持平稳......180
（八）旅游业将继续保持快速发展......181
五、政策建议......182
（一）推进政策体系建设，促进资源优势转化......182
（二）坚持创新驱动，提高服务业竞争实力......183
（三）加快服务业人才培养......183

## 第九章　高技术产业　创新发展取得新突破 产业集聚趋势明显

一、2011年北京市高技术产业发展总体情况......184
（一）高技术产业保持相对平稳发展态势......184
（二）南北产业带走势各异......188
（三）创新活跃程度保持较高水平......190
二、值得关注的问题......192
（一）部分企业经营压力骤升......192
（二）部分产业进入变革期面临诸多考验......192
（三）南北产业带发展不协调......194
三、影响因素......194
（一）产业发展政策环境进一步完善......194
（二）中关村“1+6”等政策效果持续释放......195
（三）日本震后调整为北京市企业承接部分高端产能提供了机遇......196

（四）国际经济形势对北京市高技术出口企业造成一定影响......197
四、2012年高技术产业发展预测......198
（一）产业总体将保持较快增长......199
（二）战略性新兴产业总体将保持向好发展态势......200
（三）“两城两带”等功能区建设将加速产业集聚......202
五、政策建议......202
（一）加大对中小微企业扶持力度......202
（二）改善南城创新创业环境......202
（三）推动战略性新兴产业健康发展......202
（四）发挥“1+3+N”股权投资体系作用......203

## 第十章　房地产　短期调控目标已实现 稳健发展道路仍曲折

一、政策的连续性和针对性有所加强......204
（一）从源头入手，抑制地价引导房价......204
（二）商品住宅市场调控再度升级......204
（三）全面保障政策性住房建设......205
二、2011年北京市房地产市场进入调整期......207
（一）投资增长波动趋稳，投资结构有效改善......207
（二）要素市场整体趋冷，但不乏增长亮点......208
（三）住宅市场购置低迷，租赁火爆，结构性调整显著......209
（四）商业地产市场持续火爆，优质资源供需缺口明显......211
三、房地产领域需要关注的问题......213
（一）商品住宅市场将长期面临供给不足的窘况......213
（二）商品住宅供需结构性失衡加剧......213

（三）房价下降预期逐步形成加剧房地产领域信贷风险 214
（四）写字楼或成流动性的避风港 215
（五）政策性住房“以租为主”的政策导向与实际脱节 215
**四、2012年北京市房地产市场运行走势判断** 216
（一）外部环境依然偏紧 216
（二）2012 年北京市房地产市场仍将处于调整期 217
**五、政策建议** 220
（一）适度调整北京市住宅供应结构 220
（二）积极防范房地产企业融资风险 220
（三）建立健全保障性住房建设运营制度设计 220
（四）积极引导流动性进入优质商业地产 221
（五）未雨绸缪，提前着手准备限购政策的退出机制 221
※ 专题研究
——北京市新建商品房可售存量及其结构分析 222

## 第十一章　人民生活　居民收入平稳增长 生活质量不断提高

**一、2011年北京市人民生活领域运行特点** 232
（一）居民收入平稳增长，收入渠道日益多元化 232
（二）居民消费结构持续升级，生活水平逐步提高 234
（三）就业总体保持稳定，增速略有下滑 236
（四）社会保障体系逐步完善，保障水平有所提升 238
（五）公共服务向均衡、优质化推进，服务能力有所提升 238
**二、当前人民生活领域需要关注的主要问题** 239
（一）物价水平持续高涨，中低收入群体生活压力显现 239

（二）居民消费意愿逐年下降 240
（三）优质公共服务资源在中心城过度集中，供求矛盾仍然突出 240
三、2012年北京市人民生活领域运行展望 241
（一）就业保持基本稳定 241
（二）收入有望实现稳定增长 242
（三）居民发展型、享受型消费特征进一步凸显 242
（四）社会公共服务水平有望进一步均等提升 243
四、改善首都人民生活状况的政策建议 243
（一）不断完善就业政策，促进城乡居民充分就业 243
（二）有效落实各项增收政策，切实提高居民收入水平 244
（三）加大政策创新，促进居民消费稳定增长 244
（四）继续完善社会保障和社会福利政策，改善居民支出预期 245
※ 专题研究
——2011 年北京市居民关注热点变化及 2012 年期盼 246

## 第十二章 首都经济圈 京津辐射作用增强 区域合作实质推进

一、加快首都经济圈发展的背景 253
（一）外部形势迫切需要首都经济圈加快发展步伐 253
（二）国内多极崛起给首都经济圈发展带来直接竞争压力 253
（三）区域自身发展要求客观上推动首都经济圈加快发展 254
（四）推动首都经济圈发展是北京建设世界城市的需要 254
二、2011年首都经济圈的发展现状 254
（一）经济增速有所放缓，区域实力稳步提升 255

（二）经济结构不断优化，区域梯度逐步显现 257
（三）经济效益快速提升，区域发展后劲强劲 258
（四）步入不同发展阶段，呈现各异转型特征 259
（五）经济联系日趋紧密，区域合作显现成效 259
**三、首都经济圈发展面临的机遇与挑战** 260
（一）面临的主要机遇 260
（二）面临的主要挑战 261
**四、促进首都经济圈产业发展合作的总体考虑** 263
（一）总体思路 263
（二）主要合作领域 264
（三）主要承接区域 265
**五、政策建议** 266
（一）加快推动国家层面的首都经济圈总体规划出台及相关协调机构设立 266
（二）加快首都经济圈基础设施和要素市场一体化建设 266
（三）充分发挥核心城市在首都经济圈产业升级中的引擎带动作用 267
（四）进一步完善首都经济圈阶梯形的城市群体系 268
（五）引导区域内雄厚央企资源积极参与首都经济圈发展 269
（六）探索首都经济圈跨区域发展合作的新机制 269

# 导　言

## 主动调控促转型　创新驱动赢先机

2011年，面对国内外复杂多变的形势，北京市积极落实“十二五”规划的总体思路，主动实施“调结构、促转型、控物价、惠民生”，促进经济发展方式转变，推动首都科学发展。

### 调结构，蓄积首都经济增长动力

“十二五”开局之年，北京市围绕需求、产业等领域主动展开具有前瞻性的结构调整。

投资结构产生积极变化。在国家从紧宏观调控的背景下，北京市主动出台了以遏制住房投机性需求为主要内容的“京十五条”房地产调控新政，加快了基础设施投资，扩大了战略性新兴产业发展的专项支持力度。建安投资、产业投资在全社会固定资产投资中的比重明显提升，住宅和商业地产投资结构取得明显改善。

消费向多点支撑转变。北京市主动实施汽车、住房限购政策。机动车保有量快速增长的势头得到有效控制，住宅投机性需求明显收缩，金银珠宝、通讯器材、电子商务、文化旅游等新兴消费热点涌现，服务性消费快速增长。

服务业主导型的产业结构特征更加突出。在落实国家重点产业振兴规划和实施意见的基础上，北京市通过全面停产首钢主流程、制定实施培育发展战略性新兴产业意见、完善文化创意产业扶持政策等举措，主动加大产业结构调整力度。三次产业中，第三产业占比继续提高，对经济增长的贡献由“十一五”时期77.5%的水平，提高至80%以上；制造业高端化、轻型化趋势更加明显，高耗能行业持续收缩，以医药、汽车、装备为代表的现代制造业和高技术制造业增长均高于规模以上工业平均水平，对北京市经济增长的拉动作用增强。

城市功能格局优化提升。继续依托核心区划调整、城南行动计划实施等，促进资源整合，落实功能定位，四类功能区域发展差异化、特色化特点更加明显。核心区古都风貌保护和历史文化传承功能进一步提升，拓展区现代经济与国际交往的功能更趋完善，发展新区生产制造和人口疏解的功能不断展现，生态涵养区生态资源保护和生态富民的效果初现。

## 促转型，着力推动科技创新、文化创新“双轮”驱动

“十二五”开局之年，北京市以强化创新驱动为着力点，以节能减排为抓手，促进经济转型。

科技创新方面，在坚决贯彻执行中央对中关村自主创新示范区建设的各项批复基础之上，北京市通过推进中关村“1+6”先行先试及人才特区建设政策实施，加快高新技术产业化项目和示范工程建设，积极推动创新资源在两城集聚，激发北京市科技创新活力加速释放。截至2011年10月，北京市技术合同交易额同比增长43%，每万人拥有发明专利25.4件，居全国之首。示范区建设顺利，创新积聚势能。截至2011年8月，示范区开展科技活动的企业占园区企业的比重持续上升；中关村示范区技术收入占总收入的比重比2010年同期提高0.5个百分点。“两城两带” 和“六高四新”的创新和产业发展格局已具雏形。其中，六大高端产业功能区以各自优势集聚了北京市 90%的高技术产业、80%的现代制造业、55%的生产性服务业和52%的文化创意产业。“两城”创新资源集聚，带动北部研发服务和高技术产业快速发展。南部战略性新兴产业发展带初步形成以北京经济技术开发区为龙头，带动生物医药、新媒体、新能源汽车、生产性服务业等共同

发展的产业格局。

文化创新方面，作为文化体制改革试点地区和全国文化中心，继续深化文化体制改革，推进剧院转企改制，加大文化产业资金扶持，加快推进首都文化发展。北京歌华、保利文化、北京畅游、汉王科技等5家企业跻身全国“文化企业30强”。北京设计周、北京国际音乐节、北京国际电影季等成为首都标志性的文化活动。深入落实党的十七届六中全会精神，形成了公众广泛认可的以爱国、创新、包容、厚德为内容的“北京精神”。首都文化发展开始迈入大发展大繁荣时期。

在结构调整、驱动方式转变的共同作用下，促转型取得明显成效。国家节能减排系列政策出台后，北京市通过主动强化目标管理和考核、编制节能专项规划、推广高效节能产品、推进劣势产业淘汰等措施深入推进节能减排向“内涵促降”转变。在规模以上工业万元增加值能耗同比大幅下降的拉动下，2011年1~3季度，北京市万元GDP能耗同比完成进度快于“十二五”目标水平。

## 控物价，有效缓解通胀影响

“十二五”开局之年，面对持续攀升的物价，北京市主动采取保供给、疏流通、促增收等调控举措，缓解通胀影响。

2011以来，受国际大宗商品价格上升、输入性压力加大、流动性偏多、劳动力成本升高、极端气候多发等诸多因素推动，北京市价格持续上涨，驶入高位。为应对价格较快上涨，国家综合采取了控货币、促生产、保供给、疏流通、强监管、稳预期的系列控通胀政策，北京市政府积极配合中央政策，从市场供应、房租调控、价格监测、价格监管、居民增收等6个方面研究提出了25项价格调控措施，并采取了暂缓价格改革，降低部分政府管理的价格及收费的具体举措。

诸多稳物价政策措施的实施，终于显现积极成效。首先，物价上涨出现趋缓。截至2011年10月份，北京市CPI已连续两个月出现涨幅趋缓的态势；八大类结构中，主推CPI上涨的食品和居住类价格近两个月均出现涨幅趋缓的态势，拉动食品价格大涨的猪肉价格已开始稳定；10月份CPI涨幅已回落至6%以内。其次，居民承受能力有所增强。年内上调工资指导线、最低工资标准，发放临时补贴等举措，一定程度上增强了低收入及弱势群体的物价承受能力。最后，价格上涨预期有所弱化。

## 惠民生，保障生活水平不断提高

“十二五”开局之年，围绕就业、保障、收入等民生领域北京市加强了各项制度和政策安排，收获良好成效。

就业状况改善。2011年北京市通过实施统一城乡就业失业登记制度、扩大就业倾斜政策覆盖范围、启动绿色就业行动计划、简化毕业生就业手续办理等诸多举措，促进城乡劳动者就业。9万余名就业困难人员实现就业，7万余名农村劳动力实现转移就业，北京地区高校毕业生就业率达95.7%。城镇登记失业率为1.54%，低于2.5%的控制目标。

社会保障制度进一步完善，水平进一步提高。北京市不仅将农民工纳入职工基本养老保险范围，而且将领取失业保险金人员纳入职工基本医疗保险范围，同时，还实施了有关农转居人员、小城镇人员、零散农转居人员社会保障问题的政策。在国家相关政策的指导下，北京市先后两次上调城乡低保等社保标准，并结合物价上涨，及时建立社保待遇标准与物价上涨的联动机制，为企业退休人员发放一次性生活补贴。

住房保障得到明显加强。为解决中低收入家庭住房困难，北京市按照中央加大保障房建设力度的要求，全面推进旧城人口疏解和棚户区改造，优先安排储备土地用于保障性住房建设，采取多种方式，扩大公共租赁房的建设和供应规模，保障房建设取得了较大进展。截至目前，北京市已超额完成年初20万套保障房开工量的计划，10万套整体竣工量的计划也已完成大半。

公共服务水平继续提升。教育继续优先发展。通过加大幼儿园新建扩建力度，推进中小学规范化建设工程等举措，着力解决群众关心的教育热点和难点问题。推动优质教育向农村地区辐射，促进教育均衡化发展。医疗体制改革深入推进，公共卫生服务体系逐步完善。深入落实医改方案，推进公立医院改革试点工作；实施挂号服务新举措；全面推行家庭医生式服务，新增六项基本公共卫生服务项目，为市民提供更多的公共卫生服务。文化体育更加注重服务于民。继续开展“周末场演出计划”等文化活动，扩大文化馆、图书馆、美术馆免费开放力度，加强非物质文化遗产保护和弘扬力度。实施全民健身计划，加强健身设施建设管理，学校体育设施向社会开放进一步扩大。

2011 年，一系列主动调控措施的实施，为“十二五”时期奠定了较好基础。展望 2012 年，国际环境不确定、不稳定的因素在增加，北京市仍需坚持主动调控，继续深化结构调整，积极推动科技创新、文化创新，实现首都经济社会稳健发展。

# 第一章 经济增长

## 主动转型下呈现调整 积极应对中趋于稳健

2011年，在经济增长周期、外需环境、国家宏观调控政策和北京市主动推动发展方式转变等因素共同作用下，北京市经济呈现预期中回落调整的态势。2012年，面临不确定性、不稳定性加大的国际环境，在国内政策基调微调、宏观经济形势趋缓的作用下，北京市经济仍将保持趋稳调整状态，预计2012年GDP增长8.3%左右，增速略高于2011年。

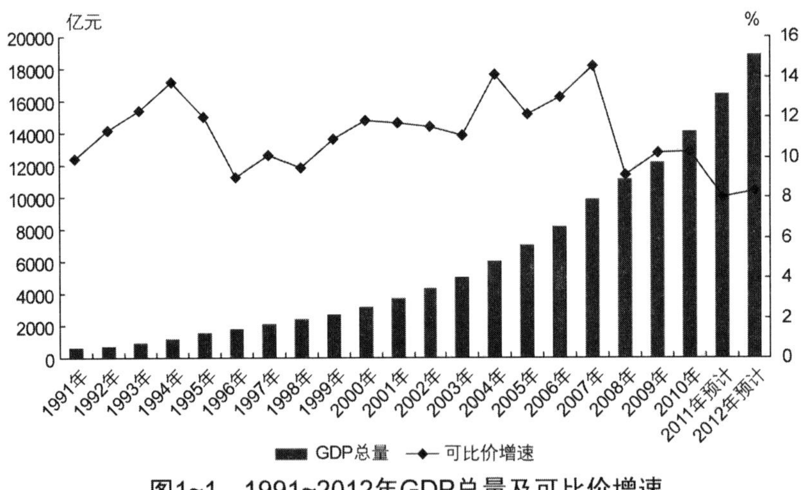


图1~1 1991~2012年GDP总量及可比价增速

### 一、2011年北京市经济在预期中回落调整

2011年，在全球经济复苏放缓、国内政策趋紧等因素影响下，与全国走势一样，北京市经济增长延续了2010年以来逐季回落的态势，经济运行

朝着宏观调控的预期方向发展；同时，北京市主动加强房地产、汽车等重点领域调控，推动首钢主流程全面停产，经济回落幅度明显高于全国。2011年1~9月份，北京市实现地区生产总值11404亿元，同比增长8%，增幅较2010年同期回落2.1百分点，高于全国回落1.3个百分点的水平。根据"北京宏观经济景气监测分析系统"结果，1~9月北京市宏观警情指数虽然有所波动，但仍处于正常的绿灯区域。第四季度，主动调控的政策效应将逐步趋缓，在加强经济综合调度的作用下，预计2011年全年增长8%左右。

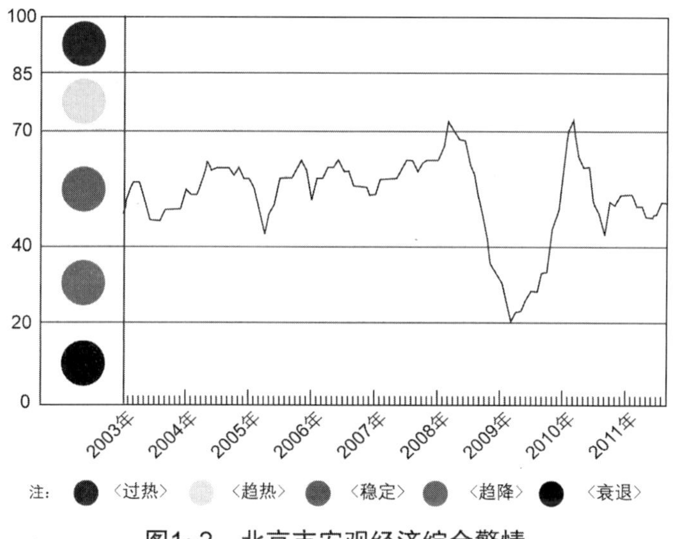


图1~2　北京市宏观经济综合警情

### （一）内需拉动作用增强，需求结构调整积蓄增长动力

在主动调控带来住房、汽车销售同比下降的情况下，投资消费依然保持平稳增长，而受国际经济复苏放缓、人民币汇率升值、国内生产成本提升等诸多因素影响，出口规模尚未达到金融危机前的水平。2011 年 1~9 月，全社会固定资产投资、社会消费品零售总额、地区出口总额分别增长 17.4%、11.5%和 4.9%。从四季度各自影响因素看，预计 2011 年三大需求分别增长 15%、10.5%和 3%，内需对经济的贡献继续提升。

延伸阅读：首都经济增长的需求引擎

改革开放以来，投资是北京市经济的重要拉动力量和波动力量，消费需求是稳定经济增长的保障。随着市场经济的建立与买方市场的形成，消费的主导作用越来越强，越来越成为影响经济稳定增长的重要因素。从投资率和消费率变化特征（见图 1~3）可以看出，1985 年以前为消费需求主导型经济；1985~1996 年为投资需求主导型经济；1996~2006 年为投资、消费双轮驱动型经济；2006 年以来，消费率超过投资率，到 2010 年，二者分别为 53.4%和 44.8%。在经济转型的大背景下，消费对未来经济的主导作用将会进一步加强。

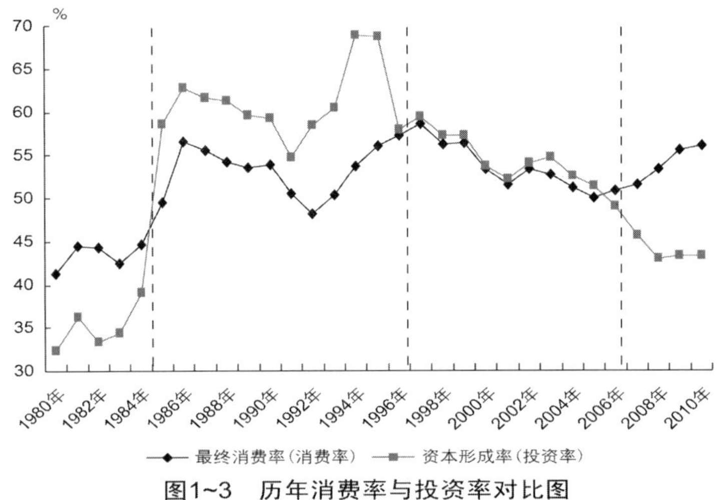


图1~3　历年消费率与投资率对比图

表 1~1　支出法核算 GDP 各项（不含出口）历次五年规划时期的增长率（%）

| 时　期 | GDP | 最终消费 | 其　中：居民消费 | 政府消费 | 资本形成总　额 | 其　中：固定资产 |
|---|---|---|---|---|---|---|
| “六五”时期 | 9.68 | 13.30 | 14.00 | 11.64 | 25.64 | 19.00 |
| “七五”时期 | 7.96 | 12.82 | 14.51 | 8.04 | 7.90 | 7.98 |
| “八五”时期 | 11.83 | 11.07 | 12.77 | 6.13 | 13.58 | 20.15 |
| “九五”时期 | 10.26 | 10.04 | 8.04 | 16.06 | 7.44 | 6.61 |
| “十五”时期 | 12.10 | 10.57 | 10.14 | 11.45 | 11.45 | 13.01 |
| “十一五”时期 | 11.40 | 15.08 | 13.09 | 18.18 | 5.67 | 5.88 |

**主动调控带来内需结构更趋优化，为后续持续增长积蓄动力。**在投资领域中，建安投资同比增长26.1%，达到2008年以来的同期最高水平，对全社会固定资产投资的贡献达到57.1%；重大工业项目落地和推进使工业投资对全社会投资增长的支撑作用进一步加大，在全社会投资中的占比持续保持在12%以上，是2005年以来的最好水平，拉动全社会投资增长6.4%；在严厉的房地产调控政策作用下，投机性需求得到有效遏制，政策性住房投资同比增长2.3倍，写字楼投资占比稳步提高，房地产业的民生属性和产业承载功能逐步增强。在消费领域，受汽车限购、停车收费措施的影响，机动车保有量过快上涨势头得到有效遏制，带来消费总量呈现名义和实际增长双回落态势，但购物平台、支付方式、物流运输等环节的改善和公众消费理念的转变，推动网购等新型业态不断涌现，并以同比增长1.3倍的速度快速发展；居民消费结构升级推动服务型消费支出增速自2009年以来持续快于消费性支出增速，文化休闲型消费占比不断提高，时尚升级型消费增势强劲。在出口领域，一般贸易持续保持高位增长，而来料加工装配贸易和进料加工贸易降幅则持续高位。

### （二）服务业稳定作用突出，产业融合和创新发展孕育增长势能

在外需放缓和主动调控因素叠加作用下，第二产业、第三产业增长均呈现回落态势，2011年1~3季度，第二产业、第三产业分别增长6.5%和8.5%，增幅同比回落7.7个百分点和0.3个百分点，三次产业比重为0.8∶22.9∶76.3，服务业对GDP增长的贡献达到80%，发挥了重要的稳定器作用。第四季度，随着国家宏观调控政策的适时微调和北京市调控政策效应的逐步减弱，产业增长将呈现趋稳态势，预计全年三次产业分别增长0.1%、6.6%和8.5%，三次产业比重为0.8∶23∶76.2。

产业融合发展，服务与制造的相互延伸和渗透，不断产生新的发展业态，孕育新的增长势能。信息服务、商务服务持续保持两位数增长，2011年1~9月同比增长23.5%和15%，带动生产性服务业加快发展。服务引领制造作用持续增强，数字出版、移动互联等快速崛起，成为产业发展新生动力。轻工

延伸阅读：首都经济增长的产业支撑

改革开放以来，伴随着经济持续快速增长、经济社会发展战略的转变，北京市产业结构发生了深刻变化。三次产业比重由1978年的5.2∶71.1∶23.7变化为2010年的0.9∶24∶75.1。1994年，“三二一”的产业格局形成。1994年以来，第三产业比重继续提高。1995年服务业比重首次超过50%，1998年超过60%，2006年超过70%，服务业主导型的产业格局更加稳固。

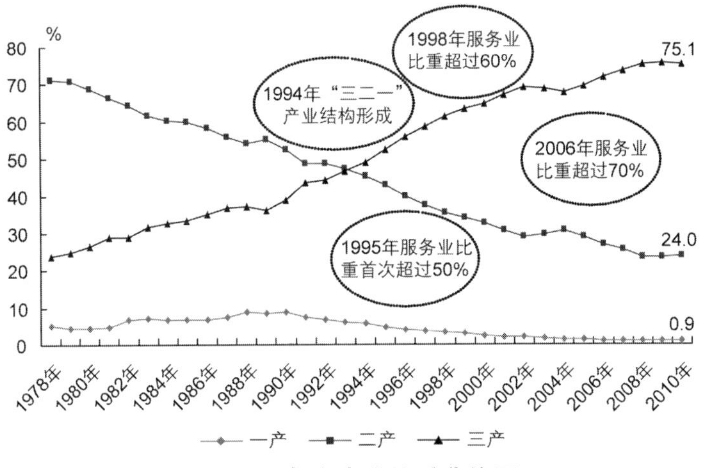


图1~4　各次产业比重曲线图

从历次五年规划时期三次产业的增长速度看，第三产业增速始终高于第一、第二产业。2001年以来，第三产业对经济增长的贡献率始终保持在70%左右，对提升服务功能、熨平经济波动发挥了重要的稳定器作用。

表1~2　　历次五年规划期间三次产业平均增速（%）

| 时　期 | GDP | 第一产业 | 第二产业 | 第三产业 |
|---|---|---|---|---|
| “六五”时期 | 9.68 | 8.59 | 8.33 | 12.97 |
| “七五”时期 | 7.96 | 5.68 | 6.43 | 11.17 |
| “八五”时期 | 11.83 | 0.86 | 10.87 | 14.96 |
| “九五”时期 | 10.26 | 1.40 | 9.44 | 12.03 |
| “十五”时期 | 12.10 | 0.54 | 11.36 | 12.82 |
| “十一五”时期 | 11.40 | 1.36 | 9.52 | 12.32 |

业增幅超过重工业，高技术制造业、现代制造业增长快于规模以上工业，显示制造业轻型化、高端化态势逐步显现并延续。与此同时，产业集聚集群发

展态势明显。伴随国家对中关村自主创新示范区的批复，一系列先行先试政策陆续发布，“1+6”政策体系的发布实施，创新资源服务平台的高效运行，“十二五”规划中提出的未来科技城、中关村科学城建设的加快推进，产业集聚、人才集中、资源集约的发展态势更趋明显，将推动创新发展活力加速释放。

**（三）长期结构性矛盾和短期应对危机刺激政策推动物价持续上涨**

2011年以来，受国家积极应对金融危机带来大量流动性、劳动力成本持续上升以及极端天气影响，北京市价格整体处于高位运行，CPI当月涨幅一度达到2008年2月以来的高位，1~9月份累计涨幅为5.9%，是2008年9月以来的最高水平。其中，受服务业用工成本提高、房租价格上涨等影响，服务项目价格指数在2010年高位上始终保持7%左右的涨幅，达到2002年以来的最高水平。PPI当月涨幅持续攀升，9月当月略有回落，1~9月累计涨幅为2.5%，是2008年以来同期的次高水平；受国内外经济形势趋缓影响，黑色金属材料价格下行明显，原油价格趋稳，带动MPI整体呈现平稳回落的运行态势，1~9月累计涨幅为9%，同比回落2.45个百分点。应该说，本次通货膨胀是2008年物价高位运行的延续，尽管金融危机使涨价态势发生中断，但要素市场化改革和二元体制改革滞后作为推动价格长期上涨的因素，一直在发挥作用，涨价效应始终在积累并逐渐成为主导力量；而应对危机中，刺激经济的政策在释放流动性的同时，更多是低效的政府主导、国企主导的投资，在相当大程度上助推了2011年物价的持续攀升，加之2011年的自然气候、房地产调控等因素，进一步推动价格走势上扬。预计全年CPI、PPI、MPI涨幅分别为5.5%、2.5%和8.5%。

**（四）结构调整对就业的短期冲击较小，就业形势总体保持平稳**

2011年以来，面临经济增长趋缓、信贷政策收紧和北京市的主动调控影响，虽然小微企业、4S店、房地产中介出现了裁员减员现象，但总体来说北京市产业结构高端化特点明显对就业的短期冲击相对较小，加之城乡就业促进体系逐步完善，政策覆盖范围不断扩大，职业培训制度进一步完善，公共就业服务继续加强，北京市就业形势呈现平稳运行。1~3季度，北京市城镇登记失业率为1.56%，连续6年保持低位水平；人力资源市场用工基本平稳，私营个体经济企业和50人以下中小企业从业人员平稳增长。7.4万名就业困难人员实现就业、4.5万名农村劳动力实现转移就业，首钢停产职工分流安置工作基本完成。第四季度，企业运营环境的恶化将对就业形势产生不利影响，预计全年登记失业率为1.71%，继续保持在2.5%的调控计划目标之内。

表 1~3　　2011 年北京市主要经济指标预测表

| 指　标 | 单位 | 2010 年 | | 2011 年前三季度 | | 2011 年全年 | |
|---|---|---|---|---|---|---|---|
| | | 实际值 | 增长 | 实际值 | 增长 | 预测值 | 增长 |
| 地区生产总值 | 亿元 | 14113.6 | 10.3 | 11404 | 8% | 16411 | 8 |
| 第一产业 | 亿元 | 124.4 | -1.6 | 88.6 | 0.30% | 134 | 0.1 |
| 第二产业 | 亿元 | 3388.4 | 13.7 | 2609 | 6.5 | 3768 | 6.6 |
| 工　业 | 亿元 | 2764 | 14.9 | 2182.3 | 7.3 | 2971 | 7.5 |
| 第三产业 | 亿元 | 10600.8 | 9.3 | 8706.7 | 8.5 | 12509 | 8.5 |
| 全社会固定资产投资总额 | 亿元 | 5493.5 | 13.1 | 4169.3 | 17.4 | 6000 | 15 |
| 社会消费品零售额 | 亿元 | 6229.3 | 17.3 | 5007.7 | 11.5 | 6883 | 10.5 |
| 出口总额 | 亿美元 | 554.7 | 14.7 | 426.7 | 4.9 | 571 | 3 |
| 进口总额 | 亿美元 | 2459.4 | 47.8 | 2426.7 | 33.9 | 3153 | 28.2 |
| 地方一般预算财政收入 | 亿元 | 2353.9 | 16.1 | 2303.5 | 25.7 | 2933 | 24.6 |
| 地方一般预算财政支出 | 亿元 | 2717.3 | 17.2 | 1805.68 | 19.17 | 3378 | 24.3 |
| 居民消费价格总指数 | % | 102.4 | 2.4 | 105.9 | 5.9 | 105.5 | 5.5 |
| 城镇居民人均可支配收入 | 元 | 29073 | 8.7 | 24164 | 10.7 | 32696 | 10.5 |
| 农村居民人均纯收入 | 元 | 13262 | 10.6 | 12962 | 12.8 | 14918 | 12.5 |
| 城镇登记失业率 | % | 1.37 | | 1.56 | | 1.71 | |

注：1. 国内生产总值及三次产业的绝对数为现价，增长率为可比价。

2. 全社会固定资产投资 2010 年和 2011 年口径不可比，增速计算时考虑了基数调整的因素。

3. 农民人均纯收入中 1~9 月数据为现金收入。

## 二、经济运行中需要关注的问题

2011年在北京市主动转型叠加外部环境趋紧的情况下，北京市经济呈现回落调整的运行态势，也面临企业运行环境趋紧、房地产市场矛盾重重、居民收入实际增长持续偏低、地方财政收支矛盾加大等问题，影响经济增长的后续动力，需要引起关注。

### （一）成本攀升影响投资环境改善，不利于经济的稳定增长

伴随融资成本、劳动力成本、租房成本、原材料价格的上升，企业运营环境进一步恶化。2011年福布斯最佳商业城市排行榜中，北京排名由前两年的第六位下降至第九位，经营成本过高、消费力指数下降是其主要原因，北京市劳动力成本和办公用地租金位列全国榜首。运营成本提高，加之市场需求下降，必然会挤压企业利润空间，影响产业持续发展，特别是体现城市活力、承载大量就业的小微企业经营环境的恶化，可能会对北京市经济增长、社会发展的稳定性产生影响。而北京市投资环境改善不足，也会影响北京市服务经济和总部经济特色的发挥，对经济增长的滞后作用或将逐步体现。

### （二）居民收入实际增长偏低、差距较大是影响居民消费扩大的瓶颈

2011年以来，在物价持续攀升的影响下，居民收入实际增长持续缩水。1~9月北京市城镇居民人均可支配收入实际增速仅为4.53%，持续低于7%的调控目标，按照目前的增长态势，预计全年实际增长不足5%，低于2010年6.2%的水平，达到近20年来的新低。在外部环境不容乐观的背景下，居民消费意愿有所降低，北京市消费者信心指数由一季度的110.7逐季回落到三季度的106.3；城镇居民平均消费倾向依然在0.66徘徊，低于“十一五”时期0.69的平均水平。同时，居民收入差距持续扩大，1~9月，高低收入户可支配收入分别增长13.3%和8.5%，收入之比达到4.46∶1[①]。在当前国内加快转变发展方式、扩大内需增长的背景下，实际收入增长放缓必然会影响居民

① 高低收入户可支配收入之比又称为不良指数，2010年不良指数为3.92∶1，比2005年的3.84∶1进一步扩大。

## 延伸阅读：2011 年福布斯最佳商业城市排行榜

2011年福布斯最佳商业城市排行榜，广州蝉联第一，深圳、杭州分列第二、第三名。榜上情况呈现出长三角城市依旧强劲，中部整体崛起，中西部呈现分化现象。区域辐射带动作用显著，创新能力成为转型发展主动力。

2011 年入榜的前 10 名城市与 2010 年相同，但座次发生了较大的变化：经营成本过高、消费力指数下降等因素让上海、北京这两个超级都市排名下滑，创新指数的提升则帮助深圳和南京双双跃升，具体如下表榜单所示。

表 1~4　2011 年福布斯中国大陆最佳商业城市前 10 名

| 相比 2010 年 | 2011 年排名 | 2010 年排名 | 城市 | 级别 | 省份 |
|---|---|---|---|---|---|
| → | 1 | 1 | 广州 | 省会城市 | 广东 |
| ↑ | 2 | 3 | 深圳 | 计划单列市 | 广东 |
| ↑ | 3 | 4 | 杭州 | 省会城市 | 浙江 |
| ↓ | 4 | 2 | 上海 | 直辖市 | 上海 |
| ↑ | 5 | 9 | 南京 | 省会城市 | 江苏 |
| ↑ | 6 | 8 | 宁波 | 计划单列市 | 浙江 |
| → | 7 | 7 | 无锡 | 地级市 | 江苏 |
| ↓ | 8 | 5 | 苏州 | 地级市 | 江苏 |
| ↓ | 9 | 6 | **北京** | **直辖市** | **北京** |
| → | 10 | 10 | 天津 | 直辖市 | 天津 |

表 1~5 中国大陆创新城市前 10 名

| 排名 | 城 市 | 级 别 | 省份 |
|---|---|---|---|
| 1 | 深 圳 | 计划单列市 | 广东 |
| 2 | 苏 州 | 地级市 | 江苏 |
| 3 | 上 海 | 直辖市 | 上海 |
| 4 | **北 京** | **直辖市** | **北京** |
| 5 | 吴 江 | 县级市 | 江苏 |
| 6 | 无 锡 | 地级市 | 江苏 |
| 7 | 杭 州 | 省会城市 | 浙江 |
| 8 | 昆 山 | 县级市 | 江苏 |
| 9 | 常 熟 | 县级市 | 江苏 |
| 10 | 张家港 | 县级市 | 江苏 |

表 1~6 中国大陆经营成本最高前 10 名

| 排名 | 城 市 | 级 别 | 省份 |
|---|---|---|---|
| 1 | 上 海 | 直辖市 | 上海 |
| 2 | 杭 州 | 省会城市 | 浙江 |
| 3 | **北 京** | **直辖市** | **北京** |
| 4 | 天 津 | 直辖市 | 天津 |
| 5 | 南 京 | 省会城市 | 江苏 |
| 6 | 深 圳 | 计划单列市 | 广东 |
| 7 | 广 州 | 省会城市 | 广东 |
| 8 | 乌鲁木齐 | 省会城市 | 新疆 |
| 9 | 宁 波 | 计划单列市 | 浙江 |
| 10 | 青 岛 | 计划单列市 | 山东 |

生活质量的改善，居民收入差距持续扩大也影响了有效需求的释放，而边际劳动者报酬缩小又会影响投资对消费的拉动作用。居民收入实际增长偏低已成为制约经济内生增长动力的瓶颈。

表 1~7　　历次五年规划期间城镇、农村人均收入及人均 GDP 实际增速（%）

| 时　期 | 城镇居民人均可支配收入 | 农村人均纯收入 | 人均地区生产总值 |
|---|---|---|---|
| "六五"时期 | 5.86 | 18.73 | -6.83 |
| "七五"时期 | -3.62 | 3.22 | 5.21 |
| "八五"时期 | 6.97 | 3.98 | 9.36 |
| "九五"时期 | 6.96 | 6.13 | 7.44 |
| "十五"时期 | 11.39 | 9.83 | 8.74 |
| "十一五"时期 | 8.95 | 8.72 | 6.16 |

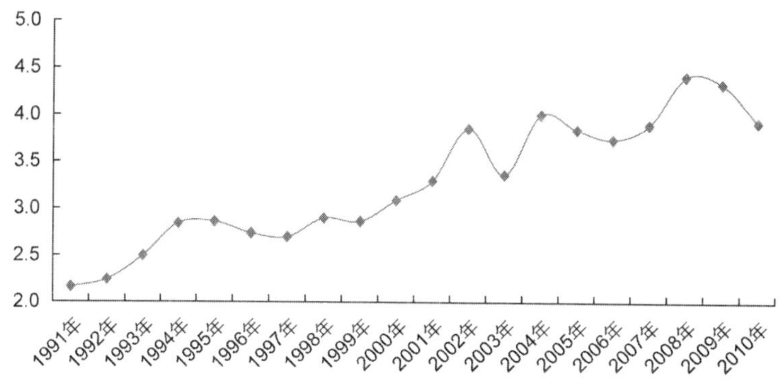


图1~5　城镇居民高低收入户可支配收入比趋势图

### （三）资金供需矛盾加大使地方调节经济运行的手段收窄

2011 年以来，国家一系列的宏观调控使地方政府可支配资金的供需矛盾不断显现。资金来源整体趋紧。房地产调控直接影响了地方的土地财政，前三季度，北京市土地出让金收入总额同比下降 7.4%。在央行持续收紧流动性、中央清理整顿地方政府投融资平台的背景下，地方政府融资渠道受到影响；而受外需不振和成本上升等因素影响，企业利润增幅下滑明显[①]也会影响财政收入的稳定增长。与此同时，资金需求规模依然较大。过去两年国家“四万亿”刺激政策下陆续上马的投资项目、“十二五”规划部署的新兴战略性产业、重大基础设施、保障性住房等项目、高物价下保民生各项支出的增加，都加大了对政府主导资金的需求；加之，自2009年“千亿元土地储备计划”实施以来，北京市土地储备贷款总规模已经超过2500亿元，于2011年起进入大规模还本付息阶段，大规模土地储备带来的偿还贷款的压力也与日俱增。地方政府可支配资金的供需矛盾不断显现，将使地方政府保持经济稳定运行的能力受到影响。

### （四）房地产市场长期积累的矛盾对经济社会发展的影响依然突出

在房地产领域一系列调控政策作用下，北京市房地产市场发生了一些积极的变化，房价整体出现下降的预期也在逐步形成。但由于历史积累矛盾尚未解决，加之政策调控前瞻性不足，未来一段时期，北京市房地产市场的结构性矛盾依然突出。表现在：**一是**住宅供需结构性错位的矛盾将更加突出，作为需求主体的北京市居民对中心城区二手房和远郊区县大户型住房的较大需求与国家“70/90”要求和加大保障性住房建设力度背景下北京市的住宅供给将可能出现脱节，区域性、结构性矛盾将更加突出。**二是**住宅限购政策引致资金流向商业地产，但甲级写字楼、高端物业在配套环境和持有、经营、管理水平上与高端需求对接还需要协调，适合就业型、创业型需求的中低端物业的有效供给相对不足。**三是**保障性住房供给“以租为主”的建设导向与我国传统的买房置地观念相冲突，制度建设相对滞后，相关的分配、运营等配套法规政策尚不完善，都将影响保障房建设目的的实现，影响社会资源有效配置。**四是**房价一旦进入下降通道将加剧房地产领域信贷风险并影响土地价格，加大市、区两级财政的信贷风险，也会带来一定的不稳定因素。

---

[①] 2011年1~9月份，北京市规模以上工业利润增幅同比回落21.5个百分点，其中现代制造业和高技术制造业利润总额增幅同比分别下降26.9个百分点和13.6个百分点；1~8月第三产业法人单位利润总额增幅同比下降18.2个百分点。

### （五）服务业增长速度放缓将影响整体经济增长

自 2008 年以来，服务业增速呈现逐年回落态势，增速依次为 12.5%、10.2%和 9.3%，2011 年预计增速 8.5%左右，远低于 2007 年 15.4%的增长水平，其对国民经济的拉动作用也有所减弱。短期来看，服务业增速的回落与国际金融危机的影响不无关系，但从长期来看，其回落与服务业自身结构有着密切关联，是服务业发展到一定阶段自我调整的结果。改革开放以来，伴随国家和首都发展战略的调整，服务业发展经历了八九十年代传统劳动密集型发展向新世纪以来以资金、技术密集为主的现代服务业发展，伴随全球化不断深入，服务业发展在拓展行业领域的同时内部结构也在不断优化，但依赖扩面形成产值的发展空间逐渐饱和，而通过促进服务业与制造业及服务业内部细分行业的融合发展来延伸产业链、释放产业能级，目前仍处于积蓄能量阶段，尚未达到质变的过程。可以说，**服务业发展进入了产业深度融合和机制创新驱动并重的内涵发展阶段。**美国经济学家威廉·鲍莫尔在 1967 年提出，当一个经济体整体转向以服务型为主时，由于全员劳动生产率升速放缓，会抑制城市整体长期经济增长。未来一段时期服务业增速放缓将会影响北京市的经济增长速度。

**延伸阅读 ：改革开放以来北京市社会劳动生产率变化情况**

改革开放以来，服务业增长大致可划分为三个阶段：1978~1990 年、1991~2003 年、2004 年至今。从表 1~8 可以看出，2004 年以来全员劳动生产率和第三产业劳动生产率均出现明显下降。

表 1~8　1978~2010 年各阶段三次产业劳动生产率年均增速（%）

| 年 份 | 现价增长率 | | | | 不变价增长率 | | | |
|---|---|---|---|---|---|---|---|---|
| | 全员 | 第一产业 | 第二产业 | 第三产业 | 全员 | 第一产业 | 第二产业 | 第三产业 |
| 1978~1990 年 | 10.39 | 22.01 | 6.51 | 12.65 | 6.09 | 10.1 | 3.66 | 7.27 |
| 1991~2003 年 | 18.24 | 7.85 | 15.8 | 20.23 | 10.07 | 3.89 | 11.58 | 9.19 |
| 2004~2010 年 | 9.76 | 6.55 | 14.7 | 7.16 | 5.91 | 1.37 | 12.82 | 2.71 |

延伸阅读 ：鲍默尔“成本病”

鲍默尔“成本病”是美国经济学家威廉·鲍莫尔在 1967 年一篇研究分析美国城市日益增长的财政危机问题的论文中提出的。他建立了一个两部门宏观经济增长模型，其中一个部门是“进步部门”，另外一个部门是“停滞部门”，进步部门的生产率相对快速增长将导致停滞部门出现相对成本的不断上升。他认为，如市政府服务、教育、表演艺术、饭店和休闲等很多服务部门都具有这一特征，整体上看，相对于制造业，服务业劳动生产率更难以提高，因而服务业增加值所占 GDP 比重不断提高将不利于整体经济效率的提高。美国、欧洲、日本等国家的经验数据也证实了服务业劳动生产率的停滞制约了整体经济的经济效率。

## 三、2012年北京市经济面临环境分析

2012 年，是北京市“十二五”规划实施进入实质推进阶段的一年，也是北京市巩固转型成果的关键年。展望 2012 年的国际、国内形势，北京市经济发展将面临机遇与挑战并存的形势。

### （一）世界经济陷入“滞涨”可能性增大

国际金融危机是发达国家过去几十年积累的结构性问题的总爆发，短期内难以出现大的转机。2011 年以来，虽然世界经济维持了复苏态势，但在库存周期结束、主权债务危机冲击、地缘政治冲突等多重因素影响下，全球经济活力正在减弱，内外部失衡进一步加剧，市场信心近期大幅下降，下行风险逐渐增大。2011 年 9 月 IMF《世界经济展望》秋季报告预测，2011 年和 2012 年世界经济增长将由 2010 年的 5.1%降至 4%左右，在 6 月份预测基础上调低 0.3 个百分点和 0.5 个百分点。其中，发达经济体增长 1.9%，新兴和发展中经济体增长 6.1%。尽管全球经济放缓削弱了对大宗商品的需求，但由于全球流动性依然充裕，发达经济体货币政策依然宽松，甚至存在出台新的超常规刺激政策的可能；加之避险情绪加重，预计未来大宗商品价格继续维持高位震荡的格局，全球通胀压力依然较大。同时，在发达

延伸阅读：相关机构预测 2011~2012 年世界经济增长

国际货币基金组织（IMF）下调 2011 年及 2012 年经济增长速度。具体预测见下表。

表 1~9 《世界经济展望》预测概览摘要（%）

| 国家和地区＼数据 | 2009 年 | 2010 年 | 2011 年 9 月预测 | | 与 2011 年 6 月差异 | |
|---|---|---|---|---|---|---|
| | 实际值 | 实际值 | 2011 | 2012 | 2011 | 2012 |
| **世界产出** | -0.7 | 5.1 | 4.0 | 4.0 | -0.3 | -0.5 |
| 先进经济体 | –3.7 | 3.1 | 1.6 | 1.9 | –0.6 | –0.7 |
| 美　国 | –3.5 | 3.0 | 1.5 | 1.8 | –1.0 | –0.9 |
| 欧元区 | –4.3 | 1.8 | 1.6 | 1.1 | –0.4 | –0.6 |
| 德　国 | –5.1 | 3.6 | 2.7 | 1.3 | –0.5 | –0.7 |
| 法　国 | –2.6 | 1.4 | 1.7 | 1.4 | –0.4 | –0.5 |
| 日　本 | –6.3 | 4.0 | –0.5 | 2.3 | 0.2 | –0.6 |
| 英　国 | –4.9 | 1.4 | 1.1 | 1.6 | –0.4 | –0.7 |
| 新兴和发展中经济体 | 2.8 | 7.3 | 6.4 | 6.1 | –0.2 | –0.3 |
| 俄罗斯 | –7.8 | 4.0 | 4.3 | 4.1 | –0.5 | –0.4 |
| 中　国 | 9.2 | 10.3 | 9.5 | 9.0 | –0.1 | –0.5 |
| 印　度 | 6.8 | 10.1 | 7.8 | 7.5 | –0.4 | –0.3 |
| 东盟五国 | 1.7 | 6.9 | 5.3 | 5.6 | –0.1 | –0.1 |
| 巴　西 | –0.6 | 7.5 | 3.8 | 3.6 | –0.3 | 0.0 |
| 消费者价格 | | | | | | |
| 先进经济体 | 0.1 | 1.6 | 2.6 | 1.4 | 0.0 | –0.3 |
| 新兴和发展中经济体 | 5.2 | 6.1 | 7.5 | 5.9 | 0.6 | 0.3 |

亚洲开发银行也下调了 2011 年亚洲经济增幅，并上调通胀预期，由其发布的《亚洲发展展望 2011 更新》将 2011 年亚洲经济增幅由 2011 年 4 月预测的 7.8%下调至 7.5%，2012 年亚洲经济增长预期由此前预测的 7.7%下调至 7.5%；将 2011 年通货膨胀率由此前预测的 5.3%上调至 5.8%，2012 年通货膨胀率下调至 4.6%。

联合国预测世界经济 2011 年增长 3.3%，2012 年达 3.6%。报告称，世界经济仍处于复苏阶段，且各国复苏情况不均衡。中国、印度等发展中国家发展势头强劲，继续推动全球经济复苏，发达国家则复苏缓慢。报告还警告称，全球经济复苏仍然脆弱，如果发达国家不能处理好公共债务和金融体系存在的问题并引发紧缩政策、全球商品价格继续飙升、全球经济失衡造成汇率剧烈波动以及增大美元风险，世界经济复苏将受到阻碍。报告最后预测，美国 2011 年和 2012 年的经济增长率分别为 2.6%和 2.8%，2012 年的平均失业率将降至 8.2%。日本由于受到地震和海啸的影响，2011 年的经济增长率仅为 0.7%，2012 年有望达到 2.8%。欧元区 2011 年的平均经济增长率为 1.6%，其中德国 2011 年有望增长 2.9%；而受债务危机严重影响的国家，如希腊、爱尔兰、葡萄牙和西班牙将仍处于经济衰退或保持低增长水平。

经济体持续高失业率和中国等新兴经济体劳动力成本大幅攀升的背景下，发达经济体制造业大量外包的时代即将结束，世界发展格局面临新的调整。而资源要素的争夺、投资保护主义和贸易保护主义的抬头，加之主要经济体政治周期与商业周期相叠加，都将加剧国际经济环境的不稳定性和不确定性，对我国经济社会发展也会产生深远影响。

延伸阅读：政治周期与商业周期相叠加加剧国际经济环境不确定性

阿利克斯·德·托克维尔（Alexis de Tocqueville）的名著《美国的民主》（1835年）中的话说明了总统的大选对一国的经济政策及经济状况产生影响："如果不认识到总统希望再次当选是总统的主要目的，就不可能考察美国正常的选举进程，……尤其是当选举临近，他的个人利益就取代了公众利益。"可见，大选对经济的作用是决定性的。而从目前来看，大部分国家的大选为每 4 年一次或每 5 年一次，巧合的是很多国家将于 2012 年进行大选。

表 1~10　　部分国家 2012 年的政治大选时间

| 国　家 | 任 期 | 大选日期 |
|---|---|---|
| 西 班 牙 | 4 年 | 2012 年 3 月 |
| 俄 罗 斯 | 4 年 | 2012 年 3 月 4 日 |
| 法　国 | 5 年 | 2012 年 4 月-5 月 |
| 印　度 | 5 年 | 2012 年 7 月 |
| 美　国 | 4 年 | 2012 年 11 月 6 日 |
| 韩　国 | 5 年 | 2012 年 12 月 |
| 德　国 | 5 年 | 2013 年 9 月 |

资料来源：ElectionGuide.

注：2012 年后，俄罗斯总统任期将改为 6 年

商业周期波动也会对国际经济产生深远的影响。根据世界上关于经济增长的主流经验判断，世界经济增长每个长周期的时间一般约 50 年，其中前 30 年为周期的繁荣期，后 20 年为周期衰退期。18 世纪末到现在共经历了 4 个完整的长周期，现在正处在第五个长周期的上行期。长周期的上行期一般都开始于 90 年代和 40 年代，下行期开始于 20 年代和 70 年代。

表 1~11 世界经济周期表

| 周　期 | 时 间 跨 距 | 特　征 |
|---|---|---|
| 第一个长周期 | 18 世纪 90 年代到 19 世纪 40 年代 | 以“早期机械化”技术革命为主导 |
| 第二个长周期 | 19 世纪的 40 年代到 90 年代 | 以“蒸汽动力和铁路”技术革命为主导 |
| 第三个长周期 | 19 世纪 90 年代到 20 世纪 40 年代 | 以“电力和重型工程”技术革命为主导 |
| 第四个长周期 | 20 世纪 40 年代到 90 年代 | 以“福特制和大生产”技术革命为主导 |
| 第五个长周期 | 20 世纪 90 年代到 21 世纪 40 年代 | 以“信息和通讯”技术革命为主导 |

当前世界总需求仍然较旺盛，仍处于 18 世纪末以来的第五个长周期的繁荣期，但是在次债危机影响不断扩大、资源性产品价格高位震荡、全球资本流向结构性调整、世界经济格局发生变化和人们心理预期对经济发展的影响日益增大等因素的共同影响下，国际经济发展的不确定性明显加大，预计增速将高位趋缓，并可能导致本轮周期的繁荣期提前结束。

### （二）国内经济增速相对放缓，结构调整有待改善

2012 年，在全球需求放缓的背景下，我国出口增长难以达到 2011 年水平，不仅会从需求层面下拉经济增长，也会通过影响工业生产而减缓经济增速；虽然进入投资项目集中建设阶段，但由于地方财政风险加大和土地交易趋冷对融资能力的影响，以及加大节能减排对粗放式增长的制约，投资需求增速也将趋缓。预计全年经济增长在 8.5%左右，物价涨幅可望控制在 4%左右。与此同时，伴随着出口、投资增长的下降，消费增速回升，对经济增长的贡献有所提高；贸易顺差规模缩小，内外平衡进一步改善；中西部地区承接东部产业转移，有利于地区差距的缩小；劳动力成本上升抬高经济增长成本的同时，有利于收入分配格局改善。

### （三）宏观调控政策主基调不变，适时适度预调微调将加强

2012 年，国内积极财政政策和稳健货币政策的主基调不会改变。但是，经济运行中的两难问题增多，势必增加宏观调控的难度和复杂性，预计适时、适度进行预调、微调将是 2012 年政策的主要方向，更加注重宏观政策的前瞻性及中期效果，增强弹性和灵活性，视条件变化而相机决策，努力

### 延伸阅读：相关机构对2012年我国经济增长的预测

国际货币基金组织(IMF)最近发布的《亚太区经济展望报告》预计，中国2011年和2012年经济增长可分别达9.6%及9.5%，需求因素将继续推动中国的通胀水平，但影响有限而且不会长久。世界银行公布的《中国经济季报》预计，中国在外贸净值对经济增长贡献持平的情况下，2011年和2012年的GDP增长分别为9.3%和8.7%。

国内大多数机构认为2012年我国经济增速和CPI涨幅均比2011年有所回落，GDP预计处于8%~9%的区间内，CPI涨幅均在4%以下。许多专家认为，中国工业化、城市化处于快速增长期，服务业处于快速发展期，中国经济基本面无大的变化。因此，没有必要太在意经济增速快慢问题，而要更注重改善经济发展的质量、协调性和可持续性，让人民得实惠。

中国企业家调查系统同期发布的《2011中国企业经营者问卷跟踪调查报告》显示，大多数企业家虽然对当前经济的信心有所回落，但认为2012年经济增速将保持在8%以上，预计2012年GDP 增速比2011年增长"8%~10%"的企业经营者占47.8%，预计增长"8%及以下"的占33.9%，预计增长"10%及以上"的占18.3%，平均预测值为8.8%，比对2011年的预计略降了0.4个百分点。

具体预测见表1~12：

表1~12　相关结构对我国2011年和2012年经济增长的预测（%）

| 机构\专家 | 2011年 | | 2012年 | |
|---|---|---|---|---|
| | GDP | CPI | GDP | CPI |
| 国际货币基金组织(IMF) | 9.5 | 5 | 9.0 | - |
| 世界银行 | 9.3 | 趋缓 | 8.7 | 趋缓 |
| 亚洲开发银行 | 9.3 | 5.3 | -- | 4.2 |
| 国务院发展研究中心 | 9 | 5 | 8.5 | 4 |
| 国家信息中心 | 9.3 | 5.5 | 8.7 | 4 |
| 国家统计局经济景气监测中心潘建成 | 9.3 | - | 8.9 | - |
| 中国社会科学院 | 9.4 | 5.5 | 9.2 | >4 |
| 清华大学中国与世界经济研究中心 | 9.2 | 5.5 | 8.5 | 2.8 |
| 中金公司 | - | | 8.4 | 3.6 |
| 汇丰中国 | 8.9 | - | 8.6 | - |

延伸阅读：2012 年宏观政策基调

在经济增速和物价水平小幅双降、总量矛盾有所缓解的背景下，总量政策将适时、适度进行微调，实行积极的财政政策和稳健的货币政策，“保增长、调结构”将代替“稳物价”放在宏观调控的突出位置。

**1．财政政策**

积极的财政政策执行重点由扩大政府投资支出转向结构性减税，将适当降低增值税名义税率，逐步取消名目繁多的增值税优惠政策。

财政赤字规模与 2010 年基本持平，从而使赤字率由 2010 年的 2%左右下降到 1.7%左右，财政扩张力度有所减弱。考虑到地方政府债务负担和房地产调控、清理地方政府融资平台的影响，由中央财政代地方发行的地方债并纳入地方预算会有所提高。继续支持部分财政状况较好的省级政府直接到债券市场融资试点，适当扩大地方债券发行规模。政府投资在确保在建项目投资顺利完成的同时，严格控制新开工项目，除确保“十二五”规划中国家级重点建设项目陆续开工外，严格控制一般性的地方政府投资项目的开工。将适当提高中央财政对保障性住房的补助水平，进一步加大中央财政对保障性住房的支持力度。

**2．货币政策**

货币政策进一步强调实质性稳健，M1 增长 12%~13%，M2 增长 14%~15%，“社会融资总量”增长规模在 14 万亿元左右，其中人民币信贷新增 7.5 万亿元左右。M2 与 2011 年 16%的调控目标相比有所收紧，但与当前 M1 增长 8.4%和 M2 增长 12.9%的实际情况相比有所放松。

下一步，央行将首先通过公开市场进行货币政策微调，央票利率会继续下降，然后将会考虑调降存款类金融机构的存款准备金率，动态、差别的存款准备金率调控方式可能成为央行的首选，对中小型银行采取幅度更大的准备金率调降幅度。但降息的可能性目前还不明朗。在加强流动性总量调控的同时，会继续调整信贷结构和方向，按照“有扶有控”的要求，扩大对保障性住房、“三农”、中小企业、节能减排、战略性新兴产业等重点领域和薄弱环节的信贷支持，严格控制对高耗能、高排放和产能过剩行业的贷款。从控制流动性总闸门、防范金融风险出发，将用疏、堵结合的方式加强对表外融资的治理。建立民间借贷法规制度，加强对民间借贷市场的规范化管理。

综合来看，2012 年财政政策的主要内容仍是增支和减税；货币政策基调相对于 2011 年而言有所放松。

化解各种风险。以“调结构、促改革、转方式”为重点，货币政策回归正常水平，呈现适度放松，财税政策突出结构型调整。政策导向上，在抑制资产泡沫的同时，着力支持实体经济发展；在深化垄断行业改革的同时，着力改善中小企业的生存和发展环境；在促进内外平衡的过程中，着力利用外部资源提升我国产业的长期竞争力。

摘编：《“十二五”期间财政政策取向与税制改革》

根据贾康于2011年10月25日发表的《“十二五”期间财政政策取向与税制改革》，目前我国宏观政策已经从“双松”转为“一松一紧”。目前的财政政策要和以后扩张性政策的淡出相衔接。财政政策目前仍然还带有扩张性的“积极”特征并会审慎处理它的“淡出”和转型。基本的理由有：四万亿元的政府投资项目需要后续的配套资金的投入；改进民生显然还有很多资金投入要求，如保障房建设、新医改等，面对民生需要，财政资金也应继续保持一定的积极色彩，来延续覆盖新医改等重大事项；中国经济生活明显出现了一些新的“瓶颈”制约，比如说交通基础设施；现阶段我国物价上涨问题带有明显的结构性特征，需要有针对性地增加有效供给，需要财政政策发力，把资金用出去来达到供给管理的效果。

### （四）文化创新和科技创新双轮驱动成为转方式的强大动力

党的十七届六中全会通过《中共中央关于深化文化体制改革、推动社会主义文化大发展大繁荣若干重大问题的决定》，明确了加快文化大发展大繁荣的战略导向，有利于首都进一步发挥资源优势，在新的起点上开创文化发展的新局面，提升文化软实力。国家关于中关村自主创新示范区的批复推动了“1+6”先行先试政策的加快落实，有利于发挥首都创新资源密集优势，释放自主创新潜能，增强科技带动能力。文化创新和科技创新双轮驱动为北京市加快发展方式转变带来强大动力。

### （五）打造首都经济圈上升为国家战略有利于提供更大发展空间

伴随国家整体空间布局的强化，《国民经济和社会发展“十二五”规划纲要》中首次提出了“打造首都经济圈”的战略部署。着眼于构筑首都经济圈、培育有国际竞争力的世界级城市群，从国家战略角度进行定位和谋划，推动北京市走出行政区划的封闭，将一些生产环节转移到周边，一些创新成果在周边落地转化，加强产业功能区与周边区域的合作，有利于北京市在更大区域发挥功能、优化配置资源和拓展服务，更好地发挥首都的辐射带动作用，在更高层次上参与国际分工和创造全球竞争新优势，提升城市竞争力和影响力，实现城市的可持续发展。

## 四、2012年北京市经济增长展望

### （一）北京市经济仍处于本轮周期的下行趋稳区间

#### 1．从经济波动的周期性角度分析

从库存变动、投资增长、产业结构升级以及经济增长角度来看，当前国家及北京市正处于库存周期的衰退期、固定资产投资增长短周期和长周期的衰退期、产业结构升级中周期波动和中长周期波动的收缩期。当前我国及北京市经济增长正处于2007年以来新一轮周期的下行区间，在没有巨大意外冲击的情况下，我国及北京市经济增长在未来2~3年将延续回落趋稳态势。

延伸阅读：中国正处在一个增速放缓的长周期的开始阶段

改革开放30多年来，中国的增长更多地依赖全要素生产率提高，而历史上三次全要素生产率的大幅提升，均与体制和结构改革有关。展望未来，随着加入WTO的全球化红利逐渐消失，房地产泡沫对实体经济的挤压，以及由于农业富余劳动力越来越少，使得通过劳动力转移提高效率的空间在缩小，中国经济将进入增速放缓的阶段。劳动力转移减慢将会显著地限制全要素生产率的提高，经济增长需要更多地依靠体制改革，预计中国经济的潜在增长率将由“十一五”期间的10%以上放缓到目前的9%附近。

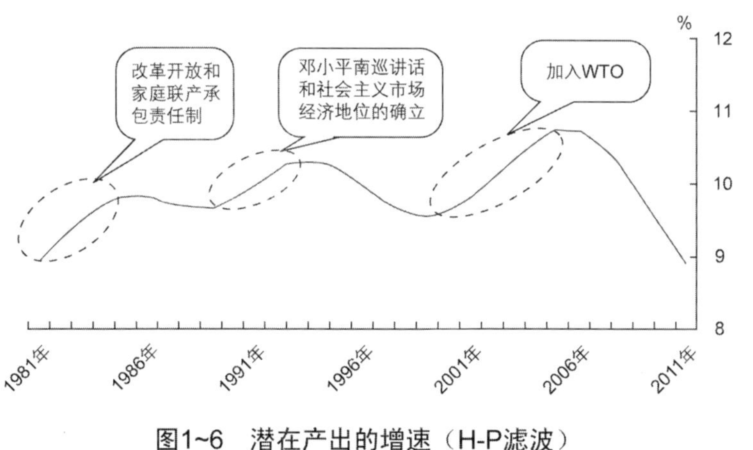


图1~6 潜在产出的增速（H-P滤波）

从先行合成指数和一致合成指数来看，先行合成指数基本延续 2010 年的回落调整态势，8 月份以来逐步回稳，经济显现出向好态势。根据其运行态势及 2~3 个季度的领先时间规律判断，2012 年初过后经济将会实现逐步回稳。综合来看，2012 年北京市经济仍将保持稳定增长。

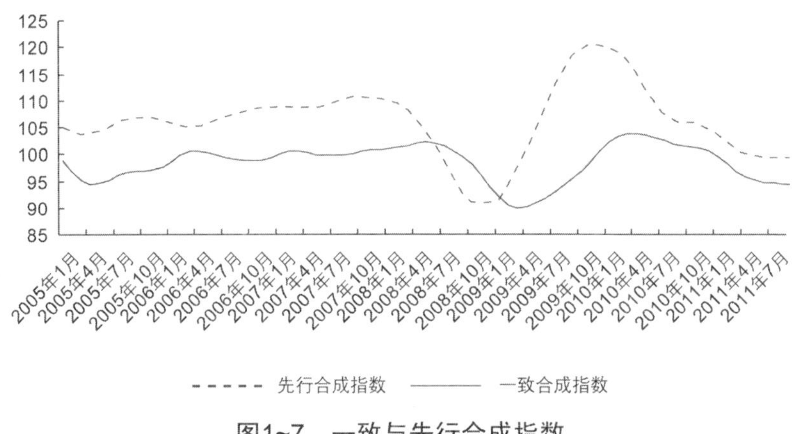


图1~7　一致与先行合成指数

### （二）北京市经济增长情景分析与预测

基于上述宏观环境的分析，根据北京市经济运行的自身规律，依据不同外部环境及不同的应对政策组合，初步测算了 2012 年北京市经济发展的高中低三个不同增长方案。综合考虑，“中方案”是一个相对稳健的方案，即经济增长在 8.3%左右。

#### 1．中方案：平稳增长情景，GDP 增长 8.3%左右

（1）2012 年欧美债务问题没有出现恶化，世界经济增速与 2011 年基本持平，新兴经济体通货膨胀压力有所缓解。（2）国家把“调结构”放到宏观调控首要位置，实施结构性宽松的积极财政政策，但财政扩张力度有所减弱，财政赤字规模与 2010 年持平，赤字率有所下降；加强金融监管，加强社会融资总量的控制，实施更为稳健的货币政策。（3）北京市继续坚持严格的限车、限房政策，加大文化创新和科技创新的扶持力度，严格落实国家下达的节能减排任务，坚持绿色发展战略，积极推动“内涵促降”。在以上国际、国内环境下，经模型测算，北京市经济有望在结构调整中保持

平稳增长，GDP 增长 8.3%左右，居民消费价格指数控制在 4.2%以下。

**从三大需求看：**2012 年是“十二五”规划的第二年，将进入投资项目集中建设阶段，投资需求旺盛，但由于国家将进一步加强对地方融资平台债务的清理力度，平台融资能力将会受到限制；经济运行处于调整期使企业自主投资的能力和意愿受到影响，难以激发民间投资；而保障房建设将有所放缓，预计**全社会固定资本投资全年增长 10%，规模达到 6600 亿元左右。**2012 年在经济发展和物价水平回落的带动下，北京市居民实际收入水平会得到稳步的提高；随着北京市消费环境完善，商业配套设施的完备、消费金融工程的深入；随着商业和文化之间更加融合，创新发展的特色街区、会馆经济、院落产业等商业形态的发展，将带来北京市消费活力的进一步提升；随着北京市城市商业布局进一步优化，中心城外围的商业氛围趋于完善，新兴热点消费区域的发展将会更为迅速，预计 **2012 年北京市社会消费品零售总额将实现 13%的增长。**由于 2012 年欧盟较难摆脱主权债务危机，而欧盟又是北京市的主要出口国，因而 2012 年北京市出口仍然难言乐观，**预计 2012 年北京市出口将实现 2%的增长。**

**从三次产业看，**随着基本菜田、农业设施标准园和育苗场建设的推进，农业生产能力将会得到进一步提升。特别是 2012 年草莓文化节的隆重召开，沟域经济的进一步发展，将对北京市第一产业的稳定增长提供支撑，**预计北京市第一产业增长 0.1%左右。**2011 年底以及 2012 年是北京市工业重点项目试生产、试运营、实现投产的集中期，2012 年工业形势将会好于 2011 年，**预计工业预计增长 9.5%**。2011 年受限购政策影响，北京市建筑业增速回落幅度较大，历经 1 年的调整，存在的一些不利因素已为市场所消化，预计 2012 年**建筑业增加值增长 3%。**根据建筑业与工业的比重，**预计 2012 年第二产业增加值增长 8.4%。**从服务业来看，2012 年党的十八大在北京召开，各地党代表来京开会，有利于北京市的批发零售业和交通运输业的发展；在国家大力推行文化大发展大繁荣的战略下，北京作为文化之都具有得天独厚的优势，文化、健康、医疗、教育等公共服务领域的高端业态将迎来加速发展的时期；受限购政策影响，2011 年北京市服务业增速回调幅度较大，2012 年服务业增长的基数较低，预计 **2012 年北京市第三产业增加值增长 8.3%。**在物价依然高位的情况下，预计三次产业比重为 0.75∶22.47∶76.78。

**2012 年北京市物价水平仍将保持高位。**初步估算，2012 年全年北京市居民消费价格指数的翘尾为 **2%左右。**从新涨价因素来看，全球性宽松货币政策还在持续，大宗商品价格高位震荡，以及我国经济正处在成本上升阶段，这些因素决定了 2012 年物价上涨的压力仍然较大；同时，抓住通胀压力趋减的有利时机，理顺价格机制，适时推进资源要素和公共服务价格改革也将加大上涨压力。预计 **2012 年北京市居民消费价格指数同比上涨 4.2%以下。**

**2．高方案：国际环境略有好转，GDP 增长 8.8%左右**

（1）欧美发达国家债务危机得到有效控制，主要发达经济体复苏步伐加快，新兴经济体通胀压力有所控制，国际贸易环境有所改善。（2）国家继续实行积极的财政政策和稳健的货币政策，赤字率保持不变，货币政策不再收紧，社会融资总量依然宽松。（3）在外部环境改善的情况下，我国出口状况好转，社会资金投资加速启动，经济增长逐步实现由政策刺激向自主增长有序转变。

在以上国际、国内环境下，北京市经济增长将呈现多点支撑的格局，预计 **2012 年北京市 GDP 增长 8.8%左右。**在资金相对宽裕，城乡居民实际收入稳步提升的背景下，北京市投资消费“双轮”驱动作用有所增强，预计全社会固定资本投资增长 13%，社会消费品零售总额实现 15%左右的增长，国际环境趋好有助于北京市电子信息等出口形势的好转，预计 2012 年出口将增长 6%。电子信息的恢复性增长，以及工业重点项目的推动，预计 2012 年工业增加值增长 11%，带动第二产业增加值增长 9.6%。外部环境好转有利于北京市金融业、租赁商务服务业的进一步发展，文化创新和科技创新有利于北京市信息传输、计算机服务和软件业继续保持较快发展，预计 2012 年北京市第三产业增加值增长 8.6%。三次产业比重为 0.75

∶22.62∶76.63。由于北京市仍将处于调整期，经济恢复对通货膨胀的影响较小，**预计 2012 年 CPI 涨幅在 4.5%左右。**

**3．低方案： 国际环境有所恶化，GDP 增长 7.5%左右**

（1）2012 年欧美债务危机进一步蔓延，全球贸易保护进一步强化和升级，全球贸易形势比较严峻。（2）国内出口继续放缓，就业形势不容乐观，社会投资意愿下降，内生性增长动力不足。（3）国内理顺价格形成机制和推动收入分配改革，使优化经济结构与保持经济快速增长之间的矛盾更加突出。

在以上国际、国内环境下，北京市经济增速将出现一定程度的回落，预计**全年GDP增长7.5%左右。**由于国际经济形势的恶化以及国内竞争的加剧，北京市的通信业依然增长乏力，信息业增长后劲不足，受高基数影响科研类服务业增速有所下降。预计**2012年北京市工业增加值增长8%，带动第二产业增加值增长7.2%，第三产业增加值增长7.6%。**三次产业比重为0.76∶22.38∶76.86。北京市投资、消费增速均有所回落，受投资意愿下降和融资问题影响，预计北京市全社会固定资本投资增长8%，社会消费品零售总额增长10%。由于内需放缓与外需低迷相互叠加，物价上涨空间有限，物价水平将有所回落，**预计全年居民消费价格指数同比上涨4%以内。**

表 1~13　　2012 年北京市低中高三个增长方案测算表

| 指　标 | 单位 | 低方案 | | 中方案 | | 高方案 | |
|---|---|---|---|---|---|---|---|
| | | 绝对值 | 增长（%） | 绝对值 | 增长（%） | 绝对值 | 增长（%） |
| 地区生产总值 | 亿元 | 18668 | 7.5 | 18809 | 8.3 | 18898 | 8.8 |
| 第一产业 | 亿元 | 141 | 0.1 | 141 | 0.1 | 141 | 0.1 |
| 第二产业 | 亿元 | 4178 | 7.2 | 4227 | 8.4 | 4275 | 9.6 |
| 工　业 | 亿元 | 3209 | 8 | 3254 | 9.5 | 3298 | 11 |
| 第三产业 | 亿元 | 14349 | 7.6 | 14442 | 8.3 | 14482 | 8.6 |
| 全社会固定资产投资总额 | 亿元 | 6480 | 8 | 6600 | 10 | 6780 | 13 |

（续表）

| 指　标 | 单位 | 低方案 | | 中方案 | | 高方案 | |
|---|---|---|---|---|---|---|---|
| | | 绝对值 | 增长（%） | 绝对值 | 增长（%） | 绝对值 | 增长（%） |
| 社会消费品零售额 | 亿元 | 7571 | 10 | 7778 | 13 | 7915 | 15 |
| 出口总额（亿美元） | 亿美元 | 577 | 1 | 583 | 2 | 606 | 6 |
| 进口总额（亿美元） | 亿美元 | 3626 | 15 | 3784 | 20 | 3941 | 25 |
| 地方一般预算财政收入 | 亿元 | 3285 | 12 | 3461 | 18 | 3578 | 22 |
| 地方一般预算财政支出 | 亿元 | 3716 | 10 | 3817 | 13 | 3952 | 17 |
| 居民消费价格总指数 | % | 104 | 4 | 104.2 | 4.2 | 104.5 | 4.5 |
| 城镇居民人均可支配收入 | 元 | 35082 | 9.5 | 36293 | 11 | 36554 | 11.8 |
| 农村居民人均纯收入 | 元 | 16619 | 11.4 | 16857 | 13 | 17036 | 14.2 |
| 城镇登记失业率 | % | 1.90 | | 1.68 | | 1.44 | |

注：国内生产总值及三次产业的绝对数为现价，增长率为可比价。

## 五、政策建议

### （一）密切跟踪国内外环境变化，把握好主动调控的时机和力度

全球经济复苏乏力，投资保护主义和贸易保护主义的抬头，加之主要经济体政治周期与商业周期相叠加，都将加剧国际经济环境的不稳定性和不确定性。国内经济沿着“软着陆”的轨迹前行，经济结构调整和发展方式转变，都可能带来经济增长速度的下调。必须加强经济预警监测，紧密跟踪国际、国内环境的变化，准确判断新形势下外部环境变化对北京市经济运行的各种影响，积极对接国家宏观调控政策，从优化结构、扩大内需、提升效率、改善民生等方面入手，适时、适度进行主动调控，确保北京市经济保持稳健发展。

### （二）尽快出台市级层面的收入分配改革措施，建立扩大消费需求的长效机制

积极落实《关于促进北京市居民收入增长的意见》，努力提高居民收入

在国民收入分配中的比重，提高劳动报酬在初次分配中的比重，努力实现居民收入增长和经济发展同步、劳动报酬增长和劳动生产率提高同步。**一是**完善机关、事业单位工资增长机制，改善公务员和事业单位员工多年工资未涨的局面。**二是**完善最低工资和工资指导线制度，积极稳妥扩大工资集体协商覆盖范围。逐步提高最低工资标准，提高低收入职工和一线职工的工资水平。**三是**继续增加对城镇低收入居民和农民的财政补贴，落实最低生活保障与物价联动机制。**四是**大力发展居民服务等行业，鼓励中小企业和非公有制经济的发展。加强劳动职业培训，引导职工转变就业观念，发展灵活多样的就业方式。另外，加大有利于扩大消费和改善民生的投资，逐步构建投资、消费良性互动机制。

**（三）着力降低企业发展的综合成本，改善投资环境**

**一是降低融资成本。**通过税收优惠、财政补贴、中小企业扶持资金、上市创业板等方式，完善企业的金融信贷环境。加强金融组织创新，完善与企业规模结构和所有制形式相适应的多层次银行体系；逐步完善对小微企业贷款的差异化金融监管政策，提高对小企业不良贷款比率的容忍度；加快完善信用体系，营造良好的信贷环境，积极引导社会资金流向中小企业。**二是降低用工成本。**加大劳动力的职业技能培训力度，提高劳动力的生产效率，从而缓解企业的实际用工成本压力。**三是稳定租房成本。**规范引导商业地产发展，缓解总量与结构供需矛盾，研究公布房租区域指导价，遏制房租上涨态势。**四是降低物流成本。**完善相关制度建设，规范流通环节秩序，对流通企业给予营业税优惠，降低包括运输、管理等在内的综合物流成本。另外，针对新兴行业特点，制定针对性的扶持政策，促进产业发展。

**（四）积极探索融资渠道，缓解资金紧张局面**

**一是**尽快完善和落实各领域“新非公 36 条”细则并出台相关配套措施，切实放宽民间投资准入限制，积极尝试 BT、BOT、PPP 等新型融资模式，加强政府与民间资本的合作，在减轻政府财政负担的同时，优化资源配置，实现风险规避。**二是**充分发挥北京信托的制度优势和独特功能，把科技资源和金融资源充分整合，积极探索信托融资、产业投资基金、股权基金、政府投资项目资产证券化等多元化融资方式，进一步完善初步形成的以政府政策和资源为引导，社会资金为支持，由信托、担保公司、银行等多个市场主体参与的全新的融资平台。**三是**探索允许地方政府用项目的收益作为稳定的还本付息来源，并按照市场机制原则进行信息披露的机制。同时，尝试建立约束机制、信用评级、审批制度、预警系统等，杜绝政府违规担保等现象，进一步规范市级和区（县）投融资平台公司的运营，控制财政风险。

**（五）增强调控政策的前瞻性和灵活性，缓解房地产领域的结构性矛盾**

为有效缓解未来房地产领域结构性矛盾，要及时、有效地增强房地产政策的前瞻性和灵活性。**一是适度调整住宅供应结构。**合理控制远郊区（县）中小户型和保障性住房建设规模，适度增加低密度、大户型住宅的建设规模；进一步规范二手房交易行为，降低二手房交易手续费用；加快推进央产房、校产房房屋权属登记和产权确认工作，进一步激活存量房交易热点。**二是积极引导流动性进入优质商业地产。**加大高端功能区和重点产业项目用地供应，对生产性服务业项目、文化创意产业项目等采取灵活的供地方式；探索创新分阶段招标等土地使用权出让方式；探索商业企业自主开发建设并长期持有物业进行经营的运作模式。**三是建立健全保障性住房建设运营制度设计。**落实《关于利用债券融资支持保障性住房建设有关问题的通知》，严格执行中央有关规定[①]，充分发挥北京市保障性住房建设投资中心的积极作用，探索利用企业债券、公积金贷款、社保资金、REITS等多渠道筹措保障性住房建设资金，以保障政策性住房建设的资金来源。进一步完善已有制度规范，加快对保障房建设和运营管理的制度建设，立足封闭运行、自我循环，明确保障房的管理主体、运营模式、申请资格、审核流程以及退出机制等，进一步健全覆盖保障房建设、分配、管理全过

① 要求土地出让净收益用于保障性住房建设比例不低于10%和公积金增值收益扣除风险准备金等费用后，要全部用于廉租住房建设。

程的政策体系。

**（六）借助政策东风，推动服务业内涵式发展**

**一是**加快推进服务业综合改革试点建设，积极争取在服务业增值税改革、土地开发利用、生产要素同价、人才引进等方面率先享受中央和北京市优惠政策，以此为重点和突破口，带动北京市形成全方位、多层次、特色鲜明的服务业改革发展新格局。**二是**借助文化大发展大繁荣的契机，开发文化产业发展新局面。要整合优势资源，优化发展环境，吸引高端要素，推动文化与金融、科技、商业、旅游等产业融合，增强服务业对经济发展的带动力。**三是**重视金融资源、创业人才、总部经济和知识产权等高端要素，充分发挥各种政策合力，推动金融、科技、信息、商务等生产性服务业加快发展，增强首都影响力和辐射力。**四是**将发展服务业与居民消费结构升级相结合，大力促进教育培训、医疗、康体、养老、高端家政等产业的发展，满足人们越来越强的对多层次、多样化服务型产品的需求。

**（七）完善调控手段，进一步理顺价格矛盾，稳定价格水平**

**一是**改进对通货膨胀形势的判断标准，明确价格调控重点是防止价格大幅波动。根据价格结构性变化，在关注 CPI 的同时，更多关注剔除了食品和石油价格影响的核心 CPI 的变动，更加关注低收入群体 CPI，以增加政策的针对性。**二是**抓住价格改革的良好时机，合理安排时序，落实国家可能出台的电、气等各项调价政策，推进北京市水、垃圾收费等资源环境价格改革，理顺公用事业生产成本和价格关系，缓解资源环境矛盾，形成“调结构、促转型”的倒逼机制。**三是**提高劳动力素质，加快技术创新、体制创新步伐，促进科技成果转化，提高劳动生产率，缓解劳动力成本上升对物价的影响。**四是**建立价格变动的财政支持政策，完善与城乡居民收入增长和物价上涨相适应的社会保障和社会救济标准的调整机制。做好宣传和前期调研，避免政策出台引起的民众强烈不满情绪。

**（八）合理布局功能和要素，提升首都经济的竞争力、控制力和辐射力**

**一是**将主动调结构、促转型与中心城功能疏解相结合，合理布局生产要素和城市功能，促进城乡区域协调发展。优化、提升中心城高端产业功能，加大中心城次要功能的疏解；发挥重大项目引领和带动作用，大力培育新城产业功能；努力打造各具特色的城镇乡村，推动差异化发展；振兴城市发展的薄弱地区，打造城市发展新热点。**二是**立足于优化、提升首都功能，辐射带动首都经济圈整体实现跨越式发展，发挥首都科技创新支撑、高端制造带动、示范服务应用和先进文化引领的优势，发挥首都市场和总部经济的引领作用，推动生产环节向区域内低成本地区转移，推动首都科技创新和服务资源向区域辐射，形成区域内产业梯度分工合作的格局，增强首都经济的控制力和影响力。

## ※ 专题研究

### ——北京市投资对消费的拉动作用分析

2006年北京市消费率首次超过投资率，消费对经济增长的作用越来越突出，已经形成以消费为主，投资、消费协调拉动经济增长的格局。为加快形成消费主导型经济，推动首都经济实现又好又快发展，本文通过投入产出局部闭模型方法来寻找对消费拉动作用突出的投资领域，为更好发挥投资引导作用提供可靠的决策支撑。

#### 一、投资促进消费的理论

凯恩斯主义的宏观经济理论认为投资增长首先引起当期和未来时期的产出增加，进而促进居民收入提高，改善收入预期和支出预期，最终促进消费扩张。但是，由于不同收入群体的边际消费倾向不同，投资增长带动消费的效果有差异。

#### 二、北京市各行业投资对消费拉动作用分析

本文采用通用的投入产出局部闭模型方法来分析投资对消费的拉动作

用。主要依据2007年北京市投入产出表进行计算。从测算结果（见表1~14）来看，教育、公共管理等公共服务业，商务服务业、科技服务业等智力密集型行业投资对消费拉动作用较好，居民服务业、批发零售业等生活服务业投资对消费的影响次之，通信设备制造业、金融业、房地产业投资对消费的拉动效果相对较差。

**（一）教育、文化等发展型产业投资对消费拉动作用显著**

随着居民收入水平提高，教育业，文化、体育和娱乐业等发展型消费逐渐成为居民消费热点。据测算，每增加1万元教育业和文化体育娱乐业的投资，可以带动最终消费分别增加5276.8元和4773.7元，效果明显好于住宿和餐饮业、批发与零售业、居民服务和其他服务业等生活性服务业。

**（二）商务服务业投资对消费拉动作用较好**

由于受商务服务业影响的产业分布较广，其发展不但可以带动交通、餐饮、住宿和商业消费，而且有利于形成购物、旅游、休闲消费的叠加效应，进一步扩大消费。从测算结果来看，北京市新增加1万元商务服务业的行业投资可以拉动消费增长5070.2元，对消费发挥了很好的促进作用。

**（三）科技服务等创新型行业投资对消费拉动作用相对靠前**

由于技术和智力密集型行业从业人员收入水平相对较高，通过收入效应、引致消费对消费起到了较好的拉动作用。从测算结果来看，研究与试验发展业，综合技术服务业以及信息传输、计算机服务和软件业等行业的投资对消费拉动作用相对较好，每增加1万元投资，相应会带来消费分别增加5024.2元、4003.3元和3864.9元。

**（四）社会保障、公共管理等关系民生行业投资对消费发挥着积极的促进作用**

社会保障制度的完善、公共服务能力的提升，有助于提高居民的消费倾向，改善消费预期，进而扩大消费。从测算结果来看，每增加1万元公共管理和社会组织，水利、环境和公共设施管理业，卫生、社会保障和社会福利业的投资将会分别带动消费增长5656.7元、4653.1元和4383.6元，对促进消费增长发挥了良好作用。

### （五）商业、流通服务业等行业投资能够较好地促进消费增长

加大商贸、流通服务业投资特别是零售业的投资能够直接实现即期消费，创造未来消费，开发潜在消费。根据测算，新增加 1 万元批发零售业和交通运输及仓储业两个行业的投资，能够带来消费分别增加 3789.1 元和 3354.3 元。

### （六）通信设备等重点制造业行业投资对消费拉动作用相对较弱

从测算结果来看，新增加 1 万元通信设备、计算机及其他电子设备制造业，通用、专用设备制造业以及电气机械及器材制造业的投资，可以拉动消费分别增长 3057.6 元、2943 元和 2813.5 元。虽然制造行业投资对消费发挥了一定的促进作用，但是由于制造业从投资到形成产能的周期相对较长，与教育、文化体育娱乐业、商务服务业、科技服务业等服务行业相比，北京市电子设备制造业、通用专用设备制造业、电器机械及器材制造业等行业投资对消费拉动作用相对较弱。

### （七）金融业投资对消费的拉动效应相对较小

从测算结果来看，金融业新增加 1 万元投资会带动消费增加 2678.3 元，远低于教育、文化、商务服务业等行业投资对消费的拉动作用。究其原因，虽然近年来，北京市金融业快速发展，其占经济总量比重一直位居行业前列，但是由于金融业吸纳就业人员的能力较弱，2009 年，金融业在岗职工人数仅占服务业在岗职工总人数的 4.4%，在 14 大服务业门类中倒数第四，就业人员少形成的消费需求总体偏低，对北京市消费的总体贡献也非常有限。

### （八）房地产业投资对消费的拉动作用较差

从测算结果来看，房地产业新增加 1 万元投资，会拉动相关消费增长 2139.9 元，比商务服务业低 2930.3 元。主要是由于房地产业在统计上主要包含房地产开发经营、物业管理、房地产中介服务业以及其他房地产活动等，并不是涵盖建筑等产业的广义房地产业，因此房地产业投资对消费的拉动作用在数据显示上有所弱化。

## 表 1~14　北京市万元新增投资对消费拉动作用的测算结果

单位：元

| 排序 | 行业 | 投资对消费的拉动作用 | 排序 | 行业 | 投资对消费的拉动作用 |
|---|---|---|---|---|---|
| 1 | 公共管理和社会组织 | 5656.7 | 22 | 石油和天然气开采业 | 3294.4 |
| 2 | 教育 | 5276.8 | 23 | 燃气生产和供应业 | 3272.2 |
| 3 | 租赁和商务服务业 | 5070.2 | 24 | 纺织服装鞋帽皮革毛皮羽毛（绒）及其制品业 | 3270.9 |
| 4 | 研究与试验发展业 | 5024.2 | 25 | 造纸印刷及文教体育用品制造业 | 3223.3 |
| 5 | 煤炭开采和洗选业 | 4929.4 | 26 | 石油加工、炼焦及核燃料加工业 | 3212.5 |
| 6 | 农林牧渔业 | 4805.1 | 27 | 木材加工及家具制造业 | 3200.5 |
| 7 | 邮政业 | 4790.6 | 28 | 水的生产和供应业 | 3196.8 |
| 8 | 文化、体育和娱乐业 | 4773.7 | 29 | 仪器仪表及文化、办公用机械制造业 | 3193.2 |
| 9 | 水利、环境和公共设施管理业 | 4653.1 | 30 | 废品废料 | 3113.7 |
| 10 | 卫生、社会保障和社会福利业 | 4383.6 | 31 | 工艺品及其他制造业 | 3084.2 |
| 11 | 居民服务和其他服务业 | 4227.8 | 32 | 通信设备、计算机及其他电子设备制造业 | 3057.6 |
| 12 | 综合技术服务业 | 4003.3 | 33 | 通用、专用设备制造业 | 2943 |
| 13 | 建筑业 | 3977.1 | 34 | 金属制品业 | 2861.9 |
| 14 | 信息传输、计算机服务和软件业 | 3864.9 | 35 | 电气机械及器材制造业 | 2813.5 |
| 15 | 食品制造及烟草加工业 | 3848.7 | 36 | 交通运输设备制造业 | 2748.1 |
| 16 | 批发和零售业 | 3789.1 | 37 | 金属冶炼及压延加工业 | 2703.5 |
| 17 | 住宿和餐饮业 | 3708.5 | 38 | 金融业 | 2678.3 |
| 18 | 非金属矿及其他矿采选业 | 3529.7 | 39 | 化学工业 | 2549.6 |
| 19 | 纺织业 | 3505.3 | 40 | 房地产业 | 2139.9 |
| 20 | 交通运输及仓储业 | 3354.3 | 41 | 金属矿采选业 | 1992.9 |
| 21 | 非金属矿物制品业 | 3306.6 | 42 | 电力、热力的生产和供应业 | 1870.4 |

## 三、原因分析

### （一）边际劳动者报酬增加是影响行业投资对消费拉动效果的主要因素

各行业投资对消费拉动效果在很大程度上取决于劳动报酬系数，即单位总产出所带来的劳动报酬增加额，对劳动报酬系数相对较高行业投资带来的总产出增加会进一步促进劳动报酬增长，进而形成更多的消费。从各行业单位产出带来的劳动报酬比较来看（见表1~15），教育、科技服务业、商务服务业等行业劳动报酬系数分别为0.396、0.300、0.286，而电气机械及器材制造业，通信设备、计算机及电子设备制造业分别仅为0.058和0.040，相对教育、科技服务业、商务服务业等行业投资对消费拉动效果相对较好。

表1~15　42部门单位总产出带来劳动报酬增加额比较

| 排名 | 行　业 | 劳动报酬系数 | 排名 | 行　业 | 劳动报酬系数 |
|---|---|---|---|---|---|
| 1 | 公共管理和社会组织 | 0.409 | 22 | 纺织服装鞋帽皮革羽绒及其制品业 | 0.127 |
| 2 | 教　育 | 0.396 | 23 | 非金属矿及其他矿采选业 | 0.126 |
| 3 | 邮政业 | 0.363 | 24 | 水的生产和供应业 | 0.121 |
| 4 | 研究与试验发展业 | 0.300 | 25 | 纺织业 | 0.119 |
| 5 | 燃气生产和供应业 | 0.295 | 26 | 造纸印刷及文教体育用品制造业 | 0.101 |
| 6 | 文化、体育和娱乐业 | 0.293 | 27 | 仪器仪表及文化办公用机械制造业 | 0.093 |
| 7 | 水利、环境和公共设施管理业 | 0.289 | 28 | 食品制造及烟草加工业 | 0.089 |
| 8 | 租赁和商务服务业 | 0.286 | 29 | 通用、专用设备制造业 | 0.086 |
| 9 | 卫生、社会保障和社会福利业 | 0.282 | 30 | 金属矿采选业 | 0.086 |
| 10 | 农林牧渔业 | 0.248 | 31 | 非金属矿物制品业 | 0.080 |
| 11 | 批发和零售业 | 0.232 | 32 | 废品废料 | 0.077 |
| 12 | 居民服务和其他服务业 | 0.218 | 33 | 木材加工及家具制造业 | 0.074 |
| 13 | 信息传输、计算机服务和软件业 | 0.201 | 34 | 化学工业 | 0.069 |
| 14 | 石油和天然气开采业 | 0.196 | 35 | 工艺品及其他制造业 | 0.066 |

（续表）

| 排名 | 行　业 | 劳动报酬系数 | 排名 | 行　业 | 劳动报酬系数 |
|---|---|---|---|---|---|
| 15 | 住宿和餐饮业 | 0.193 | 36 | 金属制品业 | 0.060 |
| 16 | 建筑业 | 0.182 | 37 | 电气机械及器材制造业 | 0.058 |
| 17 | 金融业 | 0.173 | 38 | 金属冶炼及压延加工业 | 0.048 |
| 18 | 综合技术服务业 | 0.170 | 39 | 交通运输设备制造业 | 0.046 |
| 19 | 交通运输及仓储业 | 0.153 | 40 | 通信设备、计算机及其他电子设备制造业 | 0.040 |
| 20 | 煤炭开采和洗选业 | 0.152 | 41 | 电力、热力的生产和供应业 | 0.035 |
| 21 | 房地产业 | 0.128 | 42 | 石油加工、炼焦及核燃料加工 | 0.012 |

### （二）处于产业价值链的不同环节在一定程度上影响行业投资对消费的带动效果

依照“微笑曲线”来看，处于产业链上游的研发设计和末端的销售环节附加值最高，处于中间的制造环节附加值最低。上游环节要求较高的技术要素投入，下游环节要求从业人员具有良好的驾驭市场的能力，两端的从业人员均能够得到较高收入，更利于促进消费增加。以研究与试验发展业，信息传输、计算机服务和软件业以及通信设备、计算机及其他电子设备制造业三行业为例，研究与试验发展业处于产业价值链的上游，信息传输、计算机服务和软件业处于产业价值链的下游，而通信设备、计算机及其他电子设备制造业属于产业价值链中游，增加 1 万元投资，能够分别拉动消费增加 5024.2 元、3864.9 元和 3057.6 元，产业链中间环节投资拉动消费的效果明显弱于两端。

### （三）与消费结构升级联系密切的行业投资能更好地促进消费增长

从理论上讲，消费结构升级是拉动消费稳定增长的主要动力，增加与消费结构升级联系密切的行业投资能更好地促进消费增长。目前北京市正处于教育、保健、文化休闲、绿色消费等发展型消费增加，消费需求日趋多元化的阶段，根据发达国家的经验，人均 GDP 超过 1 万美元，消费需求会更加旺盛，文化等发展型消费支出占比会进一步增加。2010 年，北京市城镇居民医疗保健、文化教育类消费支出在居民消费支出结构中的占比为21.5%，而美国 2008 年这一比例为 30.7%，随着北京市社会保障制度的完善，消费结构将加快升级，文化教育类消费无疑将成为新的消费热点，其对经济增长的贡献将稳步上升，因而加大对这些行业的投资相应会带动更多的消费。

**（四）消费预期也是影响投资对消费拉动效果的重要方面**

从理论上讲，通过改善社会保障、提升公共服务业能力和水平，一方面能够减少居民消费的后顾之忧，改善居民消费预期；另一方面，社会保障也是调节居民收入差距的重要手段，通过对国民收入的二次分配，间接调节收入差距，从而提高居民尤其是低收入群体的消费预期，进而提高社会平均消费倾向，促进消费增长。目前北京市在公共服务的多元化和优质化供给方面还有很大的提升空间，因此，增加公共服务业的投资对消费将会有明显的拉动作用。

**（五）消费环境改善能较好地促进消费**

良好的消费环境有助于激发潜在消费，促进消费增加。一方面，通过规范企业运行、保护企业竞争、打击假冒伪劣产品、保障消费者权益等形式规范市场秩序，净化消费环境，有助于让消费者放心消费；另一方面，通过消费场所软、硬件环境的改善，有助于促进消费者舒心消费。

## 四、政策建议

**（一）积极发挥消费与投资的互促规律，推动经济平稳增长**

继续深化研究投资与消费的互动规律，紧抓促进消费增长的关键环节，形成消费主导型经济，推动经济平稳较快增长。深入研究未来产业发展的新趋势和需求的新动向，用好政府投资，发挥好引导和放大作用，积极引导投资投向扩大消费的关键领域和环节。以消费结构的升级为导向，审慎把好项目准入关，调整产业投资结构，把有限的资金配置到有潜力、有市场、有带动作用的行业，进一步加强产业投资与消费需求的衔接力度，发挥投资对消费的带动作用。

**（二）大力发展教育等公共服务业和文化创意产业，充分发挥其对消费的促进作用**

充分利用首都丰富文化资源、教育资源，加大对教育、文化等领域的投资比重，积极扩大享受型消费、发展型投资，发挥好公共服务业和文化类产业对消费的促进作用。加快文化创意产业发展，大力推进文化创意园区建设，全力推进文化旅游区建设，改善文化旅游区环境，使文化成为宣传首都、打造首都品牌的重要手段。积极引导社会资金进入文化领域，提高文化活力，丰富文化市场，积极推进文化产品与文化剧场的合作机制，打造一批优秀的驻场演出剧目，进一步扩大文化消费。

**（三）加快科技服务业，信息传输、计算机服务和软件业等行业创新发展，促进消费扩大**

充分发挥科技服务业和信息传输、计算机服务和软件业等高新技术产业投资对消费的拉动作用。实施科技型企业创业投资机构风险补贴和投资跟进，引导和促进国内外创业投资机构投资于科技型初创企业，有效发挥政府创业投资引导资金的放大作用。综合运用产业引导、税收优惠、贷款贴息、共性技术研发、政府采购等政策工具与手段，调控与引导创新型产业和信息产业投资，进而扩大消费需求。发挥北京高校科研院所众多、智力知识要素密集的特点和相关优势，加快完善科研成果与市场的对接机制，加快推进创新型产业发展。积极支持企业扩大在移动新媒体领域的投资力度，鼓励企业拓展信息服务内容，开展传统服务的网络化，以服务内容的升级带动消费结构的升级。

**（四）努力改善消费环境，不断提升消费规模**

广泛开展消费教育和消费引导工作，积极开展消费维权宣传力度，大力推进维权进商场、进超市、进市场、进企业、进学校。完善消费维权法律体系建设，切实强化消费者权益保护。积极搭建城乡远程维权平台，为消费者需求提供“零距离”服务。继续建立健全消费纠纷和解机制，拓宽消费纠纷和解的“绿色通道”。优化城市商业网点布局，积极推进商业网点向社区、向小城镇布局。通过投资贴息等政策措施，加快大型城市商业设施投资，方便群众消费，繁荣城市商业环境。完善刷卡设施布局，为消费者提供便利的消费环境。积极引进国际一线品牌落户首都，提高消费市场档次。引导一批特色产品、高端品牌向王府井、西单、前门等区域集聚，打造具有北京特色、国际知名的商业街区。

# 第二章 投 资

## 政策引导激发投资热点<br>结构调整助力平稳运行

2011年，国家及北京市积极落实“十二五”规划，加快转变发展方式，推动经济增长由政策刺激向自主增长有序转变。在各项政策引导、重大项目带动、基数效应减弱等因素影响下，北京市投资运行整体保持平稳，投资结构出现积极变化。2012年，全球货币流动性持续充裕，国家继续实行积极的财政政策和稳健的货币政策，并适时、适度进行预调、微调，外部环境较2011年相对宽松。虽然国家及北京市经济仍处于调整期，民间投资意愿较弱的现象难有改观，但在“十二五”规划重大项目全面实施和投资惯性的推动下，全社会固定资产投资运行仍将保持稳健，预计全年增长10%左右。

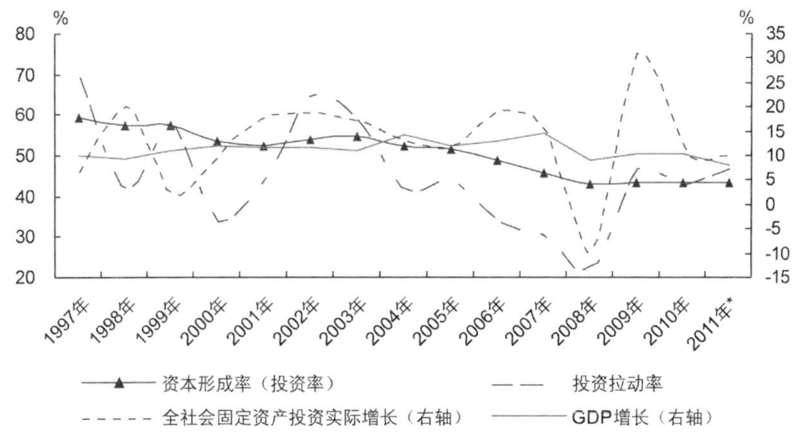


图2~1 1997~2011年北京市投资率、投资拉动率、投资实际增长和GDP增长

注：2011 年数据为预测值。

## 一、有保有压的政策引导结构调整

为加快推进产业结构调整，2011年年初以来，国家及北京市出台了多项引导投资结构调整的政策措施。**一是货币政策整体趋紧，政策导向明确。**为防患通胀、抑制资产泡沫形成，央行已6次提高存款准备金率，5次上调基准利率，持续收紧流动性。要求继续加强对地方政府投融资平台贷款梳理力度；鼓励民间资本和外资依法进入融资性担保行业；提出建立商圈与金融机构的合作机制等措施，发展商圈融资，缓解中小商贸企业融资困难。**二是引导资金进入战略性新兴产业和民生工程。**鼓励外商投资战略性新兴产业和现代服务业，引导和鼓励汽车生产企业加大节能技术研发投入，北京市设立多项产业专向基金，要求各银行业金融机构对于政府投资建设的公共租赁住房项目给予信贷支持，要求各地公积金增值收益扣除风险准备金等费用后全部用于廉租住房建设。**三是楼市调控再度升级**。年初国务院出台“新8条”，从税收、信贷、土地等多方面对房地产市场进行调控；北京市也及时出台了“十五条”，并以最苛刻的限购令著称。**四是严查投资审批，加强监督力度。**国务院开展高铁及其在建项目的安全大检查，对在建铁路项目重新组织安全评估，同时暂停审批新的铁路建设项目；开展保障性安居工程建设政策落实情况监督检查。

延伸阅读：《关于认真做好公共租赁住房等保障性安居工程金融服务工作的通知》

2011年8月4日，中国人民银行、中国银行业监督管理委员会联合发布了《关于认真做好公共租赁住房等保障性安居工程金融服务工作的通知》（以下简称《通知》）。

《通知》要求，对于政府投资建设的公共租赁住房项目，凡是实行公司化管理、商业化运作、项目资本金足额到位、项目自身现金流能够满足贷款本息偿还要求的，各银行业金融机构应按照信贷风险管理的有关要求，直接发放贷款给予支持。

对于不符合上述要求的，各银行业金融机构对直辖市、计划单列市、省会(首府)城市政府投资建设的公共租赁住房项目，可在符合相关规定的前提下，向资本金充足、治理结构完善、运作规范、自身经营性收入能够覆盖贷款本息的政府融资平台公司发放贷款;对地级市政府投资建设的公共租赁住房项目，可向符合条件且经银行业金融机构总行评估后认可、自身能够确保偿还公共租赁住房项目贷款的地级市政府融资平台发放贷款。其他市、县级政府投资建设的公共租赁住房项目，可在省级政府对还款来源作出统筹安排后，由省级政府指定一家省级融资平台公司按规定统一借款。

《通知》要求，政府投资建设的公共租赁住房项目须符合国家关于最低资本金比例的政策规定，贷款利率按央行利率政策执行，利率下浮时其下限为基准利率的0.9倍，贷款期限原则上不超过15年，具体由借贷双方协商确定。项目建成后，贷款一年两次还本，利随本清。鼓励银行业金融机构以银团贷款形式发放贷款。此外，政府以外的其他机构投资建设，且已被纳入政府总体规划的公共租赁住房项目，各银行业金融机构可按照商业原则发放贷款。

《通知》强调，经济适用住房、廉租住房、棚户区改造等其他保障性安居工程贷款，按照相关现行政策执行，各银行业金融机构应在加强风险管理的基础上加大支持力度。

《通知》要求，各银行金融机构要制定和完善公共租赁住房等保障性安居工程贷款管理办法，加强贷款管理，对负责公共租赁住房建设的地方政府融资平台公司实行名单制管理，自主决策、自担风险，并采取切实措施确保贷款资金用于保障性安居工程项目。

## 二、2011年北京市投资运行特点

2011 年，北京市投资总量实现平稳增长，投资结构出现积极变化。其中，实物投资量明显提高，信贷投放结构优化，工业投资快速增长，保障性住房成为投资领域新的增长点。

### （一）投资总量平稳增长，实物投资量明显提高

2011 年，在国家积极推进结构调整政策引导下，在北京市“十二五”规划重大项目和民生工程推动下，北京市投资运行结束了本轮危机以来出现的大幅波动走势，实现平稳增长。1~9 月份累计完成投资 4169.3 亿元，同比增长 17.4%；剔除价格因素后，实际增长 10.8%，增速较 2010 年同期上涨 6.8 个百分点。综合考虑投资惯性、2010 年基数、项目进度安排等因素，预计全年全社会固定资产投资实现 15%左右的增长。

2011 年以来，在新开工项目、新开工面积、施工面积均实现较快增长的带动下，建安投资实现快速增长，实物投资量显著提高。前三季度，北京市完成建安投资 1698.8 亿元，同比增长 26.1%，增速高于全社会投资 8.7 个百分点，对全社会投资增长的贡献率达到 57.1%。全年来看，建安投资增速有望在时隔 6 年后首次超越全社会固定资产投资。

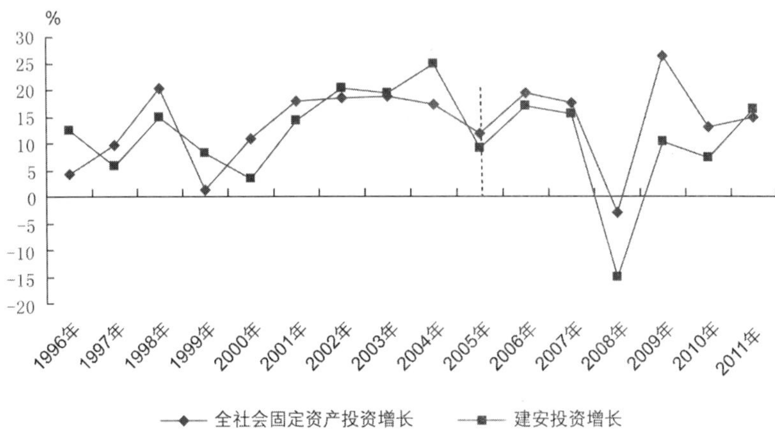


图2~2 1996~2011年北京市全社会固定资产投资增长、建安投资增长

注：2011 年数据为预测值。

**延伸阅读：建安投资**

建安投资包括建筑工程投资和安装工程投资。其中，建筑工程投资是指各种房屋、建筑物的建造，又称建筑工作量，这部分投资必须经过兴工动料，通过施工活动才能实现；安装工程指各种设备、装置的安装工程，又称安装工作量，不包括被安装设备本身价值。

### （二）要素供给整体趋紧

#### 1. 资金来源持续收紧，信贷投放结构优化

2011 年以来，在宏观经济运行减速、货币政策持续稳健、信贷增长逐步回归常态的背景下，北京市投资资金来源持续收紧，项目融资难度加大。前三季度，城镇投资金融贷款、国家预算内资金均出现负增长；房地产开

发项目本年到位资金同比仅增长 0.6%。但与此同时，在“十二五”规划重大项目陆续启动、民生工程加速推进的需求下，市、区两级财政投资实现了较快增长。2011 年 1~9 月份，市级和区（县）级财政资金同比分别增长 46%和 78%。信贷资金投向持续调整，资金配置效率不断提升，对北京市文化创意产业、战略性新兴产业、民生工程和中小企业支持力度进一步加大。9 月末，中资银行文化创意产业、光机电一体化企业、环保与资源综合利用企业贷款余额同比分别增长 67.7%、140%、130.5%。北京市小企业贷款余额同比增长 44.1%，高出大企业贷款增速 32.7 个百分点。

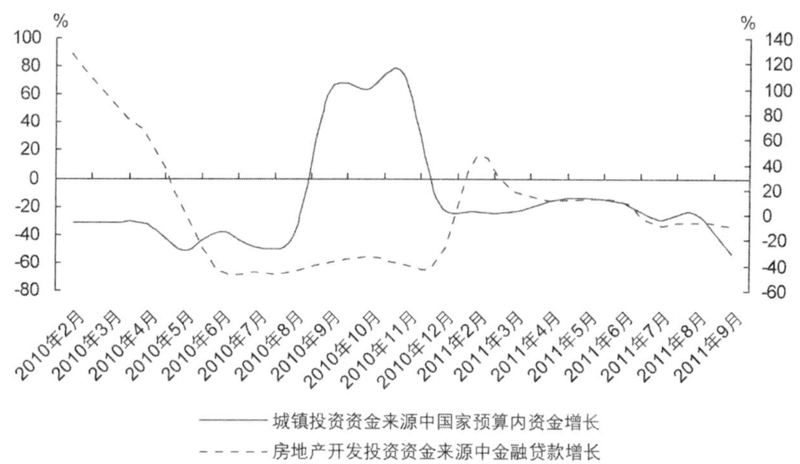


图2~3　2010年2月~2011年9月北京市城镇投资资金来源中国家预算内资金增长及房地产开发投资资金来源中金融贷款增长

**2．土地供应总量充裕，市场交易冷暖不均**

2011 年，北京市计划供应土地 6500 公顷，较 2010 年增加 100 公顷。在总量供给充裕的基础上，对结构进行微调，适当减少经营性土地供应量，加大保障性住房用地供应。从土地市场交易来看，商品住宅和产业用地交易走势分化。**商品住宅用地交易低迷。**主要受拆迁难度加大、开发商拿地意愿和能力下降影响，商品住宅用地交易持续低迷，成交均价出现下滑。在新城建设的带动下，交易地块主要集中在通州、房山和大兴等远郊区（县）。**产业用地交易保持平稳**。产业用地交易规模虽有所回落，但成交金额实现较快增长，成为土地收入的重要来源。前三季度，商服用地交易金额同比上涨 67.9%，在土地出让收入中占比达到 55%。在产业布局的引导下，北京市商服用地交易主要集中在 CBD、临空经济区、丽泽金融商务区和通州高端商务服务区；工业用地交易主要集中在北京经济技术开发区、中关村科技园区和部分新城产业园区。

延伸阅读：2011 年北京市土地供应计划

《北京 2011 年度国有建设用地供应计划》要求，2011 年北京市国有建设用地计划供应总量 6500 公顷，包括新增建设用地控制在 3200 公顷以内和鼓励和引导利用存量建设用地 3300 公顷。其中，商品住宅用地 1220 公顷，公租房（含廉租房）300 公顷，限价房用地 200 公顷，经济适用房用地 130 公顷，定向安置房用地 700 公顷，商服用地 550 公顷。

### （三）投资方向出现积极变化

#### 1．房地产开发投资增长放缓，政策性住房成为增长主力

主要受土地市场波动和 2010 年基数影响，2011 年，北京市房地产开发投资增长放缓。前三季度，累计完成投资 2264 亿元，同比增长 15.2%，增速较 2010 年同期小幅回落。2011 年以来，为落实中央关于住房保障工作的统一部署，北京市加快推进保障性安居工程建设，政策性住房投资快速增长，已成为拉动投资增长的新动力。前三季度，北京市政策性住房完成投资 530.7 亿元，比 2010 年同期增长 2.3 倍，占房地产开发投资比重达到 23.4%。

#### 2．大项目落地，推动工业投资增长突飞猛进

2011 年以来，在京东方八代线、中芯国际、长安汽车、国家地理信息产业园等重大项目带动下，北京市工业投资出现高速增长的运行态势，对全社会投资增长的支撑作用加大。前三季度，北京市完成工业投资 510.1 亿元，同比增长 80.8%，增速创出 7 年来新高；占全社会投资比重达到 12.2%，升至 6 年来新高。

### 3．基础设施投资低速增长，占投资比重降至6年来新低

主要受国家对高铁项目进行检查整顿、融资难度加大、征地拆迁难等因素影响，2011 年，北京市基础设施投资实现低速增长。前三季度北京市基础设施累计完成投资 863.9 亿元，同比增长 3.9%，增速低于全社会投资 13.5 个百分点；在全社会固定资产投资的比重降至 20.7%，创 2006 年以来的同期新低。

延伸阅读：国务院常务会议决定开展高速铁路及其在建项目安全大检查

2011 年 8 月 10 日，国务院总理温家宝主持召开国务院常务会议，决定开展高速铁路及其在建项目安全大检查，适当降低新建高速铁路运营初期的速度，对拟建铁路项目重新组织安全评估。会议决定进一步采取以下三项措施：

（一）开展高速铁路及其在建项目安全大检查。成立由国家安全监管总局牵头、有关部门和各方面专家参加的有充分权威的国务院检查组，重点检查安全生产制度和责任制落实情况，设备质量和运营安全保障情况，在建项目设计、质量和安全情况，职工教育培训和关键岗位人员合格上岗情况。对发现的问题，要系统梳理，深入分析，有针对性地提出整改意见。检查情况要向国务院报告。

（二）适当降低新建高速铁路运营初期的速度。新建高速铁路运营初期，要根据不同线路实际情况，科学评估，适当降低运营速度，以利于增加安全冗余，改进技术和管理，积累安全管理经验。

（三）对已经批准但尚未开工的铁路建设项目，重新组织系统的安全评估。暂停审批新的铁路建设项目，并对已受理的项目进行深入论证，合理确定项目的技术标准、建设方案。

## （四）中央投资增长高位回落，民间投资增长乏力，外商及港澳台投资快速增长

主要受国铁项目建设放缓等因素影响，中央投资增速出现大幅下滑，2011 年 1~9 月份仅实现 6.7%的增长，增速同比回落 28 个百分点。受宏观经济运行整体减速、投资环境没有明显改善、融资成本较高等因素影响，民间投资增速大幅回落，前三季度，同比增长 16.4%，涨幅较 2010 年同期回落 50 个百分点。在国家积极吸引外资进入战略性新兴产业政策的引导下，

外商及港澳台投资实现较快增长，前三季度，完成投资 337 亿元，同比大增 42.6%，占全社会投资的比重升至 8.1%。

### （五）投资空间布局调整成效显著

在积极落实“十二五”规划，着眼城市发展空间战略调整、构建产业发展空间格局的引导下，北京市投资布局空间调整成效显著。在统筹四类功能区协调发展、坚持“两个转移”思路的引导下，北京市投资空间布局的均衡性增强，前三季度，核心区和拓展区投资占比小幅回落，发展新区和生态涵养区投资实现较快增长。随着投资向现代制造业、高新技术产业、生产性服务业、文化创意产业等现代产业领域的倾斜，“两城两带、六高四新”区域投资增长明显加快。2011 年，仅涉及未来科技城、丽泽金融商务区、通州高端商务服务区、怀柔文化科技高端产业新区等区域土地一级开发项目的计划投资就高达 225 亿元。

延伸阅读：“十一五”时期北京市投资运行回顾

支撑经济稳步增长，引导结构布局调整

一、投资总量规模增长，但运行波动较大

“十一五”时期，全社会固定资产投资规模呈现跨越式增长，累计完成 21538.5 亿元，较“十五”时期增长了近 1 倍；但投资增长的波动幅度明显大于“十五”时期，年均增长 14.4%，低于“十五”时期 3.3 个百分点。

二、投资领域突出民生、产业特征

“十一五”时期，基础设施投资和产业投资成为北京市投资领域的重要支撑。“十一五”时期，基础设施投资累计完成 6137.3 亿元，年均增长 24.3%，增速较“十五”时期提高了 15.8 个百分点。房地产开发投资中，商业地产完成投资 2326 亿元，占全社会房地产开发投资比重达到 21.4%，较“十五”时期提高了 3.6 个百分点。

三、投资布局推动重点区域发展

“十一五”时期，投资明显向北京市重点发展区域倾斜，发展新区和生态涵养区、南部和西部地区、城乡结合部等区域投资比重明显提高。核心区、拓展区、发展新区和生态涵养区四大功能区投资比重由“十五”期末的 18.5%、51.9%、23.5%和 6.1%，转变为“十一五” 期末的 6.6%、44.8%、40.3%和 8.3%。

## 三、投资领域需要关注的问题

### （一）融资困境难以破解，影响后续投资稳健增长

2011 年年初以来，随着“十二五”规划重大项目的陆续实施，保障性住房、城乡结合部整治等民生工程的持续推进，建设资金需求大幅增加；然而在货币政策整体趋紧、经济运行出现减速的背景下，资金来源亦整体趋紧。**一是**房地产业资金明显紧张。截至 2011 年 9 月末，北京市房地产开发项目本年到位资金同比仅增长 0.6%。**二是**基础设施项目融资难度加大。受国家加强对地方政府投融资平台贷款梳理力度的影响，市、区两级政府融资难度日益加大；在房地产政策的持续调控下，作为市政基础设施建设重要资金来源的土地出让收入将持续下滑，进一步加剧资金来源紧张程度。**三是**产业园区和重点项目融资进程缓慢。年初，国家正式取消行政强制拆迁，北京市也先后出台了征地拆迁补偿的意见和实施细则，加大了征地拆迁的难度，影响部分产业园区和部分重大项目的前期准备工作，项目融资建设进程受阻。融资困境难以破解，导致融资成本攀升，融资风险加大，恐将影响后续投资的持续稳健增长。

延伸阅读：北京市国有土地上房屋征收与补偿实施意见

2011 年 5 月 27 日，依据《国有土地上房屋征收与补偿条例》（国务院令第 590 号，以下简称《征收补偿条例》），北京市人民政府下发《北京市国有土地上房屋征收与补偿实施意见》（以下简称《意见》），旨在规范北京市国有土地上房屋征收与补偿活动，维护公共利益，保障被征收房屋所有权人（以下简称“被征收人”）的合法权益。

《意见》明确指出：（1）实施房屋征收应当先补偿、后搬迁。作出房屋征收决定的区县人民政府对被征收人给予补偿后，被征收人应当在补偿协议约定或者补偿决定确定的搬迁期限内完成搬迁。（2）任何单位和个人不得采取暴力、威胁或者违反规定中断供水、供热、供气、供电和道路通行等非法方式迫使被征收人搬迁。禁止建设单位参与搬迁活动。（3）在《征收补偿条例》实施前已经依法取得拆迁许可证的项目，继续沿用原有规定办理，但政府不得责成有关部门强制拆迁；对被拆迁人与拆迁人达不成拆迁补偿协议，经行政裁决后不搬迁的，可依法向人民法院申请强制执行。

### （二）民间投资依然难以释放，影响投资结构改善

虽然近年来国家已出台多项促进民间投资增长的政策，但由于国有企业在金融、铁路、能源和市政公共事业等领域的垄断地位不断加强，民间资本进入垄断行业的障碍难以消除，投资环境没有出现实质性改善；战略性新兴产业市场准入渠道不通畅、投资回报模式不确定；宏观经济运行减速导致投资回报预期下降、企业家投资信心不足等因素影响，2011 年以来，民间投资增长依然乏力。从资金投向看，北京市民间投资在房地产领域和资本运作方面占比较高。2010 年北京市民间投资增速一度高达 50%以上，然而其中四成以上由房地产开发投资中的土地购置费用产生。随着融资成本的上升，“高利贷”现象突出，2011 年以来，温州等部分地区已经出现高利息的借贷资本没有投入实体经济，却进入高风险资本运作的现象，进一步弱化了民间投资对实体经济的拉动，也增加了金融风险。民间投资活力较弱，难以从政府手中接过“四万亿”投资的“接力棒”，无法成为经济增长的新动力。民间投资释放渠道依然单一，不仅加大了房地产市场调控的难度，也将进一步影响实体经济投资增长，不利于投资结构的持续改善。

延伸阅读：总理要求遏制温州民间高利贷倾向

2011 年 10 月，温家宝总理在浙江考察时强调，要明确将小微企业作为重点支持对象，支持专为小微企业提供服务的金融机构，同时要加强对民间借贷的监管，采取有效措施遏制高利贷化倾向。

一要认真落实并完善对小微企业贷款的差异化金融监管政策。对符合有关条件的小企业贷款进行专项考核，提高对小企业不良贷款比率的容忍度。

二要明确将小微企业作为重点支持对象，支持专为小微企业提供服务的金融机构。要督促各类银行切实落实国家支持中小企业特别是小微企业发展的信贷政策。鼓励各类金融机构改进对小微企业的金融服务，强化银行特别是大中型银行的社会责任。明确银行小微企业贷款比例和增速要求，并加强统计和最终用户监测，确保政策落实到位。清理银行不合理收费和保证金存款要求。

三要加大财税政策对小微企业的支持力度，延长相关税收优惠政策的期限，研究进一步加大政策优惠力度。

四要切实防范金融风险。对中小企业的金融支持，要遵循市场原则，减少行政干预，降低市场风险和道德风险。要加强对民间借贷的监管，引导其“阳光化”、规范化发展，发挥其积极作用。大力整顿金融秩序，采取有效措施遏制高利贷化倾向，依法打击非法集资，妥善处理企业之间担保、企业资金链断裂问题，努力做到早发现、早处置，防止风险扩散蔓延，防范区域性风险。对已经发生的风险事件，要妥善处置。

### （三）住房市场持续调整，对经济运行影响依然存在

在房地产政策的持续调控下，住房市场持续低迷，房价整体出现下降的预期正逐步形成，若不及时给予正确引导，或将带来下行风险。**一是加大经济运行波动。**目前全球经济运行的不确定性因素较多，国家及北京市经济运行仍处于调整期，一旦房价进入下降通道，将会持续影响投资、消费需求的释放，波及上下游关联行业的生产活动，进而加大经济运行的波动，宏观经济运行走出周期底部的时间将被拉长。**二是扰乱金融秩序。**虽然目前北京市房地产信贷资产占北京市贷款比例仅为10%左右，但实体经济与房地产相关的抵押贷款以及地方投融资平台的土地抵押贷款仍占据较大份额。一旦房价进入下行通道，将引发房地产抵押贷款风险和地方政府债务风险。目前已在温州地区出现的“高利贷”主逃跑、自杀的现象将在房地产开发企业重演，市、区两级财政的信贷风险日益加大。

## 四、2012年投资运行面临环境及形势判断

### （一）外部环境较2011年相对宽松

**从国际环境看，**IMF预测2012年全球经济仍将保持低速增长，且下行风险较大，受此影响，预期美国、欧洲、日本等发达经济体将推出新一轮量化宽松政策，全球货币流动性依旧充裕。考虑到我国经济增势较好、国际利差持续存在、人民币升值等因素影响，套利资金将持续涌入，导致国

内流动性持续过剩。《2011 年世界投资报告》指出，中国在“世界最具吸引力投资国”中位居榜首，是 2010 年发展中国家吸收外商直接投资额最多的国家，而且，北京在全球服务中心世界十佳城市中排名第二，预示着首都北京仍是跨国企业全球投资的首选地，投资前景持续看好，国际资本规模流入将成为常态。**综上，虽然世界经济复苏仍面临较多不确定性因素，但北京市投资增长的资金环境整体相对宽松。**

延伸阅读：《2011 年世界投资报告》

2011 年 7 月，联合国贸易发展组织发布《2011 年世界投资报告》。报告指出，2010 年全球国际直接投资总体呈上升趋势，中国国际直接投资的流入量和对外投资年流量均保持两位数的高增长，发展势头良好。报告指出，2010 年全球外国直接投资增长 5%，达到 1.24 万亿美元，但仍比金融危机前的平均值低 15%。联合国贸易发展组织估计，全球国际直接投资将在 2011 年恢复到危机前的平均水平，并在 2013 年接近 2 万亿美元的峰值。

报告显示，中国在“世界最具吸引力投资国”中位居榜首，其次是美国和印度，巴西、俄罗斯和波兰分别位列第四至第六。数据显示，中国是 2010 年发展中国家吸收外商直接投资额最多的国家，在全球排名中仅次于美国。2010 年，随着经济总量的增长，中国国际直接投资流入量和对外投资年流量均大幅上涨，分别达到 11%和 17%。2010 年中国外资流入量上升至 1057 亿美元，基本恢复金融危机前的高位。2010 年中国的对外直接投资首次超过日本，达到创纪录的 680 亿美元，位居世界第五，吸收外资和对外投资比例上升至接近 2∶1。但报告也指出，目前中国的对外投资仅为量的巨增，尚未达到质的飞跃。2010 年中国对外直接投资总存量不到 3000 亿美元，低于许多发达国家的国际化水平。多数跨国企业依然是“点式”和分散的对外投资，而非真正拥有全球一体化的生产体系和完整的全球产业链。

报告对全球服务中心（BPO）最佳城市的调查结果还显示，中国首都北京在全球服务中心世界十佳城市中排名第二，仅次于最佳城市波兰克拉科夫，大连位居第七、深圳位居第八。未来两年，中国仍是跨国企业全球投资的首选地，中国和波兰将是 BPO 项目最佳投资地。

**从国内环境看，**2012 年，我国将加快落实“十二五”规划，积极转变发展方式，在继续实施积极的财政政策和稳健的货币政策的同时，更加注重政策的针对性、灵活性和前瞻性，适时、适度进行预调、微调，**政策环境**

**较2011年相对宽松。**土地政策紧中有松。土地供应依然整体从紧，但会加大保障性住房和普通商品住宅用地供应，以巩固已取得的政策调控效果；同时会加大节能环保、新能源、新材料等战略性新兴产业用地供给。信贷政策有压有保。在保持货币信贷总量合理增长，优化融资结构的同时，保证国家重点在建、续建项目的资金需要，防止出现“半拉子”工程。信贷投放将持续向战略性新兴产业群、符合产业政策的中小企业，保障性安居工程等民生项目倾斜。抓节能减排不放松，在执行“十二五”减排目标分解任务的要求下，继续严格控制高耗能、高污染项目投资，防止重复建设和落后产能盲目扩张。

**（二）2012年北京市投资运行稳中回落**

2012年，北京市将加快推进“三个北京”战略和建设中国特色世界城市的目标；加速打造“两城两带、六高四新”城市格局和产业布局；着力推进战略性新兴产业、文化创意产业发展和民生工程项目建设；在投资惯性和政府换届带来投资冲动的作用下，投资总量将保持稳步增长。但考虑到国家及北京市经济运行仍将处于调整期，民间投资动力相对不足，资金压力难以缓解等因素影响，在政策性住房投资和工业投资增速双双放缓的带动下，**北京市全社会固定资产投资增速将稳中回落，预计全年完成6600亿元，实现增长10%左右。**

**1．要素供给有紧有松**

**资金来源相对偏紧。**2012年，虽然北京市资金环境比较宽松，流动性持续充裕，但对于旺盛的需求而言，资金来源依然相对偏紧。一是受国家坚持稳健的货币政策和差异化信贷政策影响，新增金融贷款总量难以大幅增长；二是受国家坚持加大梳理地方政府投融资平台贷款，房地产市场销售持续低迷等因素影响，自筹资金来源依旧紧张；三是由于宏观经济运行处于调整期，企业自主投资的能力和意愿将受到影响，民间投资意愿难于激发。

**土地供应依然充足，土地交易市场难见起色。**综合考虑“十二五”土地供应中期计划、建设需求和前两年大规模土地储备等因素，预计2012年北京市土地供应规模将保持稳定。将进一步加大发展新区、新城、重点镇和薄弱地区的土地供应，以推动城市空间格局调整；加大“两城两带、六高四新”区域土地供应，以促进创新和产业发展空间格局形成；增加普通商品住房用地，促进房价合理调整。然而与此同时，长期以来累积的拆迁难等矛盾难以缓解，政策调控延续和市场低迷将影响开发商拿地的能力和意愿，土地市场交易，尤其是商品住宅用地交易将持续低迷。

**2．房地产开发投资增长稳中趋缓**

**从趋势分析看：**长期趋势显示，房地产开发投资增长持续处于下行阶段。按照波峰—波峰考虑，1995 年以来北京市房地产开发投资增速呈现出 3 个半周期，2010 年已达到最近一轮周期的顶峰，预示着 2011 年和 2012 年房地产开发投资增速将出现放缓。

**从因素分析看：**2012 年，在房地产政策持续调控的背景下，房地产开发投资增长将呈现稳中趋缓的态势。**一方面，企业家信心指数低迷，影响土地购置和开发进度。**2011 年第三季度北京市房地产企业家信心指数已跌至 98，创出两年来的新低，进入不景气状态。2012 年，在房地产政策持续调控的背景下，商品住宅销售将持续低迷，叠加宏观经济运行减速、融资成本持续上升、征地拆迁难等因素，企业家信心指数将持续低迷。受此影响，预计 2012 年开发企业将进一步延缓土地购置、减少新开工面积、放缓工程进度，进而影响开发投资持续增长，尤其是占比达到 60%以上的住宅开发投资将受到较大影响。**另一方面，保障性住房建设投资增速将有所回落。**在落实中央住房保障工作统一部署和 2010 年同期基数较低等因素影响下，2011 年北京市保障性住房投资实现了快速增长。2012 年，考虑到融资压力依然较大、物价高位运行带来成本不断上升、企业持续开发建设意愿下降、保障性住房建设和区（县）配售衔接困难、政策性住房制度建设仍不完善等因素影响，预计保障性住房开发投资增速将明显放缓，但增速仍将高于房地产开发投资，依然是房地产开发投资增长的重要力量。**预计 2012 年，北京市房地产开发投资增速将由 2011 年的 13%降至 9%左右，在全社**

**会固定资产投资中的比重微幅下降，但仍占据半壁江山。**

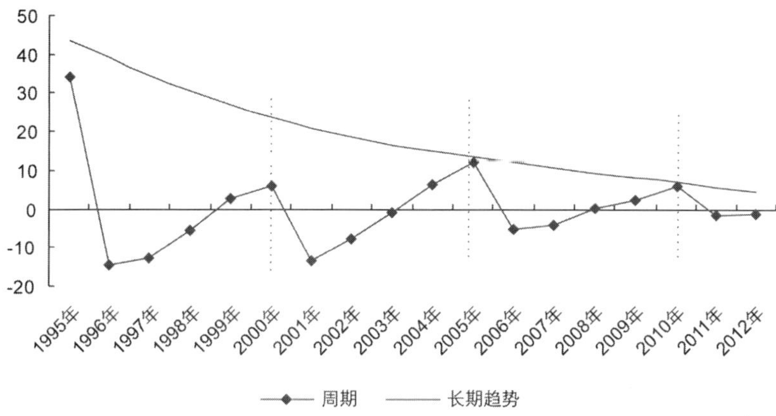


图2~4　1995~2012年北京市房地产开发投资增长周期及长期趋势

### 3．基础设施投资增速回升

**从趋势分析看：**长期趋势显示，基础设施投资增长已经进入持续下行阶段，但下行趋势出现明显放缓迹象。受政策、政府投资、项目规模影响，基础设施投资运行波动较大，周期并不明显；从近年走势来看，自 2007 年达到阶段性高点以来，持续呈现出的下行走势有望于 2011 年止步，预示着 2012 年基础设施投资增速有望出现回升。

**从因素分析看：**2012 年，是“十二五”规划全面实施之年，惠及民生领域的各项基础设施投资依然是投资重点，在交通运输、能源项目投资的带动下，北京市基础设施投资增速有望出现回升。**（1）交通运输投资仍将稳步增长。**2012 年，北京市将加大力度缓解城市拥堵，进一步改善城市微循环，建设立体交通体系，加快建设核心区和拓展区轨道交通和构建换乘高效的立体化公共交通网络建设，加快推进轨道交通、城市道路和高速公路等项目建设。但考虑到 2011 年国家全面开展高铁项目检查整顿，暂停审批新建项目带来的影响，高铁建设将出现放缓。**（2）能源项目建设有望加速推进。**为改善民生、提高能源供应水平，2012 年北京市能源项目建设将加速推进。一是加强能源供给能力，加快燃煤锅炉房的改造；推进清洁低碳的四大热电中心建设，进一步完善天然气输配体系建设；二是加快水资源保障体系建设，推进南水北调配套工程建设、污水处理厂升级改造和新城主力供水厂的建设；三是加大中心城给排水管网改造力度，加快建设生活垃圾综合处理设施。**（3）绿化建设将成为公共服务业投资的增长亮点。**为对接“十二五”规划提出的让森林走进城市、让绿色遍布乡村，北京市将结合南城计划和西部议案，加大对西南部地区的绿化建设。综合考虑2012年项目进度、要素环境和政策因素，**预计2012年，北京市基础设施投资增速将升至15%左右，在全社会固定资产投资中的比重提高到25%左右。**

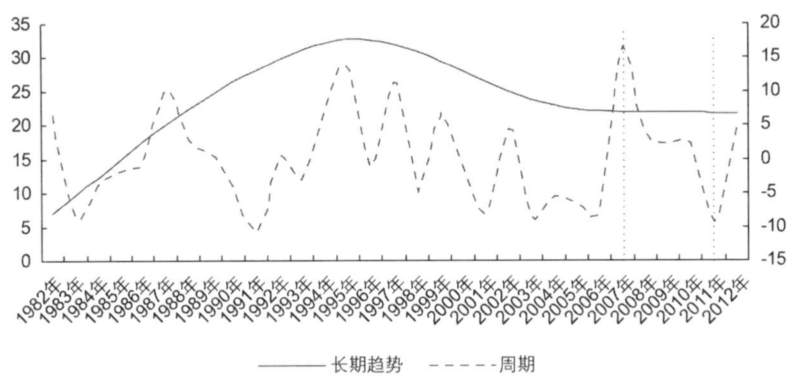


图2~5　1982~2012年北京市基础建设投资增长周期及长期趋势

**4．工业投资增速高位回落**

**从趋势分析看：**长期趋势显示，工业投资增长处于平稳运行阶段。按照波峰—波峰考虑，1982年以来北京市工业投资增速呈现出3个半周期，2010年已触及最近一轮周期的谷底，2011年开始进入新一轮上升期，预计2012年北京市工业投资增速将处于上升期。

**从因素分析看：**2012年，在“十二五”规划重大项目继续推进的带动下，北京市工业投资仍将保持良好的增长态势，但考虑到基数较高、资金成本较高、成本上升挤压企业利润、工业效益下行等因素影响，增速将有所回调，重大项目依然是工业投资的重要支撑。**一是续建项目投资规模较大。**近两年来，北京市重点工程新开工率持续保持在较高水平，续建项目投资需求持续较高，其中总投资3.69亿元的电动汽车整车研发及批量生产项目计划于2012年竣工，总投资达460亿元的中芯国际集成电路制造有限公司将加速推进。**二是产业园区及项目建设加速推进。**2012年，在科技北京战略、北京创造理念的指导下，在加快落实国务院批准的中关村"1+6"先行先试改革政策的引导下，北京市将加快推进中关村环保科技示范园、中关村软件园西扩工程、中国移动国际信息港、北京自主品牌乘用车基地、天坛生物疫苗产业基地、民生银行总部基地等园区的建设；加速推动新一代信息技术、节能环保、新能源汽车、生物医药等现代产业项目落地。**三是工业用地连续3年加大供应。**2009年以来，北京市工业用地交易连续3年实现快速增长，有力推动战略性新兴产业、现代制造业、高新产业功能园区建设。综上，**预计2012年，北京市工业投资增速将降至10%左右，在全社会固定资产投资中的比重相对稳定在13%在左右。**

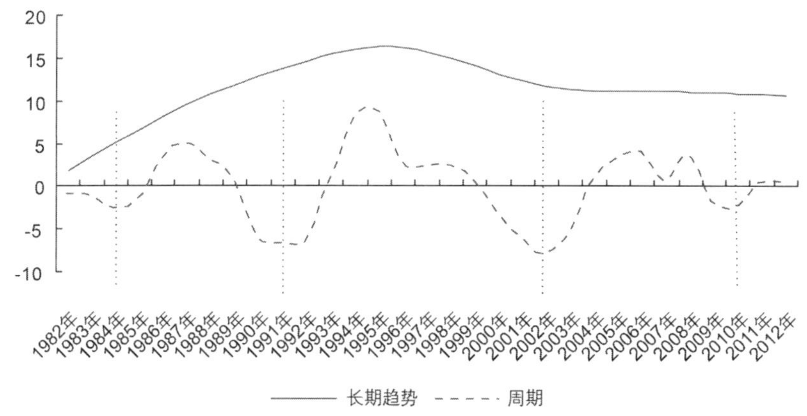


图2~6　1982~2012年北京市工业投资增长周期及长期趋势

### 5. 投资布局进一步与城市、产业发展布局衔接

2012年，在城市空间格局战略调整和功能优化配置发展战略的引导下，北京市投资布局将进一步与城市、产业发展布局衔接，实现两个倾斜。**一是进一步向郊区倾斜。**2012年，在构建城乡一体化、多点支撑、均衡协调的城市发展格局引导下，结合关于推进重点镇改革发展的有关意见、南城计划、西部议案等意见方案，北京市投资将进一步向发展新区、生态涵养区、新城、小城镇和薄弱地区倾斜。**二是进一步向高端产业集聚区倾斜。**2012年，在进

一步提升高端产业功能区辐射力，积极培育高端产业功能新区战略的引导下，北京市投资将进一步向“两城两带、六高四新”高端产业集聚区域倾斜。

## 五、政策建议

### （一）加强投融资模式创新，拓宽融资渠道

随着资金需求量的快速增长和资金来源日趋紧张的矛盾凸现，积极探索新型融资方式，不断拓宽融资渠道成为投资尤其是基础设施投资、民生工程和新兴战略性产业投资保持稳健发展的重要保障。**一是**加速落实《关于利用债券融资支持保障性住房建设有关问题的通知》，通过发行企业债券为保障性住房筹措建设资金；严格执行中央关于要求土地出让净收益用于保障性住房建设比例不低于 10%和公积金增值收益扣除风险准备金等费用后，要全部用于廉租住房建设等规定，以保障政策性住房建设资金来源。**二是**充分发挥北京信托的制度优势和独特功能，把科技资源和金融资源充分整合，通过创新信托产品，进一步完善初步形成的以政府政策和资源为引导，社会资金为支持，由信托、担保公司、银行等多个市场主体参与的全新的融资平台，为中小企业提供资金来源。**三是**积极尝试 BT、BOT、PPP 等新型融资模式，推进民间投资，加强政府与民间资本的合作，在减轻政府财政负担的同时，优化资源配置，实现风险规避。**四是**探索尝试并购贷款、可封闭交易贷款、价值联息贷款以及股权质押贷款等股本和类股本的融资新品种，以吸引机构、社保、保险等中长期资金进入。

### （二）规范政府投融资制度，防范政府财政风险

进一步规范市、区两级投融资平台公司的运营，重点关注近年成立的多项产业基金的运作，尝试建立约束机制、信用评级、审批制度、预警系统等，杜绝政府违规担保等现象。建立包括市级和区（县）两级政府的债务管理信息系统、统计报告制度和债务信息定期通报制度，实现对两级政府性债务的全口径管理和动态监控。对融资平台公司因基础设施、公益性项目建设而产生，且有偿债资金来源的债务，督促其按计划、合同的要求

严格履行还款义务，尽量避免其向政府直接债务转化；对非公益性项目所产生的债务，应本着“谁举债、谁偿还”的原则，由举债主体自行偿还，政府不承担偿还责任。

**（三）进一步优化民间投资政策环境**

在《北京市关于鼓励和引导民间投资健康发展的实施意见》指导下，努力为社会投资创造良好的市场竞争环境，通过各项努力，调动社会投资的积极性。**一是**进一步放开投资领域，尤其是部分基础设施投资建设项目，扩大市场准入，降低准入门槛，清除投资壁垒。**二是**降低产品税赋和企业投资成本，加大财政补贴力度，适度进行税费减免，打通民间融资渠道、加大对民营企业尤其是中小型企业的信贷投放力度。**三是**优化政府服务水平，提供丰富、详实的资源信息，及时出台相关政策措施。**四是**运用产业政策，调整社会投资的领域，积极引导其向民生工程、文化创意产业、战略性新兴产业转移。**五是**在降低相关行业进入门坎的同时，应及时制定民间投资的退出机制，减少其后顾之忧。**六是**加强对民间投资运作的规范管理，推动公开化、透明化标准，打造公平、安全的市场环境。

**（四）加强对房地产市场监控，合理引导社会舆论**

随着房地产调控效果的逐步显现，房价进入下降通道的预期逐步形成。在政策调控的攻坚阶段，为缓解房地产市场波动对经济社会带来的影响，要加强对市场的动态监控。**一是**要加强对商品住宅交易量、价格波动的监测，同时加大对消费者的购房意愿调查的力度，并及时公开监测数据，以引导合理需求，为决策提供科学依据。**二是**要进一步完善房地产交易网上签约系统，建立政策性住房申购、承租网上签约系统，扩大对存量房市场买卖、租赁交易的覆盖面，杜绝二手房交易通过签订“阴阳合同”，在网上签约时采用避税价格的现象发生。**三是**要密切关注商业地产资金注入情况，尤其是外资注入增长走势。**四是**要合理引导舆论预期。对于合理定价或降价后热销的项目给予正面报道和积极评价，合理引导社会舆论。

# 第三章 消 费

## 平稳度过限购转型阵痛 消费升级支撑内需增长

2011 年，北京市消费受限房、控车等大力度的结构调整措施直接冲击较大，再叠加上国际经济复苏放缓、国内加大宏观调控等不利因素影响，北京市消费总体呈现稳中趋降的态势。展望 2012 年，随着房车对消费影响的逐步减弱、消费性服务在消费结构中的比重不断提高，以及社保水平稳步提高、民生投资逐步加大和通胀压力有所减轻，北京市消费有望实现平稳向好。

### 一、2011年北京市消费领域运行特点

2011 年，在消费升级和避险保值等因素驱动下，北京市消费市场保持结构性活跃，保值型贵金属、通讯器材、旅游休闲等消费领域增势强劲。但受房、车市场调控冲击，社会消费品零售额出现明显放缓，结束了近年来持续快速增长势头（见图 3~1），呈现"同比大幅回落、环比相对平稳、多热点共同支撑"的消费运行特征，居民消费结构变化明显。

#### （一）承受转型阵痛，消费市场保持平稳增长

**从北京市看，**2011年1~9月，北京市实现社会消费品零售额5007.7亿元，同比名义增长11.5%，较"十一五"同期平均增速低4.4个百分点；考虑高通胀因素，实际增速仅达7.9%，创2005年初以来新低（见图3~2）。从前三季度消费品零售额增速看，分别同比增长11.9%、10.7%和11.9%，总体保持平稳增长态势；进入第四季度，由于面临2010年同期汽车限购前销售暴

涨带来的高基数影响，消费增速不容乐观。

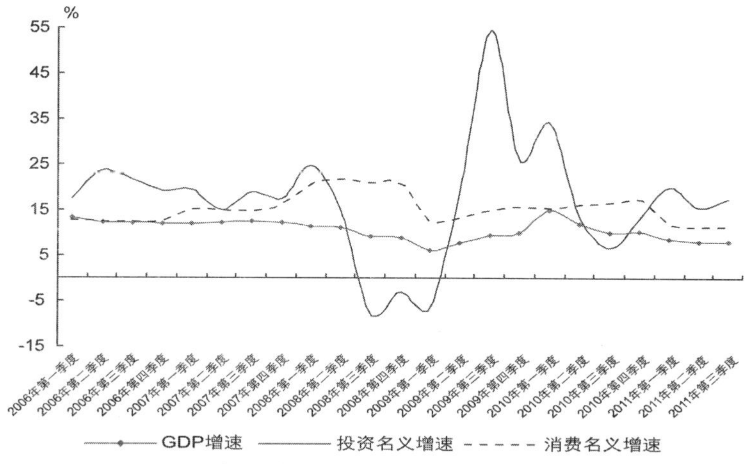


图3~1　2006年以来北京市GDP、投资和消费名义增速

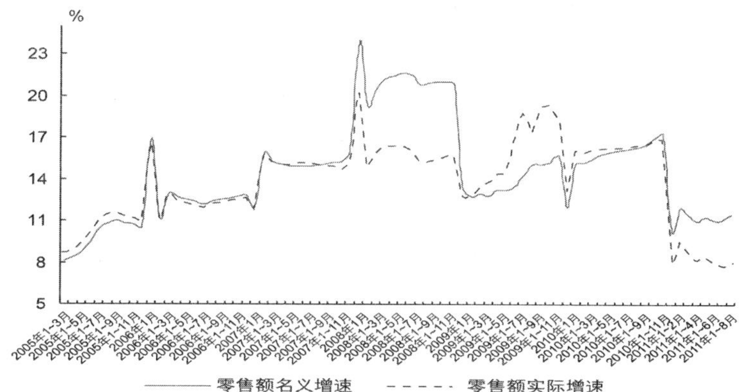


图3~2　2005年以来北京市消费品零售额名义与实际增速

**从区域看，**由于北京市汽车交易市场主要分布在朝阳、丰台等城市功能拓展区，造成这些区域受汽车销售大幅下滑影响较大。2011 年 1~9 月，城市功能拓展区消费品零售额同比仅增长 5.6%，比重较 2010 年底下降 5.9 个百分点，由北京市消费主力区域急转为消费下滑最快的区域；而金银珠宝、文化娱乐等消费相对集中的城市功能核心区，1~9 月消费品零售额同比增长 22.2%，保持了较快增长势头；随着人口不断集聚和区域性商业中心逐渐形成，城市发展新区消费能力持续释放，1~9 月消费品零售额同比增长 19.3%；生态涵养发展区 1~9 月消费品零售额同比增长 15.8%，保持

了平稳增长态势。

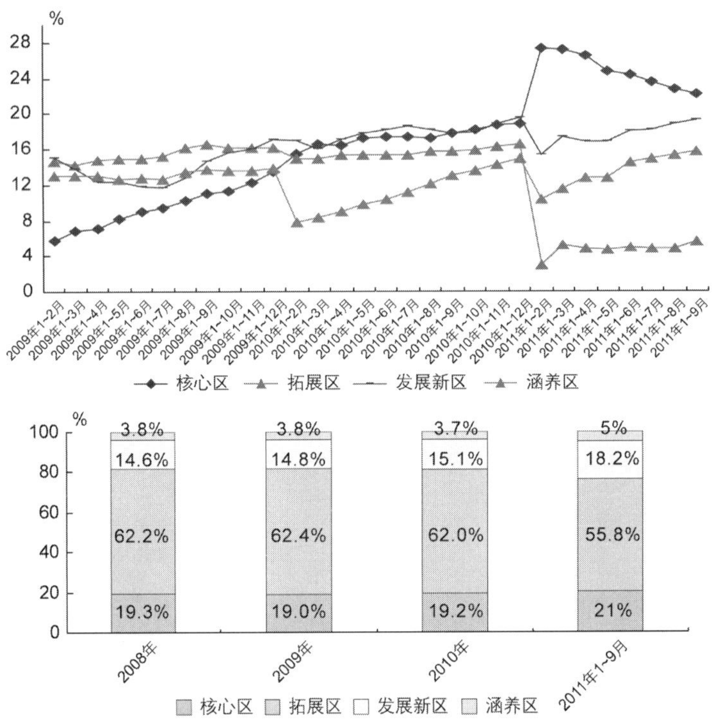


图3~3 2008年以来北京市四类功能区消费增速及比重

### （二）房、车消费退潮明显，其他商品消费相对稳定

**房、车消费出现大幅下滑。**进入 2011 年，受房、车限购政策直接冲击，作为北京市近年消费支柱的商品住宅和汽车销售出现大幅回落。2011 年 1~9 月，北京市销售商品住宅 632.1 万平方米，同比下降 12%；销售机动车 51.5 万辆，同比下降 44.8%（见图 3~4）。受此影响，2011 年 1~9 月，北京市用类商品仅增长 5.7%，较 2010 年同期大幅下降 11.3 个百分点，成为拉动北京市消费下滑的主导因素。

**其他商品消费延续稳定增长态势。**2011 年 1~9 月，北京市限额以上批发零售企业统计的 22 类有销售商品中，17 类商品实现同比正增长，其中吃、穿类商品分别增长 17.7%和 23%，较 2010 年同期分别提高 5.4 个百分

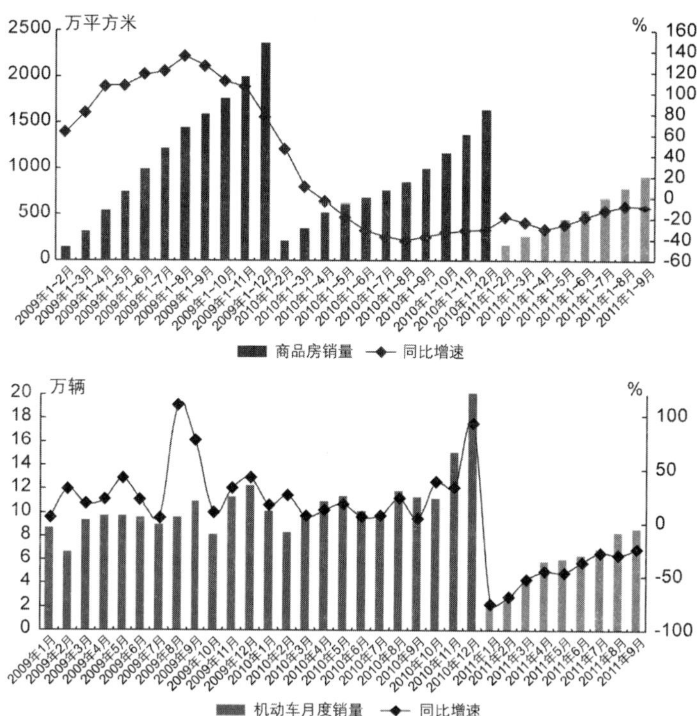


**图3~4　2009年以来各月北京市商品房住宅和机动车销售及增速**

点和 7.9 个百分点，不过其中有相当比例的高通胀因素；烧类商品虽然受到限购后机动车增长放缓和停车费调整后出行减少的影响，但增势依然不减，同比增长达到 27.9%。

**表 3~1　“六五”至“十一五”时期北京市四大类商品增速及比重**

| 时间＼指标 | 社会消费品零售额及增速(亿元，%) | | 增速（%） | | | | 比重（%） | | | |
|---|---|---|---|---|---|---|---|---|---|---|
| | | | 吃类 | 穿类 | 用类 | 烧类 | 吃类 | 穿类 | 用类 | 烧类 |
| “六五”时期 | 472.7 | 16.4 | 14.8 | 10.9 | 21 | 12.6 | 38.3 | 18 | 41.5 | 2.2 |
| “七五”时期 | 1239.8 | 20.8 | 22.5 | 15.2 | 21.1 | 22.8 | 39.9 | 13.4 | 44.5 | 2.1 |
| “八五”时期 | 3239.5 | 22.5 | 24.3 | 25 | 20.2 | 17.2 | 38.9 | 14.9 | 43.9 | 2.3 |
| “九五”时期 | 6811.7 | 11.8 | 3 | 7.4 | 19.2 | 25.8 | 32 | 12.6 | 52.5 | 2.9 |
| “十五”时期 | 11662.9 | 11.9 | 9.8 | 7.3 | 12 | 32.9 | 26.2 | 10.4 | 57.6 | 5.7 |
| “十一五”时期 | 23174.3 | 16.4 | 15.7 | 15.2 | 19.1 | 9.4 | 23.5 | 8.9 | 59.7 | 7.1 |

### （三）享受型消费和以网店为代表的新兴业态增势迅猛

**避险保值型消费延续高增长。**受负利率不断扩大、国际金价波动加大及居民投资渠道有限等因素影响，出于防范通胀和保值避险的考虑，北京市居民对以金银珠宝为代表的保值型商品情有独钟。2011 年 1~9 月，北京市金银珠宝类零售额保持了 70%以上增幅，高档服装、艺术品、名表等其他保值产品和奢侈品也呈现热销。

**时尚升级型消费增势强劲。**随着消费结构升级和消费主体的年轻化，以高清电视、个人电脑、摄像机、3G 智能移动终端为代表的高档耐用消费品加快升级换代步伐，带动了居民家庭文娱类用品消费的快速增长。2011 年 1~9 月，北京市限额以上批发零售企业中，通讯器材类实现零售额 121 亿元，同比大幅增长 53.3%。

**文化休闲型消费成为新热点。**随着生活水平的不断提高，居民消费重点正从以物质消费为主向以文化娱乐消费为主转变，文教娱乐类消费逐渐成为居民消费的新热点。2011 年 1~9 月，北京市城镇居民家庭人均娱乐教育文化服务支出 2541 元，同比增长 10.7%，超过人均消费性支出增幅 1.6 个百分点，占消费性支出的比重由 2010 年同期的 14.4%提高到 15.9%。

**新兴业态保持快速增长势头。**随着购物平台、支付方式、物流运输等产业环节改善和公众消费理念转变，“电子商务＋快递”式的网上购物正以省时、价优、便捷的优势成为居民购物的新选择。2011 年 1~9 月，北京市实现网上零售额近 180 亿元，同比增长 1.3 倍，京东、凡客等企业零售额增长 100%以上。同时，传统业态也积极开拓网上销售，截至 9 月份，北京市限额以上零售企业中，超市、百货店和专业店涉足网上业务比重分别为 6.5%、5.8 和 3.7%。

### （四）居民服务型消费稳步提高

2011 年 1~9 月，北京市城镇居民人均服务性消费支出为 4767 元，同比增长 10.7%，比同期消费性支出增速高 1.6 个百分点，占消费性支出的比重亦从 2010 年底的 28.1%上升至 29.9%（见图 3~5），自 2007 年以来连续稳步提高。其中，家庭设备用品及服务支出增长 13.9%，医疗保健支出

增长 11.9%，教育文化娱乐服务支出增长 10.7%，显示了北京市居民家庭对服务性消费需求不断上升。服务性消费支出的明显增加，已成为北京市居民消费的主要释放领域。

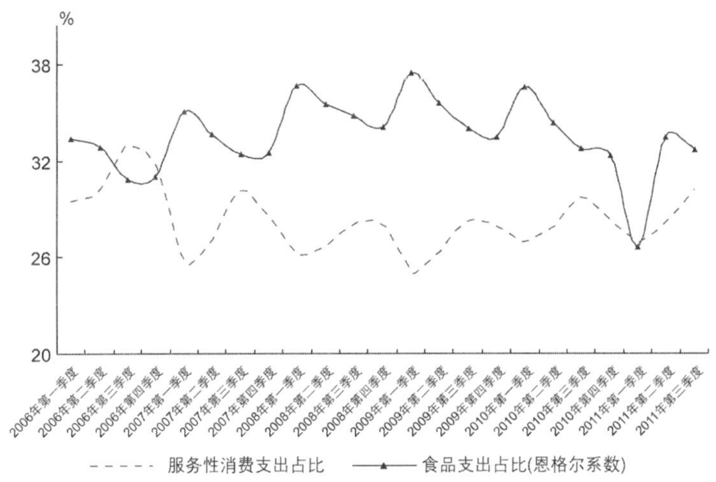


图3~5　2006年以来北京市城镇居民食品和服务性支出比重

延伸阅读：北京市居民消费结构与国外大城市的对比

2010 年，北京市城镇和农村居民恩格尔系数分别为 33.2%和 32.4%，按照联合国粮农组织的标准，已经跨入富裕阶段，但与国外主要大世界城市相比，北京市的恩格尔系数还比较高，分别比 10 年前的东京（19%）、中国香港（12%）、新加坡（20%）分别高出 15.1 个百分点、22.1 个百分点和 14.1 个百分点。同时，北京市居民消费支出中用于衣食以及家用设备等物质消费支出比重过高，2008 年约为 50%，而国外如英、法、美、日等国的该比重一般为 20%~30%（1996 年）。

**（五）旅游市场快速发展，外来消费进一步扩大**

尽管受到金融危机等不利因素的影响，2011 年，北京市旅游业依然保持了旺盛的增长，旅游接待人数连续攀升，旅游收入大幅增长，旅游产业发展基础不断巩固。1~9 月，北京市共接待旅游总人数 1.57 亿人次，比 2010 年同期增长 16.8%；实现旅游总收入 2388.6 亿元，增长 16.5%。其中，接待国内旅游人数 1.53 亿人次，增长 17.2%，实现国内旅游收入 2122.4 亿元，增长 17.8%；接待入境旅游人数 384.9 万人次，增长 5.0%。

### （六）高通胀影响居民消费信心，消费倾向有所下降

受通胀持续高位、居民收入放缓及消费安全事故频发等因素影响，进入2011年，北京市居民消费信心不断下降。第三季度，北京市消费者信心指数为106.3%，比第二季度下降2.4个百分点，反映消费者对未来经济前景看法的预期指数为106.0%，也比第二季度下降2.3个百分点。受此影响，截至9月底，北京市城镇居民平均消费倾向为0.66%，农村居民平均消费倾向为0.60%，城乡居民消费倾向降至2001年以来最低点。

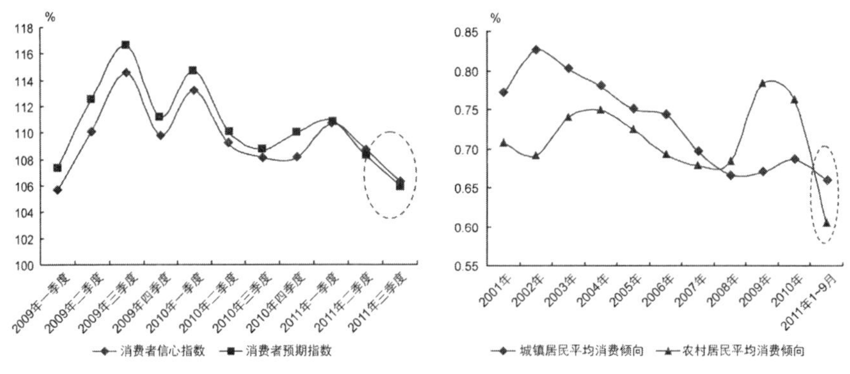


图3~6　2009年以来居民消费信心指数和居民消费倾向

## 二、消费领域需关注的主要问题

### （一）居民收入放缓成为影响消费结构升级的瓶颈

居民收入水平的提高是拉动消费的根本保证。虽然近几年政府连续调整了最低工资标准和提高社会保障标准，但作为核心问题的收入分配制度改革却迟迟没有破题，加之2010年下半年以来持续的高通胀影响，造成北京市居民实际收入增速出现明显放缓迹象。2011年1~9月，北京市城镇居民和农村居民人均收入分别同比名义增长10.7%和12.8%，扣除价格因素后分别实际增长4.5%和6.5%，不仅低于历年同期GDP增速，也远低于同期政府财政收入和企业利润增长。

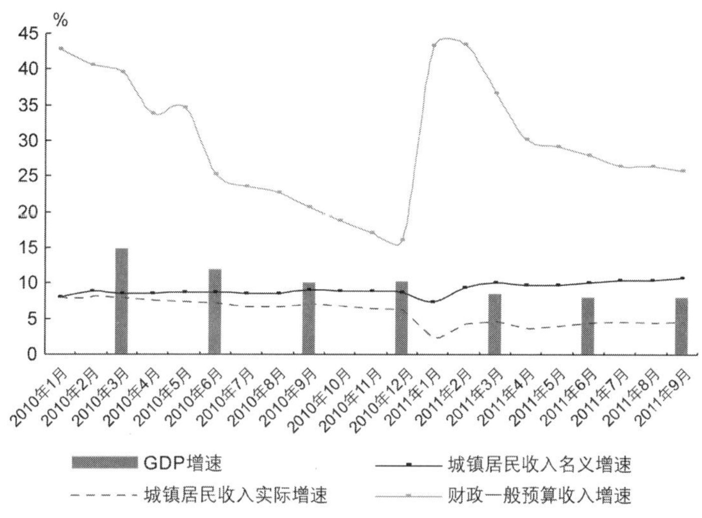


**图3~7 2010年以来北京市城镇居民收入增速与GDP、财政增速对比**

延伸阅读：消费增长的驱动力研究

消费分为即期、中期和远期消费，不同时期的消费具有不同的驱动力。流动性过剩导致的通胀及其预期改变了当前购买力而促进即期消费，工业化后期的储蓄存量与政策补贴决定了消费的中期增长，即期与中期消费的增长主要由真实的存量收入决定的，在远期的消费增长中，城市化下移对财富的创造是其中最重要的力量，消费信贷提高了居民的虚拟收入，政府的制度变革减弱了居民对未来消费的担心。

表 3~2　　不同阶段的消费动力、特征及支撑

| | 消费动力 | 消费特征 | 收入支撑 |
|---|---|---|---|
| 即期消费 | 温和通胀<br>财富效应 | 日用品、食品 | 即期收入 |
| 中期消费 | 政策刺激<br>消费升级<br>人口红利 | 选购日用品及服务<br>特制品及服务（汽车） | 即期收入<br>即期资产（储蓄） |
| 远期消费 | 收入分配调整<br>社会保障改善<br>城市化下移 | 房地产<br>公用品<br>基于养老的消费 | 即期收入<br>即期资产（储蓄）<br>预期收入（消费信贷） |

## （二）消费服务供给短缺制约居民潜在消费能力释放

按照消费结构升级规律，在完成基本生活用品、彩电冰箱、住房汽车

前三次消费结构升级后，居民将在文化、娱乐、休闲、健康等方面的消费支出不断上升，以服务业为代表的第四次消费结构升级就势在必行。但由于长期倚重投资拉动经济的发展模式，北京市各种消费服务供给发展明显滞后，加之近年来外来人口增长较快，广大居民所需要的消费产品和服务出现严重短缺，无论公共产品还是私人服务都难以满足不同层次居民的消费需求和预期，抑制了北京市高端富裕阶层和广大中产阶层潜在消费能力的释放，进而影响到北京市整体消费水平提高和消费结构转型升级进程。

### （三）基本公共服务不均衡加重居民额外支出负担

虽然近年来政府对基本公共服务投入在逐年提高，但与发达国家和部分发展中国家相比，财政用于公共产品投入比例明显偏低。2009 年和 2010 年北京市市级财政用于社会保障的支出对虽有所提高，但也仅占财政支出比重的 5.7%和 6.6%（发达国家一般在 30%~50%），这一比例也远低于印度、泰国等发展中国家。而且不重视资源配置均等性，大量优质资源继续向名校、名院和公立机构集中，造成了因制度因素带来的不公平性居民额外支出，很大程度上挤占了居民其他当期和未来消费。

**延伸阅读：关注“小升初”择校热引起的家庭高支出现象**

21 世纪教育研究院课题《北京市“小升初”择校热的治理：路在何方》调查显示：北京市多数小学生课外培训费用为每年 3 万~5 万元，多的达 6 万~8 万元。从小学三年级孩子进入所谓“占坑班”起，至六年级面临“小升初”，四年的实际花费可达 10 万元甚至更高，按 2010 年北京市城镇居民人均可支配收入 29073 元，以一家三口计算，每年“占坑班”费用约占家庭可支配收入近半。这种因制度性因素带来的不公平倾向正愈演愈烈，已成为影响当前北京市普通居民家庭消费不足的主要原因。

### （四）消费环境不尽如意抑制居民正常消费需求

消费环境是影响消费行为的重要因素。不良的消费环境，在一定程度上制约了消费增长潜力的释放。**一是**商业基础社会规划和市场秩序不尽人意，商业网点需要进一步完善，消费者合法权益常常不能得到有效保护，食品质量安全生产技术保障体系、质量检验检测体系、社会监督举报体系和质量安全法规体系等尚需要建立和完善；**二是**部分商品掺假、制假仍很严重，食品安全问题层出不穷，假冒伪劣产品屡禁不止，影响了居民的消费信心；**三是**虚假广告骗人，新型消费陷阱增多，影响了居民的消费情绪和消费欲望，不可避免地限制了北京市居民的消费行为。

## 三、2012年消费需求影响因素及趋势展望

展望2012年，虽然宏观运行不确定性增大、收入分配改革短期难以破题、前期消费热点势头放缓等因素将影响北京市消费需求扩大，但在城市化依然快速推进、居民消费结构升级的大背景下，北京市消费仍有很大增长潜力，加之房、车调控对经济增速影响进一步减弱，政策配套体系不断完善，区域消费热点不断涌现，预计2012年总体消费形势将好于2011年，呈现平稳向好态势。

### （一）扩大居民消费需求的政策体系不断完善

**从国内看，**"十二五"内贸规划即将出台，将有力促进国内贸易和完善流通体系；央行关于第三方支付平台的新规定以及银联推出的无卡支付平台等政策都将为网络消费和银行卡消费等新兴消费模式提供良好环境；财政部和商务部提出降低中高档商品进口关税的方案有望出台，将促进部分境外消费转化为境内购买；个税改革持续推进，针对中低收入者的补贴力度不断加大，最低工资标准不断提高。**从北京市看，**政府适时出台了《促进居民收入增长意见》，加快形成合理、有序的收入分配格局；公共财政支出不断向民生倾斜，各类社保参保比例不断提高，城乡社会保险覆盖面持续扩大；实施老年饭桌、托老所、养老券等居家养老服务的"九养"政策，惠及北京市40余万老年人；新医改深入推进，提高了报销限额和比例，降低了总体药价，一定程度上缓解了"看病贵"的问题。

### （二）部分扩大消费政策到期，已有消费政策效应出现弱化

2008年以来国家为扩大消费需求出台的多项刺激政策部分在2011年底将到期，例如汽车以旧换新和小排量车购置税优惠等政策在2011年将不

延伸阅读：北京市出台《关于促进北京市居民收入增长意见》

为促进北京市居民收入较快增长，推动首都经济社会协调发展，2011年7月，北京市政府出台了《关于促进北京市居民收入增长意见》。

一、基本目标

按照国家“提高两个比重、实现两个同步”的要求，稳步推进收入分配制度改革，健全初次分配和再分配调节体系，合理调整收入分配关系，扭转城乡、区域、行业和社会成员之间收入差距扩大趋势，实现北京市“十二五”时期居民收入年均增长8%和2011年居民收入增长7%的目标。

二、主要任务

(一)坚定不移地发展经济，为居民收入增长提供持续、坚实的经济基础。

(二)实施积极的就业政策，把扩大就业作为促进居民增收的重要途径。

(三)完善社会救助标准与物价上涨挂钩的联动机制，切实保障低收入群体基本生活。

(四)健全社会保障待遇标准调整机制，加大再分配领域调节力度。

(五)建立工资正常增长机制，提升收入增长的可持续性。

(六)千方百计促进农民增收，努力缩小城乡收入差距。

(七)积极支持中小企业发展，鼓励中小企业工资增长。

(八)加强国有企业工资管理，调整优化分配结构。

(九)研究建立价格调节基金，切实维护首都市场稳定。

(十)审慎推进价格改革，完善政府价格调整补贴机制。

复存在，对促进相关消费将有一定影响。此外，家电下乡等扩大消费政策已执行了两年，政策效应呈弱化趋势。要继续发挥政策刺激作用，需要新的政策设计来替代。

### （三）多项政策破题有望启动相关消费领域

**加快老旧汽车更新速度。**政府制定了《进一步促进北京市老旧汽车淘汰更新方案》，将对淘汰老旧汽车的车主给予政府补助，引导汽车生产企业对淘汰并更换新车的车主给予奖励，“十二五”期间北京市预计要淘汰40万辆以上的老旧车辆。**新能源汽车有望直接上牌。**在即将出台的北京汽车行业“十二五”规划中，有望规定在京购买和行驶的纯电动汽车将不被纳入限购范围，拟无须摇号，可直接上牌，北京市还将制定纯电动汽车补贴方案，每辆车最高可获补贴12万元。**文化产业迎来大发展的机遇。**十七届六中全会中央从战略层面提出推动文化大发展大繁荣，作为全国文化中心的北京，将有望出台完善文化产业扶持政策，设立文化产业发展基金，推出文化精品，率先满足北京市居民的文化消费需求。

### （四）居民财产性收入缩水不利于消费增长

居民的财产性收入主要由储蓄存款、资本收入和房地产增值几大块构成。当前，CPI 涨幅超过 1 年期储蓄存款利率，虽然央行加息 0.25 个百分点，但居民储蓄仍为负利率。股票证券市场剧烈波动，风险难以把握；房地产调控则对住房投资性需求实行限制，价格趋稳使投资收益远低于预期。居民财产性收入不乐观的趋势在 2011 年难以明显改观，将在一定程度上影响居民消费行为。

### （五）保障房加快入市有利于填补商品房限购消费缺口

截至 2011 年 9 月底，北京市各类保障性住房实现开工 21.8 万套，提前超额完成国家下达的 20 万套建设任务，其中实现竣工 6.6 万套，完成全年任务的 66%。随着北京市保障性住房建设力度的加大和配套政策的不断完善，不仅对前期积累的商品房库存形成冲击，有助于推动开发商进一步降价销售，还将逐步形成长期稳定的保障房市场消费链，填补因商品房限购后相关消费市场缺口，拉动家电、家具、装修、建材等相关消费和服务的持续增长。

延伸阅读：新能源汽车有望免摇号不限行

2011 年 11 月，科技部、发改委、财政部、工业和信息化部正式下发《关于进一步做好节能与新能源汽车示范推广试点工作的通知》要求，北京、上海、大连、广州等 25 个试点城市要在落实好中央试点政策的同时，积极研究针对新能源汽车落实免除车牌拍卖、摇号、限行等限制措施，并出台停车费、电价、道路通行费等扶持政策。北京发布的《北京“十二五”时期节能降耗与应对气候变化综合性工作方案》中也提到将大力推广应用混合动力、纯电动等新能源汽车，新能源汽车规模将达 4 万辆以上。

## （六）热点区域加快开发有利于拓展新的消费空间

随着北京城市空间格局逐步从单中心向多中心的转变，城市建设重心正逐步向城南、西部地区、城乡结合部、重点新城和小城镇转移，势必将带动这些空间消费需求的快速增长。**一是**通州国际新城核心区、丽泽金融商务区、新首钢高端产业综合服务区等区域建设提速，带动中心城功能及人口疏解作用开始显现；**二是**城乡结合部 50 个重点村的城市化改造将于 2011 年底完成，届时 14 万农民将面临生活、生产方式转变，12 平方公里区域的基础设施、公共服务和产业发展也将经历城市化改造，相关消费需求将有所体现；**三是**随着京沪、京石等高铁和 7 号、9 号、10 号、14 号等地铁开通，沿线将形成一批大型商业、地产和旅游项目，拉动潜在消费需求。

## （七）独特城市地位为北京消费带来不竭动力

**消费群体成型。**政府和集团消费长期稳定在 45%左右（见图 3~8），一定规模的高收入阶层和广大的中产阶层作为主力分别支撑着消费市场的高、中端，加之 80 后、90 后逐渐成为消费主体，将有力推动北京市消费持续增长。**消费特征成型。**在吃、穿、用等基本消费满足后，教育培训、医疗保健、文化娱乐、投资理财、住房交通等发展型、享受型的消费的比重必将不断上升。**消费市场成型。**北京市各类商品性和服务性消费市场、

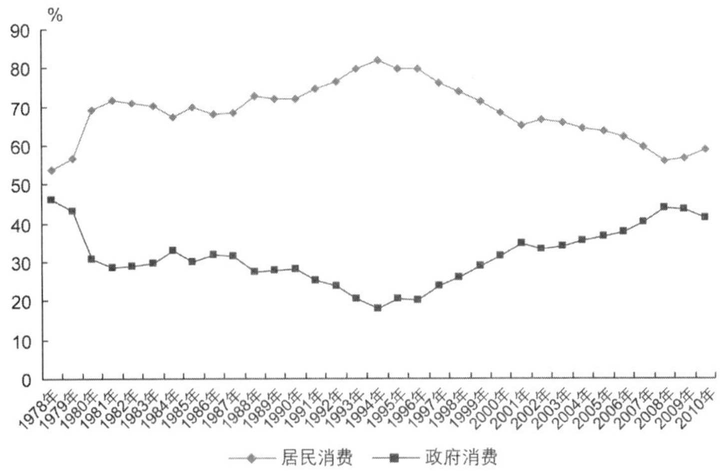


图3~8　1978年以来北京市居民消费和政府消费比重（支出法）

面对不同群体的高中低端市场、各类特色市场等市场体系健全，基本满足了居民不同层次需求。**资源要素涌入势头不减。**尽管当前北京市发展遇到了人口膨胀、交通拥堵、房价高企、环境资源压力加大等诸多挑战，但仍然凭借国家首都地位和优质公共资源优势，吸引各类要素资源的不断涌入，进而持续推动北京市消费需求扩大和消费结构升级。

延伸阅读：关注四大新兴消费群体

近日，三星经济研究所相关研究报告指出：应格外关注迅速膨胀的中国消费市场中四类新兴消费群体。

**（1）长寿红利族：具有购买力的老年人。**中国 60 岁以上老年人口到 2035 年将超过美国总人口，达到 3.9 亿，消费规模也将从 1.4 万亿元人民币增长到 2030 年的 13 万亿元人民币。温泉游泳池、心理咨询室、银行、老年人大学等各种便利设施齐备的老年公寓在上海、北京等大城市深受欢迎。

**（2）月光族：喜欢购买奢侈品的年轻消费者。**世界奢侈品协会报告显示，2009 年世界奢侈品市场因全球金融危机陷入低迷，但唯独中国增长 10%。波士顿咨询公司（BCG）预计 2015 年中国奢侈品市场将以 146 亿美元规模成为世界最大。有分析认为，虽然价格昂贵但因为虚荣心“越贵越买”的“凡勃伦效应”在中国尤其是大城市开始显现。

**（3）乐活族：重视健康的消费者。**中国健康食品市场规模 2003 年只有 300 亿元人民币，但经过甲型 H1N1 流感、三聚氰胺奶粉、地沟油等食品安全事故频发后，增长到 1000 亿元人民币，中国消费者宁愿多花钱也要购买“无害”、“环保”商品。政府还计划把出国旅游增加到每年 8300 万人次，还制定了未来 5 年力争使文化产业年均增长 15%的目标。

**（4）80 后：新一代消费者。**中国 80 后人口达 2.4 亿，他们在中国实施“计划生育”政策后出生，是祖父母和父母的心肝宝贝，被称为“小皇帝”。80 后的信息接受能力很强。经常在网上购物的 18~35 岁人群中，82%是 80 后，而且他们热衷于刷卡透支消费。

## 四、政策建议

当前，北京市已进入了居民消费结构升级的快速通道，特别是在服务消费方面，具有很大的增长空间和潜力。未来，政府除了千方百计提高居民收入、继续完善社会保障制度外，应将更多着力点放在加大消费供给、完善消费政策和改善消费环境等方面。

**（一）切实改革收入分配制度，努力缩小收入差距**

**一是**确保国民收入分配努力向劳动者倾斜，切实提高两个比重。建立工资正常增长机制和支付保障机制，努力形成普通劳动者收入增长和经济增长同步的格局。**二是**完善对垄断行业工资总额和工资水平的双重调控政策，建立健全垄断企业所得向全民所有者合理转移的机制。严格规范国有企业、金融机构经营管理人员特别是高管的收入，完善监管办法。**三是**改革个税征收制度，实施公平税负。改革个人工薪所得费用扣除标准，全国规定基准扣除标准，允许各地区根据当地实际上下浮动20%。**四是**规范收入分配秩序，规范灰色收入，逐步形成公开透明、公正合理的收入分配秩序。

**（二）适时调整政策，挖掘房、车市场消费潜力**

前期粗放型的城市化进程使北京提前透支掉了住房和汽车的长期消费空间，事实上，国外经验表明，房、车消费始终是大城市发展的经济支柱和消费动力，因此应适时调整当前对房、车消费的“一刀切”式的限购政策，逐步取代以务实、灵活的市场化手段。**针对住房消费，**应逐步放宽高端住房市场限购门槛，引导部分高端改善性居民释放需求；申请国家的房产税（物业税）的试点城市，通过增加持有环节成本，鼓励存量房上市交易，减少炒房投机；在交易环节采取增值收益税收递减的方式限制过度地炒作房屋，鼓励投资性住房上市出租。**针对汽车消费，**未来应侧重在汽车租赁、新能源汽车等汽车日常消费和汽车文化、汽车赛事、汽车营地等汽车衍生消费两方面做好政策引导和服务。

**（三）提升供给品质，将更多购买力留在北京**

**一是**鼓励开放公共机构、废旧工厂、名人故居等，引导社会资本投资北京旅游业，发挥民间智慧，推出旅游精品和特色线路，让旅游产品与北京历史、文化和现代气息有机结合，提升服务品质，延伸服务链条，提高在京旅游时间，有效解决旅游者在京单体消费过低的问题。**二是**研究调整奢侈品税收政策，争取国家优惠政策，借鉴海南岛模式，推广离境退税、机场免税商店等模式，将北京市和国内的高端消费需求留在市内，解决高端购买力严重外移问题。**三是**推动北京市龙头企业加强品牌建设，掌握产品研发、品牌溢价等高附加值环节，缩小品牌的价格差距，将更多消费需求留在市内。

延伸阅读：国人消费外流惊人，肥水流到外人田

近日，由国际知名咨询机构贝恩与意大利奢侈品生产者协会联合发布的全球奢侈品市场报告显示：中国已超过日本成为仅次于美国的第二大奢侈品消费国。另据中国国家旅游局的数据显示，中国 2010 年出境旅游人数 5400 万人次，旅游花费 480 亿美元，人次支出约合人民币 5800 元，是国内旅游人次支出的 11 倍。以购物支出占旅游总支出的比重 50%计算，出境购物的花费达到 240 亿美元，其中化妆品、奢侈品居多。国内专家分析指出，国人消费力“外流”现象应引起广泛关注，而回笼外流的消费力，还需打出降低关税、培育世界一流的中国民族品牌等系列“组合拳”。

### （四）加大扶持力度，提高服务性消费

**一是**放松行业管制，降低行业准入门槛。服务业的许多领域被当做公益福利事业来运作，导致许多服务性行业行政管理色彩重，行业准入限制多，市场竞争缺乏，垄断现象突出，抑制了服务业的良性发展。**二是**从信贷、税收、技术等方面对各类小微服务企业提供支持，这些企业数量众多，分布面广，更加贴近居民，更容易满足消费需求和吸纳就业。**三是**立足社区，加强对居民服务业的扶持。大力发展与居民生活密切相关的早点快餐、家政服务、物业管理、养老托幼、医疗保健、日常维修、休闲娱乐、文化服务、体育健身服务等便民利民的服务项目。

### （五）借助政策东风，扩大居民文化消费

**一是**引导街道、社区和文化经营企业投资兴建更多适合群众需求的文化消费场所，为居民日常文体活动创造良好的环境和空间，在此基础上鼓励发展低成本、小规模的文化消费活动。**二是**鼓励出版适应群众购买能力的图书报刊，鼓励在商业演出和电影放映中安排一定数量的低价场次或门

票，鼓励网络文化运营商开发更多低收费业务。**三是**通过发放文化消费券和文化补贴等形式激发群众文化热情，刺激文化消费的增长。**四是**积极发展文化旅游，促进非物质文化遗产保护传承与旅游相结合，发挥旅游对文化消费的促进作用。

**（六）推动资源均衡，减少居民不合理支出负担**

以教育为例，加强公共资源均衡配置、推动基本公共服务均等化、缩小学校间差距才是改变“小升初”乱象的治本之道。**一是**建立公立学校发展的中长期规划目标，合理均衡配置资源，在资金、政策、领导考核等方面对弱势学校给予重点倾斜和扶持，实施校长和教师流动制度，逐步缩小学校间差距。**二是**规定公办学校择校生的比例不得高于一定比例，并逐年降低，若干年后自动取消择校生。**三是**通过重新划片，扩大就近入学的片内生比例，使城区内公办学校就近入学的比例不低于一定比例，不达标者取消示范校资格乃至办学资格。**四是**建立严格问责制，对人为制造学校差距，用升学率评价和考核学校、纵容和默许重点学校变相收取择校费等公然违法违规行为，追究相关责任。

**（七）规范消费环境，让公众安全放心地消费**

**一是**整顿消费品市场秩序，严厉打击假冒伪劣、价格欺诈等各种不法行为，出台更严格的食品药品安全标准体系与认证管理系统，让居民能够安全放心去消费。**二是**以社会成员信用信息的记录、整合和应用为重点，加快社会信用体系建设，大力推进政务诚信、商务诚信、个人诚信体系建设，建立健全覆盖全社会的征信系统，加大对失信行为的惩戒力度。**三是**根据消费业态和消费方式的新变化，加强储备性政策的研究，提前预判可能出现的新问题，及时调整和完善相关政策，积极推动扩大消费需求与促进消费升级。

**（八）出台鼓励低碳消费和绿色消费的优惠政策**

作为资源、能源极度短缺的特大型城市，北京应多出台倡导绿色消费的优惠政策，避免出现“先消费、后污染、再治理”和“过度消费、奢侈消费”

的问题，推动北京市消费的可持续性增长。**一是**突出政府采购的导向性，重点选择自主创新产品、环保节能产品、绿色产品，适度提高政府公共支出性消费占全社会消费的比重；**二是**对新能源汽车、太阳能热水器、污水循环净化设备、节能省地型住宅及其他再生利用产品出台税收优惠和销售补贴的鼓励措施；**三是**推行强制性产品责任制度和绿色产品的标识管理，明确从产品的开发设计、生产、加工、处理或销售、售后服务，直至产品回收或者废弃物处理的相关责任和义务。

### （九）构建与时俱进的消费指标统计体系

随着消费结构升级，居民对吃、穿、用等商品性需求渐趋刚性，为适应新形势变化，应逐步淡化社会消费品零售额等体现商品性消费的指标统计，转而加快构建服务性消费、文化消费、特色消费等指标体系，改变目前重商品性消费统计、轻服务性消费统计的现状，这将有利于及时、准确地反映北京宏观经济社会运行真实情况。

延伸阅读：可持续消费运动

“可持续消费”的定义是在 1994 年挪威“奥斯陆（Oslo）”圆桌会议上被提出的。它的的定义是：指在产品或服务的整个生命周期中，自始至终对天然资源和有毒材料的使用最小化，使废物与污染物的产生最小化。既满足人们对服务和产品的基本需求，带来高质量生活，又不会危害子孙后代需求的消费行为。

可持续消费主要包含 5 层含义：（1）满足当代人的基本需求（而不是满足人类欲望以及对奢侈品的需求）；（2）可持续消费是能使人类生活质量提高的消费，而不仅仅是物质享受的提高；（3）减少资源的使用、浪费以及污染；（4）在消费决策中要考虑到产品生命周期所产生的经济、社会和环境影响；（5）不损害子孙后代需求的消费。

# 不断攀升终现拐点 压力缓解却难回低位

2011 年，受流动性偏多、劳动力成本升高、极端气候及瘟灾等因素影响，北京市价格整体处于高位运行。2012 年，全球经济减速下蕴育而生的宽松货币政策随时可能启动，来自国际大宗商品的输入性通胀压力与国内农产品、劳动力、资源品等方面的价格助长力量仍不可小觑，预计全年价格在较高位运行。

## 一、2011 年北京市价格运行特点

2011 年 1~9 月，北京市价格领域呈现“消费者价格持续攀升、生产者价格不断上扬、生活必需品涨价热点频发、住宅销售价格下滑、租赁价格上涨”的运行特征。第四季度，在全球增速放缓预期加重、输入型通胀压力缓解、货币政策不放松的情况下，价格上涨压力略有减弱。预计全年居民消费价格指数在 105.5%左右。

### （一）消费者价格持续攀升，位居全国前列

#### 1．居住和食品价格“双轮”驱动居民消费价格指数上冲

2011 年以来，受成本上升、输入性压力、居住类权重提升、房租价格上涨较快等影响，北京市居民消费价格指数逐月上冲，继 6 月份涨幅突破 6%之后，月度涨幅持续攀高，8 月份涨幅更是达到 6.6%的年内顶点，与 2008 年 2 月时的通胀高点持平。1~9 月，北京市居民消费价格指数同比上涨 6.5%，比 2010 年同期提高 4.08 个百分点，涨幅高于全国 0.2 个百分点；

与津、沪、渝相比，北京市居民消费价格上涨水平最高①；在全国 36 个省市中，涨幅排名位居第六。其中，食品类价格上涨 10.6%，居住类价格上涨 9.6%，2011 年 9 月份二者分别拉动总指数上升 3.4 个百分点和 2 个百分点，成为推动北京市居民消费价格指数上涨的主要因素。

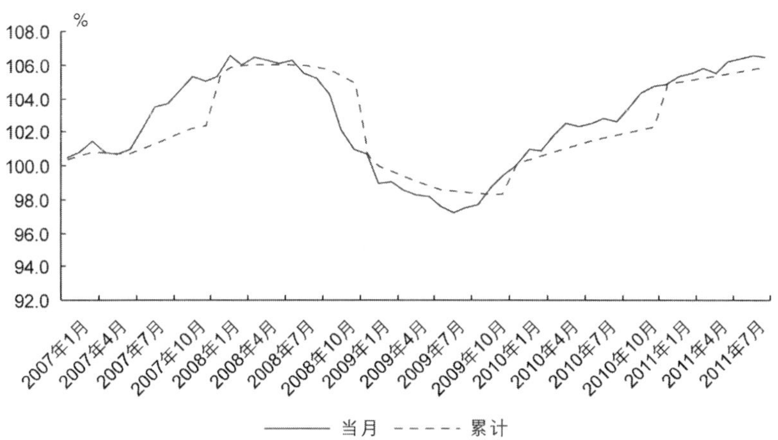

图4~1　2007年以来北京市CPI当月及累计变化

**2．结构性上涨趋向全面上涨，服务项目价格指数驶入历史高位**

从居民消费价格的结构看，2011 年 1~9 月，北京市八大类价格呈现“七升一降”的特点，与前两轮价格上涨中“四升三降”的特点相比，市场竞争性强，以往以降价为主的衣着类、家庭设备用品及服务类、交通和通信类价格均出现了上涨，北京市价格呈现出“由结构性上涨趋向全面上涨”的特点。受北京市家政、餐饮等服务业用工成本提高、出租车燃油附加税调整等影响，服务项目价格指数一跃而上驶入高位，1~9 月为 107%，总体创下了 2002 年以来的历史高位（见图 4~2）。

**（二）生产者价格不断上扬**

**1．输入型压力和人力成本共推工业生产者出厂价格和购进价格指数上涨**

2011 年以来，北京市工业生产者出厂和购进价格指数伴随原油、铁矿

① 1~3 季度，上海、天津和重庆居民消费价格指数分别为 105.2%、104.9%和 105.3%。

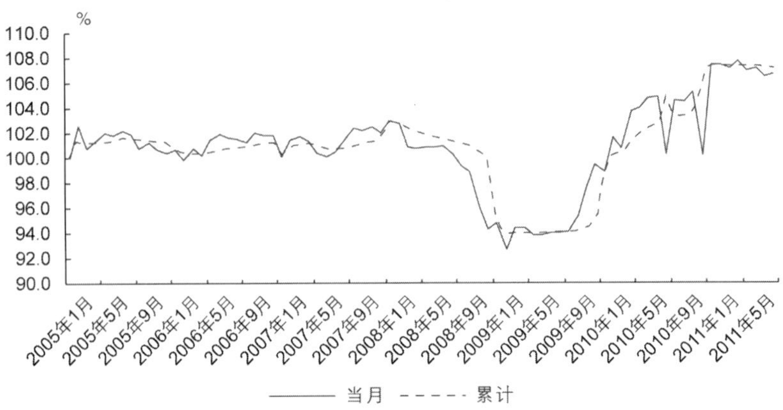


图4~2　2005年以来北京市服务项目价格指数月度变化

表 4~1　　2005~2010 年八大类居民消费价格指数情况

（上年=100　单位：%）

|  | 居民消费价格指数 | 食品 | 烟 酒及用品 | 衣着 | 家庭设备用品及维修服务 | 医疗保健和个人用品 | 交 通和通信 | 娱乐教育文化用品及服务 | 居住 |
|---|---|---|---|---|---|---|---|---|---|
| 2005 年 | 101.5 | 104.9 | 100 | 100.1 | 99.7 | 98 | 97.5 | 99.7 | 105.9 |
| 2006 年 | 100.9 | 102.8 | 99.9 | 99.7 | 101.2 | 101.1 | 99.3 | 98.7 | 101.4 |
| 2007 年 | 102.4 | 109.2 | 101.8 | 100 | 100.4 | 100.3 | 95.7 | 99.2 | 103.5 |
| 2008 年 | 105.1 | 116.1 | 106 | 99.1 | 104.4 | 102 | 97.6 | 98 | 103 |
| 2009 年 | 98.5 | 102.4 | 102.2 | 98.4 | 100.3 | 99.9 | 95.9 | 97.6 | 89.8 |
| 2010 年 | 102.4 | 105.5 | 101.1 | 98.4 | 99.4 | 101.5 | 100.8 | 99.4 | 105 |

石、有色金属等国际大宗商品“年初平稳、4 月份以来加速上涨、8 月份后趋于下跌”的波动运行态势与最低工资普遍上调，涨幅运行呈现出“第一季度小幅低位波动，第二季度逐月上涨，第三季度高位运行态势”，预计 2011 年全年工业生产者出厂和购进价格指数分别在 102.5%和 108.6%左右。其中，受生产资料和生活资料价格的上涨推动，特别是在原材料和加工业生产资料价格上涨的推动下，8 月份工业生产者出厂价格指数达 103.77%，创下了 2008 年 10 月份以来的高点，9 月份略有回落为 103.1%。1~9 月，

北京市工业生产者出厂价格指数为102.5%，比2010年同期提高0.22个百分点。工业生产者购进价格指数受燃料动力类、化工原料类、有色金属材料等产品购进价格上涨的推动，7月份达到10.14%，出现了年内高点，8月份后涨幅略有回落。1~9月工业生产者购进价格指数同比上涨9.0%，低于2010年同期2.49个百分点。

**2．上下游价格传导加剧推动“剪刀差”缩小**

总体上来看，工业生产者价格上涨波动主要来自于国际原油、铁矿石等价格上涨的输入性带动。同时，上下游价格传导加剧也是生产者价格上涨的重要原因之一。对比前两轮通胀期内，PPI与MPI之间的“剪刀差”发现，2011年以来二者“剪刀差”明显缩小，这表明此轮价格上涨在上下游间的传导加剧，目前企业通过挤压利润、提高效率来消化上游价格上涨的空间越来越小。

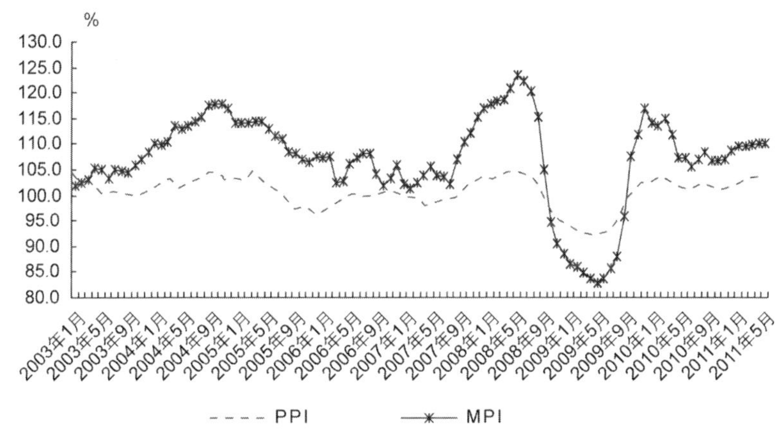


图4~3 2003年以来北京市PPI和MPI月度走势变化

**（三）生活必需品价格全面上涨**

**1．供应减少与成本上升共助粮油肉蛋等生活必需品价格上涨**

2011年以来，在前期气候、瘟疫灾害下的供应减少与国际粮价飙升、养殖成本提高、上涨预期加强等因素叠加作用下，北京市粮油肉蛋等生活必需品价格全面上涨，纷纷创下2000年以来的历史高位。以**粳米、面粉**为代表的粮食价格全面上涨，25公斤袋装盘锦粳米和古船面粉于2011年9

月底分别达到 114.35 元和 72.31 元，较 2010 年同期分别上涨 21.34%和 9.59%，再创历史高位（见图 4~4）。**猪肉**价格受 2010 年疫情暴发、生长周期较长、饲料和人工成本上升等影响，上半年持续攀高，一度刷新了 2008 年创下的历史高点。进入 2011 年下半年以来，猪肉价格小幅回落，至 9 月 30 日，猪肉价格为 23 元/千克，依旧较高，较 2010 年同期每千克上涨约 8 元。**鸡蛋**价格年初尚稳，不过随着猪肉价格上涨，鸡蛋替代效应发挥，需求逐步扩大，加之以玉米为主的饲料价格高涨与北京市周边地区瘟灾暴发、外地需求涌入，以及季节性消费需求增加等因素交织作用，价格急速上涨，2011 年 9 月初批发市场价格达到 9.95 元/斤，较 2010 年同期上涨约 23.6%。**食用油**价格持续上涨创新高。尽管上半年国家约谈相关企业限制价格上涨，但是伴随国际农产品期货价格加快上涨，食用油上游原材料价格持续走高，加之成品油价格上调，运输费上涨等各项成本费用的提高，北京市食用油批发价格进入 7 月份以来还是普遍上调，9 月末部分批发市场豆油和花生油价格分别较 2010 年同期上涨约 26.5%和 24.3%。

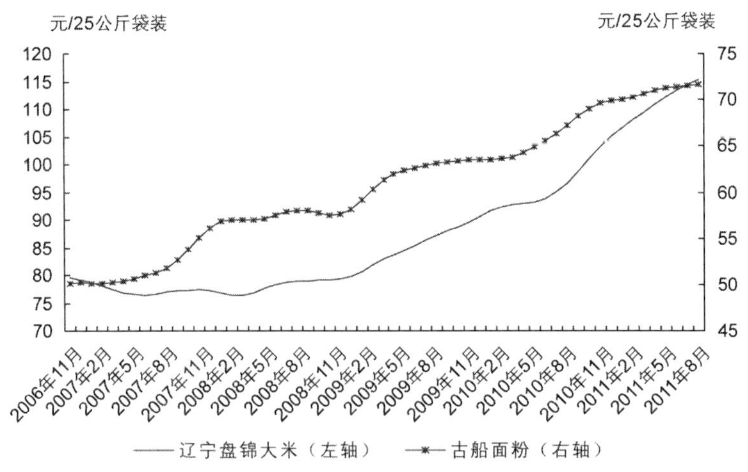


图4~4　2006年以来北京市粳米、面粉价格走势（季调后）

### 2. 涨价热点频繁更换

2011 年以来，北京市生活必需品领域不断涌现价格上涨热点。从年初蔬菜、食糖、鲜瓜果，到 3 月份以来的鲤鱼、草鱼等水产品，再到 4 月份以来的洗化等日用品，5 月份以来的猪肉、鸡蛋等肉蛋类产品，以至 7 月份以来的食用油价格，各月上涨热点更新不迭，拉动居民消费价格居高难下。

**（四）住宅销售价格不断下滑，租赁价格持续上扬**

2011 年 2 月份，北京市为落实"新国八条"的房地产市场调控政策，相应出台了"京十五条"实施细则，其中包括"外地人购房须提供五年纳税证明"、"外地家庭'禁二'"、"本地家庭'禁三'"等限购政策，在促使住房成交数量锐减之下，住房销售价格也逐步松动。近几个月在浓重的购房观望气氛及央行加息、提高存款准备金率等多重因素影响下，一手房销售均价和二手房成交均价已连续 3 个月下降。9 月份，北京市一手住宅销售均价为 22130 元/平方米①，二手房成交均价约为 28002 元/平方米②。

与住房销售价格下滑不同，住宅租赁价格持续上扬。受全国及北京市房地产调控政策实施、北京市租赁需求放大，物价总体水平偏高、房租跟风涨价，一些交通网络发达及学校等基础设施完善地段房屋价格高企、示范效应扩散加剧等因素的影响，2011 年以来北京市房租持续走高。据 70 个大中城市房地产统计数据显示，2011 年以来北京二手住宅租金价格指数持续上扬，9 月份，该指数达 146%，涨幅较 2010 年同期提高 5.43 个百分点，较上半年提高 4 个百分点（见图 4~5）。

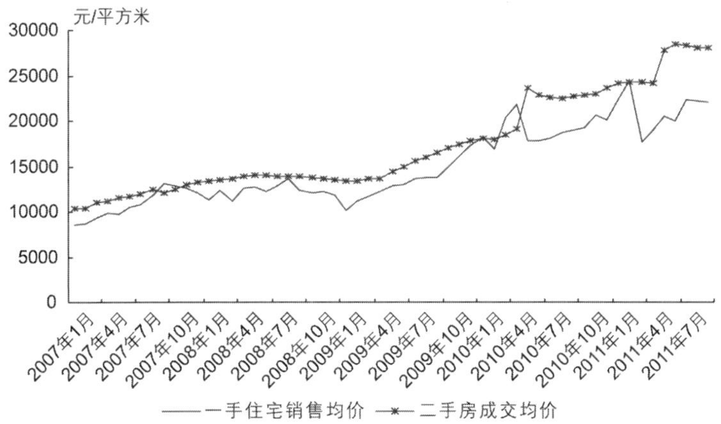


**图4~5 2007年以来北京市住房市场价格月度变化**

① 数据来自市房地产交易网

② 中原地产数据

延伸阅读："十一五"时期北京市三大价格指数运势

"十一五"时期，北京市居民消费价格指数年均上涨 1.9%，高于"十五"时期的 0.8%，总体较为温和。从"十一五"各年度居民消费价格指数的变化情况看，走势与全国基本一致，除 2008 年居民消费价格指数突破 5%以外，其余年份均保持在 2.4%以内。从结构上看，"十一五"时期，北京市八大类价格呈现"五升三降"特点，其中食品、烟酒及用品、衣着、家庭设备用品及维修服务、医疗保健和个人用品类价格年均上涨幅度均超过"十五"时期，特别是食品类价格年均上涨幅度超过"十五"时期 4.7 个百分点，创下到历次五年规划期的高峰。

"十一五"时期，北京市工业品出厂价格指数较"十五"时期总体呈下降趋势，年均下降 0.3%，基本保持低位运行。从各年度走势情况看，除 2008 和 2010 年保持上涨外，其余年份均呈下滑。不过结构数据显示，"十一五"时期，PPI 轻工业和 PPI 生活资料总水平均高于"十五"时期。

"十一五"时期，原材料、燃料动力购进价格指数年均涨幅为 5.1%，低于"十五"时期的年均涨幅 5.6%，总水平较为温和。"十一五"时期，除 2009 年原材料、燃料动力购进价格指数为 88.9%以外，其余年份均有 5%以上的涨幅。其中燃料、动力类、有色金属材料和电线类、木材及纸浆类、建筑材料及非金属矿类、农副产品类价格均较"十五"时期有明显的上涨。

## 二、未来影响价格的因素分析

尽管近期出现部分国际大宗商品价格走跌、输入型通胀压力缓解、国内货币政策持紧、经济增速减缓、秋粮丰收在望等系列形势变化，前期推动价格上行的各种力量有所减弱。但在全球经济复苏放缓预期加强下，各国宽松货币政策已箭在弦上，加之劳动力成本上升已成长期趋势，资源品改革深入推进等，2012 年价格运行中仍存在较多不确定性因素和上行压力，考虑国内已出台的通胀治理效果渐显和各项保障措施的加强，2012 年价格上涨的力量略弱于 2011 年。

### （一）国际大宗商品价格变化的不确定性加大

2011 年下半年以来，发达经济体受主权债务危机等影响，经济增长显著放缓；新兴经济体发展则在对外贸易受挫、通胀压力居高不下，货币政策收紧等影响下，出现增速回调。据国际货币基金组织最新一期的《世界经济展望》报告预测，2011 年和 2012 年全球经济增速均为 4.0%，分别比 6 月份预测值下调 0.3 个百分点和 0.5 个百分点。全球经济增速放缓，各国有效需求减弱，有利于抑制国际大宗商品价格的大幅上扬。不过，面对经济增速减缓，包括巴西在内的不少新兴经济体国家已开始暂缓货币紧缩进程，美欧等发达国家更是随时准备启动新一轮宽松货币政策，各国货币政策走向趋松，市场流动性充裕难以扭转，投机炒作仍将继续，特别是美宽松货币的持续，使得以美元计价的国际大宗商品难逃被上推的局面。综合来看，国际大宗商品在需求减弱、流动性趋松追逐下，价格变化面临较大的不确定性。

**（二）供需紧平衡与成本上升支撑粮食等农产品价格高位运行**

2011 年夏粮、早稻增产，秋粮丰收成定局，在奠定全国粮食连续第八年丰收基础的同时，也减轻了粮食等农产品价格 2012 年上涨的压力。但是，供需紧平衡、成本上升、游资炒作等仍是支撑 2012 年粮食等农产品价格高位运行的重要因素。供需方面，伴随工业化、城市化进程的加快，耕地面积扩张有限，粮食等农产品供给放大难度加大；而人口膨胀、工业化用粮增多等却在加速需求扩张，未来粮食等农产品供需紧平衡将支撑农产品价格高位运行。成本方面，人工、化肥、运输等成本明显提高。据有关资料显示，从 2004 年到 2010 年，粮食三大作物稻谷、小麦、玉米的生产成本分别提高了 10.4%、10%和 10.3%，成本上涨正成为推动农产品价格上涨的内在动力。加之国家持续提高粮食托市价格，强化了粮食生产者、加工商和经营者对粮价上涨的预期。此外，应对金融危机时全球各国的货币超常规发行的滞后效应尚未消退，游资炒作仍有可能视极端气候等时机兴风作浪。由联合国粮农组织和经合组织联合发布的《2011~2020 年农业展望》报告预测，未来 10 年世界粮价将继续高位运行，受国际市场价格传导及北京市供给依靠外埠等影响，预计 2012 年以粮食等农产品为主的食品类价格上涨压力依旧不轻。

延伸阅读：相关机构对国际大宗商品价格的预测

摩根士丹利大宗商品分析师预计，2011 年下半年至 2012 年，北海布伦特原油价格将攀升至 130 美元/桶。联合国粮农组织 6 月发布的《粮食展望》预测，由于全球农产品库存急剧缩减，而大部分作物增产幅度有限，2011 年下半年和 2012 年，全球农产品价格将会普遍走高。

### （三）劳动力成本提高是推动价格上升的主动力

近年来在人口老龄化加剧、农村可转移劳动力数量减少、产业向中西部转移以及惠农政策下外出务工机会成本加大的情况下，包括北京市在内的一线城市不断出现家政、餐饮等服务性劳动力短缺问题，劳动力供需结构性矛盾与大城市生活成本高、劳动力素质提升、新生代农民工诉求提高等综合作用，增强了工资等劳动力成本上涨的压力。同时，收入分配制度改革的不断推进，也将带动最低工资、最低生活保障标准的上调。有资料显示， 2011 年包括北京市在内的 18 个地区再次上调最低工资标准 15%以上。劳动力成本上升将成为长期趋势。而劳动力成本提高在一定的触发机制下将会推动价格的螺旋式上升。有测算显示劳动力成本对本轮物价上涨的贡献度为 44%。[①]

### （四）资源品价格改革适时推进助推价格上涨

在国内加快发展方式转变的大环境下，理顺资源品价格形成机制迫在眉睫。以资源税税额从量计征改为从价计征为核心内容的资源税改革将从 2011 年 11 月 1 日开始，我国将执行修改后的资源税暂行条例。石油、天然气的税额从以前的从量计征改为从价计征，税率为销售额的 5%至 10%，其他煤炭、黑色金属矿原矿、有色金属矿原矿、其他非金属矿原矿和盐五项税目虽是从量计征，但焦煤和稀土矿等的资源税率均略有上调。资源税改革必将通过上下游成本转移，最终推动居民消费价格和工业生产者价格

[①] 国家信息中心测算数据显示，2000 年以来的三次物价上涨周期中，劳动力成本对物价上涨的拉动作用逐步走强，本轮物价上涨期内，分别高于 2003-2005 年和 2006-2008 年两个上涨期贡献率 42 个百分点和 28 个百分点。

指数上涨。同时，国内“十二五”期间产业结构调整与节能减排工作的推进，也将促使不同行业和企业间水、电、气等资源品的差别化定价政策出台。此外，为理顺资源品价格的市场形成机制，居民用水、电、气、热等资源品价格的上调也将适时推出。总体看，资源品价格适时推进将助推价格上涨。

表 4~2　　资源税改革历程

| 日　期 | 信息来源 | 内　容 |
| --- | --- | --- |
| 2006 年 1 月 1 日 | 财政部和国家税务总局 | 取消对有色金属矿资源税减征 30%的优惠政策恢复按全额征收。 |
| 2006 年 5 月 1 日 | 财政部和国家税务总局 | 上调各等级岩金矿资源税税额标准，同时调整岩金矿各等级的范围。 |
| 2007 年 2 月 7 日 | 国家税务总局 | 自 2007 年 2 月 1 日起，将焦煤的资源税适用税额标准上调为每吨 8 元。 |
| 2011 年 2 月 12 日 | 财政部和国家税务总局 | 发布《关于调整铅锌矿石等税目资源税适用税额标准的通知》（财税[2007]100 号），决定自 2007 年 8 月 1 日起，铜矿石税额幅度调整为每吨 5 元至 7 元。 |
| 2010 年 6 月 1 日 | 新　疆 | 新疆资源税改革正式施行，新疆原油天然气资源税费改革将从 6 月 1 日起开始施行，原油、天然气资源税由从量计征改为从价计征，税率为 5%。 |
| 2010 年 12 月 1 日 | 财政部和国家税务总局 | 从 12 月 1 日起，内蒙古原油 、天然气的资源税由“从量计征”改为“从价计征”，税率为 5%，至此，资源税改革新政开始在包括内蒙古在内的西部 12 个省（区、市）实施。 |
| 2011 年 4 月 1 日 | 财政部和国家税务总局 | 统一调整稀土矿原矿资源税税额标准，继续从量征收执行，轻稀土提高至 60 元/吨、中重稀土提高至 30 元/吨，远高于现行 0.40~3.00 元/吨的税额标准。 |
| 2011 年 9 月 30 日 | 国务院 | 《国务院关于修改<中华人民共和国资源税暂行条例>的决定》已于 2011 年 9 月 21 日国务院第 173 次常务会议通过，现予公布，自 2011 年 11 月 1 日起施行，此前“一刀切”的从量计征逐步转向从价计征，从价定率为 5%~10%。 |

**延伸阅读：我国资源性产品价格改革窗口开启**

种种迹象表明，在当前通胀压力趋缓的形势下，我国资源性产品价格改革窗口已经开启。随着石油、天然气资源税率先从价计征，油气的价格改革已经启动。成品油价格在 CPI 统计中权重不大，相较于电力，汽柴油对普通居民影响相对较小，紧随油气价格改革推出的很可能是成品油定价机制改革。分析人士预计，电价改革的启动或从阶梯电价开始。天然气价格改革路径或与此类似，针对工业用气价格的调整也将先于民用。此外，不排除新的成品油定价机制中，天然气价格会在一定程度上与油价挂钩。总体而言，在资源性产品价格改革的路径选择上，有关部门将按照先易后难、影响面由小到大、照顾社会低收入群体的顺序先后展开。

### （五）国内经济增长趋缓与政策显效、预期管理加强有助于稳定价格

2011 年下半年以来，受房地产调控政策、中小企业融资、节能减排推进等因素的影响，国内经济增速渐缓。考虑 2012 年外需走弱与国内调结构、促转型的深入推进，国内经济增速仍将趋缓，有效需求有所减弱。同时，货币政策仍将保持总体“稳健”的取向，二者综合作用将有助于抑制价格上涨。另外，为应对 2011 年价格上涨而出台的上调存款准备金率、加息、提高低收入等困难群体生活保障、鲜活农产品流通体系建设等各项政策措施也在不断显现效果，对于稳定未来价格将起到积极的政策效应。考虑推动本轮价格上涨的因素较为复杂，且成本上升、流动性充裕等因素短期内难以扭转，对于 2012 年价格持续高位运行近乎已成共识。基于这一认识，2012 年国内对物价上涨的预期管理将不会放松。诸多政策效果显现及预期管理将有利于未来物价稳定。

此外，2012 年随着房地产调控政策效应的释放，持币待购需求有望释放，加之保障房分配、某些限购人士望期满解限等因素的影响，住房租赁价格上涨压力有所减弱，一定程度上也有利于缓解居民消费价格上涨。

延伸阅读：北京市出台 25 项措施平抑物价

2011 年，北京市为维护市场价格稳定出台 6 大类 25 项措施。

其中有 7 项涉及确保生活必需品市场供应，包括：提高北京市农副产品的自给力和控制力，提高“菜篮子”自给率、控制率和合格率；切实降低农副产品流通环节成本，规范农贸市场摊位收费项目，严格实行市场收费明码标价，引导企业规范和降低收费水平；落实鲜活农产品“绿色通道”政策，加快建立完善农产品绿色运输车队；加强“菜篮子”主要产品销售终端的规划、建设和管理，在特定时段为蔬菜早、晚市开辟专门销售区域等。

住房价格首次列入调控任务，内容包括：采取有效措施抑制房租价格过快上涨，加大公租房、廉租房建设力度，通过新建、改建、配建、收储等多渠道筹集房源，通过增加供给稳定房屋租赁价格；加强对房地产中介行业行为规范，大力整顿房地产经纪行业市场秩序。此外，加快研究房屋租金调控办法，利用税费等政策杠杆，鼓励私房出租，盘活存量房源，增加租赁市场供应；积极研究降低北京市现行房地

产经纪行业市场秩序。此外，加快研究房屋租金调控办法，利用税费等政策杠杆，鼓励私房出租，盘活存量房源，增加租赁市场供应；积极研究降低北京市现行房地产交易中介收费标准，规范中介市场价格行为，严厉打击房屋交易价格违法行为；通过政府主导组建一批管理规范、有序运作的房屋中介机构，以诚信及优质服务稳定租赁市场；按照实际监测数据，公布区域房屋租赁价格参考标准，通过信息引导抑制房屋租金不合理上涨。

25 项措施还包括，研究制定促进北京市居民收入增长意见，确保实现 2011 年 7%的居民收入增长目标。同时审慎推进价格改革，积极清费减负和研究降低 S2 号线票价等政府管理价格水平。

## 三、2012 年价格走势判断

基于上述影响因素分析，并结合价格周期波动规律，综合运用先行指数、环比折年率以及翘尾测算等多种方法，初步判断，2012 年北京市三大价格指数上行压力依旧不小，预计居民消费价格指数在 104%~104.5%之间，工业生产者出厂和购进价格指数分别在 102.8%和 108.4%左右。

### （一）2012 年居民消费价格指数涨幅在 4%~4.5%之间

**1．周期波动规律显示北京市 CPI 有下调趋势**

根据前两轮北京市 CPI 上行期先后持续约 24~27 个月，此轮 CPI 于 2009 年 8 月进入上行期，截至 8 月份，北京市价格上行已持续 24 个月，处于价格拐点的交界期，从 9 月份 CPI 涨幅较上月有所回落的情况初步判断，北京市 CPI 第四季度有下调趋势。结合历年 CPI 走势变化看，1996 年买方市场形成以来，CPI 未出现连续两年的高涨幅，由此推断，2012 年 CPI 将趋下调。

**2．先行指数预示 2011 年四季度 CPI 涨幅有望出现微幅回落，2012 年上半年不排除再次走高的可能，全年恐呈高位运行**

从综合反映北京市 CPI 未来走势的先行合成指数（见图 4~6）于 2011 年 4 月份达到年内高点后，涨幅略有趋缓，9 月份再次抬头的运行态势及其领先 CPI 约 6 个月的时间规律推断，2011 年第四季度 CPI 涨幅有望出现微小回落，总体仍处高位；结合各先行指标季节调整后“两升一降一平”的走势[1]，初步判断，2012 年上半年不排除再次走高的可能，全年恐呈高位运行态势。

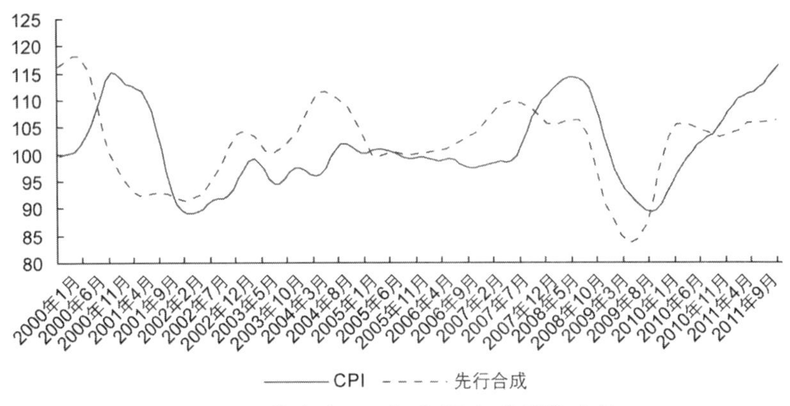


图4~6　北京市CPI与先行合成指数走势

**3．环比折年率显示 2011 年第四季度和 2012 年初 CPI 将有所回落，但总体仍处较高位**

从环比折年率变化来看，其于 2011 年 1 月份达到高点后持续回落 7 个月之久。根据其与 CPI 间约 8 个月的时滞规律推断，北京市 CPI 将于 9 月份左右呈现回落态势。从 9 月份 CPI 涨幅低于 8 月份的初步印证来看，预计 2011 年第四季度北京市 CPI 将呈有所回落。结合以往环比折年率在回落过程中与 CPI 交叉过后仍要持续 2~4 个月的高位运行情况看，2011 年第四季度和 2012 年初北京市 CPI 仍有可能保持较高位运行态势（见图 4~7）。

**4．翘尾测算 2012 年 CPI 在 104%~104.5%之间**

根据 2010 年各月环比数值，估算“翘尾”因素对北京市 2011 年居民消费价格的影响约为 2.4%，考虑新涨价因素对 CPI 的影响约为 3.1%，粗算得出，2011 年北京市居民消费价格指数为 105.5%左右。同时，在粗略估计 2011 年四季度各月涨幅的基础上，大体测算 2012 年的“翘尾”因素约为

[1] 季节调整后全国流通环节生产资料价格指数上升，北京市城镇居民收入增速上升，规模以上工业增速止跌回稳，M1 增速回落。

2%，新涨因素在 2%~2.5%，2011 年全年 CPI 在 104%~104.5%。

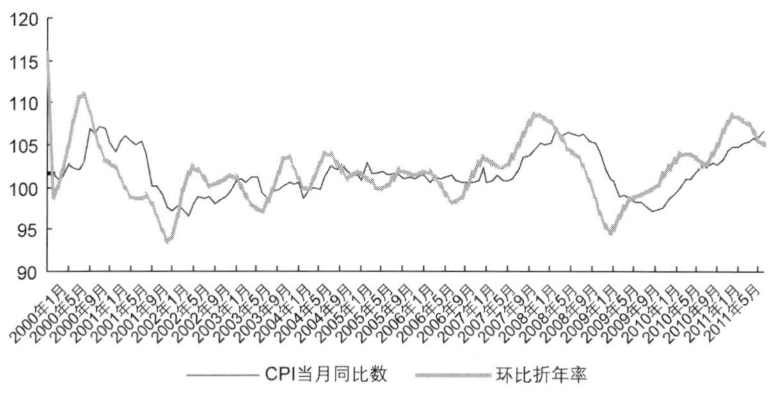


图4~7　2000年以来当月CPI涨幅与环比折年率走势

### （二）2012 年工业生产者出厂和购进价格指数涨幅分别在 2.8%和 8.4%

#### 1．先行指数预示 2011 年四季度 PPI 涨幅有望趋缓，2012 年仍处较高位运行

综合反映生产者价格未来变动的先行合成指数显示（见图 4~8）：在年初出现一次高点后，连续 5 个月回落，7 月份先行合成指数再次出现回升，截至目前，已连续两个月保持回升态势。根据先行合成指数“前高、中降、后回升”的波动运行态势及其平均领先 PPI 7~8 个月时间的规律来判断，2011 年 8 月份的 PPI 涨幅极有可能是年内高点，第四季度 PPI 涨幅有望趋缓。结合季节调整后各先行指标“五微降两升”的走势[①]，初步判断，2012 年总体呈较高位的波动运行。

#### 2．翘尾测算 2012 年 PPI 和 MPI 涨幅分别在 2.8%、8.4%

根据 2010 年各月环比数值，估算“翘尾”因素对 PPI 和 MPI 的影响 2011 年约为 0.2%和 3.3%，考虑新涨价因素对 PPI 和 MPI 的影响约为 2.3%和 5.3%，粗略得出 2011 年北京市 PPI 和 MPI 涨幅为 2.5%和 8.6%。在初步预

[①] 季节调整后美国货币 M1 增速上升，OECD 与 6 个非成员国的先行指数下降，国际大宗商品期货指数 CRB 下降，中国货币 M1 增速下降，全国规模以上工业增加值增速下降，北京市消费品零售总额增速下降，北京市全社会固定资产投资增速上升。

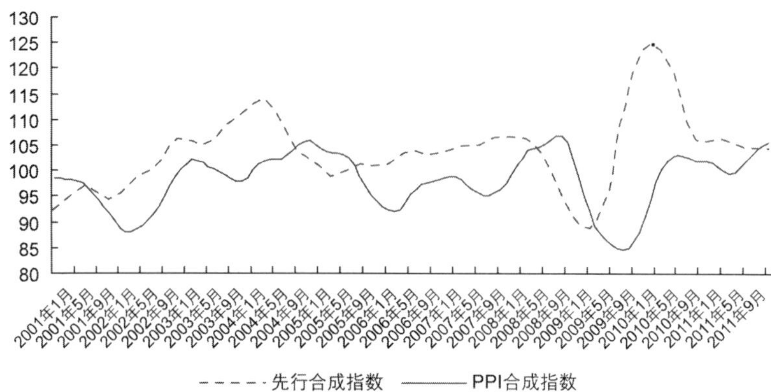


**图4~8　北京市PPI与先行合成指数当月走势变化**

测 2011 年第四季度各月涨幅的基础上，大致得出 2012 年“翘尾”因素对 PPI 和 MPI 的影响分别为 0.7%和 1.4%，结合价格变化，考虑新涨价因素对 PPI 和 MPI 的影响分别为 2.1%和 7%，粗略估计 2012 年北京市工业生产者出厂价格和购进价格涨幅在 2.8%和 8.4%。

**延伸阅读：多方预测 2012 年价格将呈回落趋势 总水平仍将维持高位**

多位专家和机构认为，2012 年价格总体呈回落趋势，但总水平仍将处于高位。

中国人民银行货币政策委员会委员李稻葵近日表示，“2011 年通胀的 60%来自农产品，20%来自猪肉价格上涨，这些都不可能在 2012 年完全复制，所以 2012 年通胀可能下降”，他预测 2012 年 CPI 涨幅将降至 4.8%。

国家信息中心首席经济师范剑平：CPI 在 7 月份创出新高 6.5%以后，已连续 3 个月回落，10 月份的 CPI 是 5.5%，11 月、12 月有望低于 5%，物价上涨的势头得到初步的控制。如果没有其他意外因素的话，2012 年物价回落是一个大的趋势，我们预测 2012 年 CPI 在 4%左右。

野村证券中国首席经济学家张智威认为，因为原材料和工资等投入成本上涨、水电煤价格放松管制以及全球流动性宽松，预计 2012 年和 2013 年的平均 CPI 通胀率仍结构性偏高，分别达到 4.8%和 4.5%。

10 月份，在中国社科院经济学部组织的“中国经济形势分析与预测”报告会上，多位来自官方和经济学界的人士认为，治理通胀、稳定物价仍然是 2012 年的主要任务之一，在造成物价增长的因素没有得到有效变化的情况下，物价总水平还会维持高位运行。不过《中国经济形势与预测报告》预计2012年，导致物价下行的因素增多增强，秋粮丰收，粮价和蔬菜价格涨幅都将放缓，猪肉价格进一步上涨的空间同样有限。此外，货币金融政策将继续温和调整，流动性过剩问题有所减轻，从而对物价增长起到抑制作用。2012年物价总水平增长呈回落态势，预计2012年CPI上涨4.6%。

## 四、政策建议

### （一）客观看待价格上涨，将其转化为“调结构、促转型”的动力

北京市人口压力大，水资源短缺，耕地占有量不足，电力、煤炭、天然气、石油、成品油等重要资源品绝大部分依赖外部调入，相对国内大多数城市而言，城市生产和生活成本本就要高，因而要客观看待价格的上涨。对当前北京市处于经济发展方式转变这样一个重要阶段而言，价格上涨一定程度上对发展方式转变、经济结构调整提出了更高要求。要善于利用价格上涨的倒逼机制，加大“调结构、促转型”的力度。政府要在充分发挥市场机制的同时，做好对低收入等困难群体的补贴工作。

### （二）积极稳妥推进资源价格改革

对比历次通胀，我们注意到价格的上涨是改革推进期间的代价。但体制改革有利于促进经济社会长期良性发展。着眼于这一长远利益，当前我国在经济发展方式转变、结构调整下进行的资源性产品价格改革还应适时推进，以差别式、阶梯式定价促进结构调整；同时，在推进过程中，要不断完善配套保障机制，把握好油电气运等资源品价格改革的时机和力度。政府对于居民用水、电等方面的补贴要逐步由暗补变明补，部分资源品价格要逐步由容量改为由用量计价。

### （三）保障生活必需品供应，维护市场稳定，规范市场秩序

北京作为一个对外依存度较高的特大型消费城市，生活必需品市场方面具有“消费量大、冬夏季节性需求差异较大、价格水平较高、恩格尔系数较低”等区域性特点，因此要更加注重“保供”工作。为此，要提高北京市农

副产品的自给力和控制力；切实降低农副产品流通环节成本，规范农贸市场摊位收费项目，严格实行市场收费明码标价，引导企业规范经营和降低收费水平；落实鲜活农产品“绿色通道”政策，加快建立、完善农产品绿色运输车队；加强“菜篮子”主要产品销售终端的规划、建设和管理，在特定时段为蔬菜早、晚市开辟专门销售区域等。

### （四）设立价格调节基金

尽快落实国务院“依法完善价格调节基金管理，增强价格调控监管能力”的要求，借鉴目前已建立价格调节基金省（市）的经验，尽快组建相关结构，筹集基金，明确基金用途。可参照各地经验，采取政府拨款和社会征收两种方式或者相结合的方法，筹集基金。基金用途也可参照经验，发挥在副食品生产基地建设、农副产品市场网点建设、农产品运输补贴、重要商品储备费用补贴、特殊困难群体补贴、政府调价项目补贴等方面。

延伸阅读：价格调节基金简介

价格调节基金是针对某些容易发生市场价格波动、对国计民生有重大影响的商品的调控而设置的。这些商品主要有粮、棉、油、肉、蛋、菜、糖等农副产品。目前我国已建立的价格调节基金主要有副食品价格调节基金、粮食风险调节基金。从各地的经验来看，价格调节基金的主要来源有，政府财政对粮食、蔬菜、猪肉等主、副食品的原有价格补贴或预算拨款；向社会的征收，征收范围主要涉及旅馆业、旅游业、建筑业、餐饮业、服务业、工商业、运输业。

用途集中在以下六个方面：

（1）政策性补贴。当政府对群众生活必需的重要商品实施价格紧急措施时，给执行相关政策的生产者、经营者造成损失的，可运用价格调节基金适当给予补偿。

（2）平抑粮油副食品等生活必需品价格异常波动。当粮油副食品等群众生活必需品价格剧烈波动时，根据价格波动的原因、影响的环节，可适时使用价格调节基金对相关商品生产者、经营者或消费者给予适当补贴。

（3）对低收入群体实施救助。当基本生活必需品价格大幅度上涨，或者政府提价影响低收入群体基本生活时，可使用价格调节基金对低收入群体提供生活必需品动态价格补贴。

（4）支持重要商品储备。对生活必需品等重要商品储备给予补贴，以保证适时收购或投放，平衡市场供求，稳定市场价格。

（5）为保障供给、促进流通和结构调整进行的政府资助。支持价格信息发布，向消费者、经营者、生产者提供价格信息。

（6）政府规定的其他调控价格的相关工作。

**（五）做好对低收入等特殊群体、困难群体的生活保障工作**

落实低收入群体临时补贴与生活必需品价格上涨联动机制；在现有应急救助基础上，尽快扩大现有物价补贴和社会救助的范围，将优抚对象、城乡低保对象、领取失业保险金对象、城乡低收入人员等纳入进来；完善低保、最低工资、基本养老金与物价水平联动的动态调节机制；增加对大中专院校家庭经济困难学生和学生食堂的补贴。

**（六）加强通胀预期管理**

借助报纸、电台、移动通信等媒体加强社会舆论宣传，客观地看待价格的变化，缓解民众强烈的心理上涨预期。同时，针对投机炒作的行为，给予严厉的惩处。密切监测大型批发市场、超市、社区集贸市场生活必需品的库存、交易情况，并及时对外公布信息，合理引导居民预期。

## ※ 专题研究

### ——国际大宗商品价格上涨对国内价格的影响分析

我国入世以来先后经历几轮通胀，几乎每轮通胀的发生均伴随着同期国际大宗商品价格的上升。2010 年以来，国内价格再次伴随着国际大宗商品价格的上涨而上扬，我们想要探寻输入性通胀对国内的影响，试图预估此番输入型通胀对国内价格的影响度。本文通过分析国际农产品、能源、金属类产品价格上涨对国内的影响，初步得出本轮国际大宗商品价格上涨对国内价格的影响接近于 2008 年的程度。

## 一、近十年国际大宗商品价格走势特点及原因分析

### （一）历经“低稳”运行后，中轴抬升，呈“上涨、波动加剧”运行态势

**1．国际大宗商品先后出现三轮价格上涨**

从近十年农产品、能源、金属等价格波动情况看，国际大宗商品大体经历三轮上涨，分别是2002~2004年、2006~2008年，2010年至今。分阶段看，国际大宗商品价格在2002年之前，基本保持低位平稳运行，2002~2004年间呈小幅上涨，2006~2008年间大幅上涨，此后价格运行波动加剧，2008~2009年间急剧下降，2010年以来再次急速上扬。总体来看，每一轮价格上涨过后，国际大宗商品均围绕一个更高的价位运行，特别是第二轮上涨过后，国际大宗商品价格波动较为剧烈。与近十年国内历次价格上涨期相比得出，2003~2004年、2007~2008年以及2010年的国内三轮价格上涨均伴随着输入性通胀的存在。

**2．2007~2008年的价格上涨当属之“最”**

三次国际大宗商品价格上涨中，上涨幅度最强、总体价格水平最高的当属2007~2008年的输入性通胀，多数大宗商品国际价格均在2008年创下历史高位。分类别看，2007~2008年间，玉米、小麦等国际农产品价格上涨幅度在1倍~1.5倍，原油、煤炭国际能源品价格上涨幅度在1.4倍~1.9倍，铁矿石、黄金等金属上涨幅度在1.1倍~1.8倍，铜、铝等有色金属价格上涨幅度在28%~48%，涨幅虽次于2005~2006年高涨期的59%~160%，但仍创下了历史高位。

### （二）国际大宗商品价格走势特点的原因分析

**1．2002年后全球经济步入周期上升阶段是推动大宗商品价格上涨的主要动因**

世界经济在迈出“9·11”事件的阴霾后，步入恢复上升期，特别是自2004年开始强劲复苏，旺盛需求引发国际大宗商品价格步入全面上涨，几乎所有的大宗商品在2004年之后都步入一个新的、更高的水平开始运行。特别是2007~2008年前期，全球经济的快速、广泛增长，进一步激发国际

大宗商品价格创出历史新高。直至金融危机爆发，受全球经济衰退影响，国际大宗商品价格才纷纷回落。不过自2009年下半年，世界经济初现复苏苗头，2010年以来伴随越来越多国家经济的复苏，大宗商品价格再次燃起上涨势头。

**2．欧、美主要经济体持续的宽松货币政策和美元贬值政策助长了国际大宗商品价格的上涨**

欧、美主要经济体持续的宽松货币政策，导致全球货币供应量急速扩张。数据显示近 10 年间，美、欧等发达国家货币供应量年均增长高于10%~15%，同期实体经济增长量仅维持在 2%~5%。二者间的较大差距，滋生了流动性过剩，国际大宗商品在强劲投机炒作之下价格迅速上涨。同时，美国推行的弱势美元政策，也在助推以美元计价的国际大宗商品价格上涨。

**3．强劲的中国需求是助推国际大宗商品价格上涨的一大要因**

2001年中国加入世贸组织以来，随着全球化的融入，国内经济发展较快，工业化进程加速，原油、煤炭、铁矿石等能源消费占全球比重日渐增加。数据显示，中国能源消费占全世界的比重已由2001年的10%上升至2010年的20.3%。就石油方面而言，近十年我国对其需求的年均增长速度高达16%，同期世界年均增长速度为6%~7%，石油的进口依存度也由2000年的30%飙升至2010年的55%。强大中国需求的连年扩张，与能源开采不足、主要输出国限产、寡头定价以及地缘政治不稳的供应约束共同推动国际大宗商品价格上涨。

## 二、近十年大宗商品价格上涨对国内影响所展现出的三大特点

### （一）影响日趋扩散

在近十年的三次国内通胀中，我们注意到，2003~2004 年的通胀中，输入性通胀压力主要来自于国际农产品和个别能源类产品；2007~2008 年时，输入性通胀压力不单来自国际农产品，而且也来自包括原油、煤炭等

在内的大部分能源类产品价格上涨的推动；2010 年时，输入性通胀压力的来源已从农产品、能源品扩展到金属品领域。伴随各方输入性通胀压力的增多，国内所受的影响已扩散到食品、原材料、燃料等生产和生活的各个方面，国内三大价格指数呈现全面趋同上涨态势。

**（二）影响时滞逐步消失**

2003~2004 年时，由于中国商品和资本市场尚未完全开放以及国内对大宗商品的进口需求扩张尚为有限，所以国际大宗商品价格上涨对国内价格的传导还存在较长时滞。2007~2008 年时，随着国内外市场日益紧密衔接、国内资源品价格改革深入推进、国内对大宗商品进口依存度进一步提高，输入性通胀对国内价格的传导时滞已出现缩短，而到 2010 年的这次价格上涨中，国际大宗商品价格上涨对国内价格传导的时滞已近乎消失。分类别看，国际农产品价格上涨对国内价格拉动的时滞由前些年的十多个月，逐渐缩短至几个月，2010 年以来时滞已近乎消失。国际原油、煤炭，铁矿石价格对国内的影响由约半年的时滞缩短至不到 3 个月。

**（三）影响效应最大的是农产品输入型通胀**

综合国际大宗商品与我国三大价格指数的对比分析，可以得出，农产品输入性通胀对国内价格的影响最大，其次是能源类输入性通胀，对国内价格影响最弱的是金属类输入性通胀。回顾近十年，我国共经历过三次明显的价格上涨，分别是 2003~2004 年、2007~2008 年和 2010 年至今，而同期国际大宗商品中仅有农产品走势与国内价格走势高度一致。具体来看:

**从影响时间看，**早在 2003~2004 年国内通胀期间，玉米、大豆、小麦等国际农产品价格无一例外在上涨，能源品中原油和煤炭价格也在上涨，铁矿石上涨还不明显；2005~2006 年国内价格回落期中，国际农产品价格纷纷回落，而国际能源品除煤炭在回落外，原油、铁矿石同期却在上涨，从这一时期看，国际能源类输入性通胀对国内的影响相对要弱于国际农产品。而国际金属价格对国内价格的影响则是从 2008 年后才开始逐步显现的。

**从影响范围来看，**早在2003~2004年的时候，国际农产品价格的上涨对国内价格的带动，就已全面展现在CPI、PPI、PPIRM的各个方面。而国际能源品输入性通胀对国内的全面影响则是在2007年之后。国际金属价格波动对国内的影响则主要集中在有色金属价格方面。

**从影响效应看，**农产品输入性通胀会直接引发占我国CPI比重较大的食品类价格上涨，因此其对我国CPI影响非常直接。而能源品输入性通胀直接引发的是燃料、原材料等生产资料价格上涨，再经过产业链及上下游的传导才能最终传导至CPI，在这一过程中传导效益逐步减弱。

## 三、本轮输入性通胀对国内的影响及趋势判断

### （一）本轮输入性通胀出现的背景分析

**本轮大宗商品价格上涨背景较之前两轮有较大不同。**本轮大宗商品价格上涨发生在世界经济遭受金融危机重创之后的复苏期，当前各国经济复苏进程不一，**世界经济发展还存在较多的不确定性，缺乏强大、旺盛的需求推动，因此大宗商品价格在上涨过程中还存在较大的波动。**尤其是近期日本核危机继续、欧洲大肠杆菌疫情扩散、美国龙卷风频发、中东北非局势动荡、各国政策差异以及政策频调等因素加大了国际大宗商品价格的不确定性。

### （二）本轮国际大宗商品价格的上涨程度分析

**2010年以来，国际大宗商品价格再度上扬，不少商品价格水平创新高，不过多数商品价格上涨力度弱于2008年。**分类别看，2010年以来主要农产品玉米、小麦、大豆等价格上涨幅度在80%~97%，上涨幅度弱于2007~2008年间，其中玉米总水平创新高，小麦、大豆价格总水平仍低于2008年时的高位；原油、煤炭等国际能源品价格上涨幅度在46%~61%，价格总水平低于2008年的历史高位；铜、铝、锌等有色金属价格上涨幅度在19%~42%，其中铜价创历史新高，铝、锌价不及2008年的高位；黄金、铁矿石价格虽创历史新高，不过二者涨幅分别为31%和49%，低于

2007~2008 年间的涨幅。从 2011 年 4 月、5 月份来看，国际大宗商品价格上行动力不足，多数商品价格呈震荡调整态势。

### （三）当前国内政策环境的分析

我国的宏观调控政策对国内价格的影响颇大。我们留意到，2007~2008 年间国内 CPI 峰值一般早于国际大宗商品价格上涨的峰值出现，这表明我国在价格上涨期所采取的各项治理措施均在有效地减弱输入性通胀压力，同时，国内 PPI、MPI 与国际金属价格走势所存在的一定差异也客观地说明了这一点。当前国内宏观政策主基调仍是"调结构、促转型"。结构调整，特别是**产能调整，可能会减弱国际大宗商品对国内价格传导的效应；不过，促转型以及国内资源品价格的改革推进，可能会加强国际大宗商品价格与国内价格的联动。**此外，近期国内的洪涝灾害发生给国内价格上涨带来较大的不确定性。

综合以上分析及近期国际大宗商品价格的震荡调整态势看，初步预测，**此轮输入性通胀对国内的影响程度可能接近于 2007~2008 年的水平，或者低于 2007~2008 年时对国内的影响程度。**不过，此轮国内价格上涨有很大的原因是来自劳动力成本的推动，因此，对于此轮国内价格上涨的总水平我们还有待观察，加之 CPI 权重调整以后，下阶段国内价格的走势也有待密切观察。

# 第五章　外资外贸

## 外贸呈现平稳回落　外资结构更趋优化

2011年，北京地区对外贸易保持金融危机后的平稳复苏态势，北京市实际利用外资增幅稳步提高。展望2012年，世界经济前景黯淡、国内外需求放缓将使北京地区进出口继续回落，预计全年实现进出口总额4370亿美元，增长17%左右。经济发展势头趋稳和产业结构不断升级，将继续推动北京市利用外资的增长，促进外资流向更高业态。

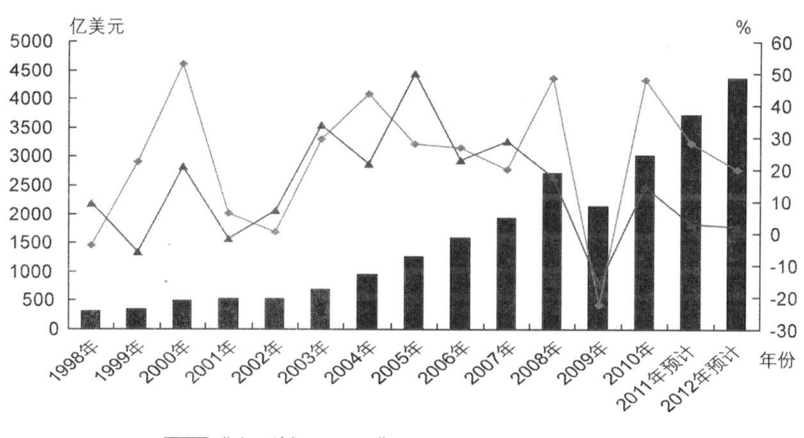


图5~1　1998年以来北京地区各年度进出口情况

### 一、2011 年北京地区外贸形势分析

2011 年，面临世界经济缓慢复苏、贸易保护主义抬头、国内企业生产经营成本上升、人民币持续升值等多重挑战，北京地区出口呈现低位增长态势；国际大宗商品价格高位波动和国内较好的增长势头使进口总额保持

稳步增长；北京地区进出口总额延续了2010年以来的恢复态势，在2010年增长40%以上的基础上，预计2011年全年实现进出口总额3730亿美元，增长24%左右。

表5~1　　历次五年规划期间北京地区进出口情况比较

| 时　期 | 进出口 | | 出　口 | | | 进　口 | | |
|---|---|---|---|---|---|---|---|---|
| | 累计值（亿美元） | 年均增速（%） | 累计值（亿美元） | 年均增速（%） | 末位占比（%） | 累计值（亿美元） | 年均增速（%） | 末位占比（%） |
| "七五"时期 | 1394.5 | -6.2 | 186.5 | 0.2 | 18.7 | 1208.0 | -7.3 | 81.3 |
| "八五"时期 | 1430.6 | 9.4 | 354.7 | 18.4 | 27.7 | 1075.8 | 6.9 | 72.3 |
| "九五"时期 | 1739.7 | 5.9 | 501.2 | 3.2 | 24.2 | 1238.6 | 6.9 | 75.8 |
| "十五"时期 | 3925.9 | 20.5 | 927.1 | 20.9 | 24.6 | 2998.8 | 20.4 | 75.4 |
| "十一五"时期 | 11391.8 | 19.2 | 2481.8 | 12.4 | 18.4 | 8910.0 | 21.1 | 81.6 |

### （一）对外贸易保持平稳增长，进口依然是主要拉动力量

2011年以来，北京地区进出口总额基本保持平稳增长态势。1~9月，累计实现进出口总额2853亿美元，同比增长28.6%，占全国进出口总值的10.7%，占环渤海地区进出口总值的44.2%，在各省市中继续保持第四位。其中，出口增长始终在单位数徘徊，前三季度累计实现出口额426亿美元，同比增长4.9%，是2006年以来除2009年外的次低增速；累计实现进口额2427亿美元，同比增长33.9%。进口在进出口总额中的比重达到85%以上，是1990年以来的最高水平，也是继2010年达到81.6%之后的又一高位。进出口新增额中进口的贡献达到96%以上，是2010年超过90%之后的又一高位。从年内各月走势看，4月、6月、7月进口增速明显放缓，与这一时期国内增长趋势和国际大宗商品价格放缓有关。出口来看，6月、8月、9月增长较为明显，与国际形势向好有关。第四季度，随着圣诞节的临近，节日因素可能刺激国外市场需求在年内"翘尾"增长，带动全年北京地区对外贸易平稳增长。

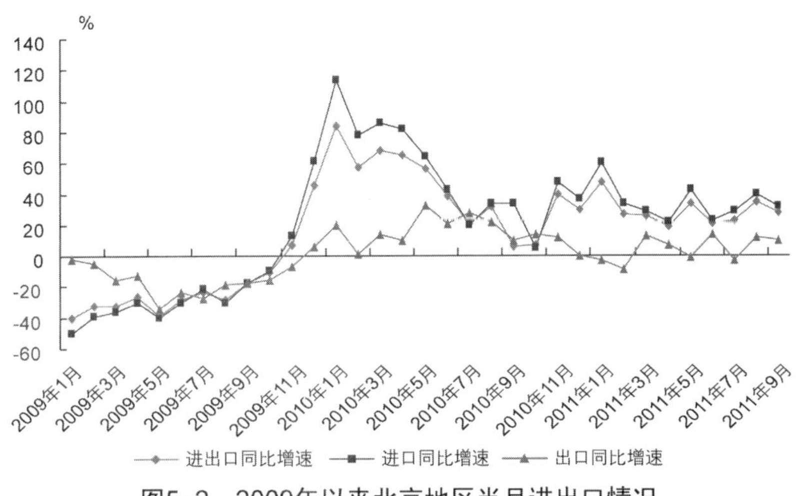


图5~2　2009年以来北京地区当月进出口情况

表 5~2　　2011 年 1~9 月京津沪渝进出口情况比较

| 指　标 | 全　国 | 北　京 | 天　津 | 上　海 | 重　庆 |
|---|---|---|---|---|---|
| 进出口总值（亿美元） | 26774.4 | 2853.4 | 748.9 | 3243.3 | 183.7 |
| 增速（%） | 24.6 | 28.6 | 25.9 | 20.8 | 124.2 |
| 出口总值（亿美元） | 13922.7 | 426.7 | 324.6 | 1547.0 | 118.7 |
| 增速（%） | 22.7 | 4.9 | 19.1 | 17.5 | 145.8 |
| 进口总值（亿美元） | 12851.7 | 2426.7 | 424.3 | 1696.3 | 65.1 |
| 增速（%） | 26.7 | 33.9 | 31.6 | 23.9 | 93.4 |

### （二）价格高位下资源类产品依然是进出口主力

#### 1. 出口方面：机电和高新技术产品增长明显放缓甚至下降，资源类、传统优势产品受价格上涨拉动保持较好增长势头

**一是**受外需放缓、贸易保护加剧、产品战略调整和生产成本上升等因素的影响，作为北京市出口主体的机电和高新技术产品，出口增速和对出口的贡献份额持续放缓。2011 年 1~9 月，机电产品和高技术产品出口占北京地区出口总值的 88%，低于 2006 年来始终保持的 90%以上水平。其中机电产品出口 248.4 亿美元，出口规模基本达到 2008 年的水平。受

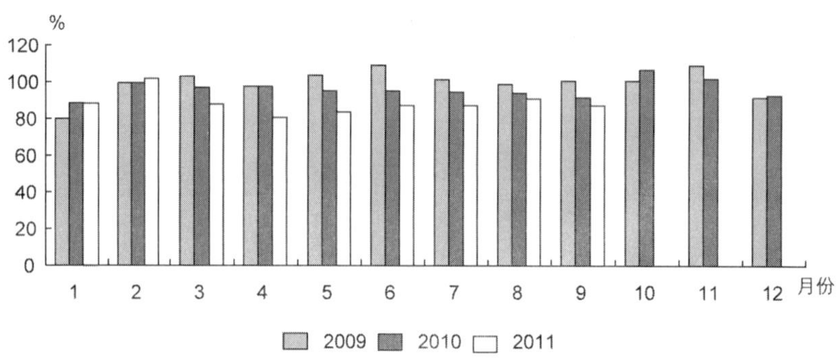


图5~3 2009~2011年北京地区当月机电和高新技术产品占总出口比重

诺基亚产品战略调整带来全球市场份额大幅萎缩[①]的下拉影响，高技术产品实现出口 126.6 亿美元，累计下降 9.1%，尚未恢复到 2008 年的出口规模，在出口中的占比由 35%左右下降到不足 30%。**二是**受国内技术升级、劳动力和原材料成本上升，以及议价能力提升的影响，出口商品价格较以往大幅提高，带动服装等消费品出口的较快增长。2011 年 1~9 月北京

表 5~3 2003 年以来北京地区机电、高技术产品出口情况

| 年份 | 高新技术产品 | | | 机电产品 | | |
|---|---|---|---|---|---|---|
| | 出口总额（亿美元） | 占总出口比重（%） | 贡献份额（%） | 出口总额（亿美元） | 占总出口比重（%） | 贡献份额（%） |
| 2003 年 | 39.6 | 23.5 | 19.3 | 0.7 | 42.4 | 33.8 |
| 2004 年 | 58.1 | 28.2 | 50.1 | 1.0 | 47.2 | 69.2 |
| 2005 年 | 97.1 | 31.5 | 37.9 | 1.6 | 50.5 | 57 |
| 2006 年 | 138.9 | 36.6 | 59 | 2.2 | 57.2 | 86.5 |
| 2007 年 | 179.8 | 36.7 | 37.3 | 2.9 | 58.5 | 63 |
| 2008 年 | 190.6 | 33.2 | 12.7 | 3.4 | 58.3 | 57.4 |
| 2009 年 | 175.2 | 36.2 | 16.9 | 3.1 | 63.7 | 29.9 |
| 2010 年 | 193.7 | 34.9 | 26.2 | 3.4 | 61.2 | 44.3 |

① 前三季度北京地区出口手机数量和价值同比分别下降 23.4%和 26.1%。

地区出口服装及衣着附件 15 亿美元，同比增长 14.6%。**三是**受资源类价格处于高位的拉动，部分资源类产品出口增长较快。2011 年 1~9 月，出口钢材 219 万吨，同比增长 4.9%，价值 22.8 亿美元，同比增长 36%；农产品 9.1 亿美元，同比增长 24.5%。

**2．进口方面：价格上涨带动资源型产品进口呈现价升量稳势头，机电产品和高新技术产品进口增幅回落**

**一是**原油、铁矿砂等资源型产品进口占比保持在 50%以上。2011 年 1~9 月，北京地区分别进口原油、铁矿砂 1.5 亿吨和 6934 万吨，同比下降 1.7%和 7.3%，但由于其价格的上涨，进口额达到 1129 亿美元和 118.7 亿美元，同比增长 34.9%和 22.3%；进口农产品 77.3 亿美元，同比增长 28.5%。三者占比达到 55%。**二是**机电产品、高新技术产品进口增速回落。2011 年 1~9 月，进口机电产品和高新技术产品 574.8 亿美元和 234.5 亿美元，同比增长 17.8%和 16.4%，增幅分别比 2010 年下降 13.7 个百分点和 3 个百分点，二者占进口比重回落近 5 个百分点。从具体商品来看，汽车进口的增速较 2010 年呈现明显回落的态势。2011 年 1~9 月，进口汽车 42.6 万辆，价值 169.6 亿美元，同比增长 21.3%和 26.2%，明显低于 2010 年同期 130%和 140%的增长水平。

表 5~4　　2008 年以来北京地区主要进口商品量值表

| 年份 | 原油 | | 成品油 | | 铁矿砂 | | 汽车 | |
|---|---|---|---|---|---|---|---|---|
| | 数量（亿吨） | 美元值（亿） | 数量（万吨） | 美元值（亿） | 数量（亿吨） | 美元值（亿） | 数量（万辆） | 美元值（亿） |
| 2008 年 | 1.5 | 1077 | 1472 | 136.4 | 0.6 | 94.4 | 22 | 86.3 |
| 2009 年 | 1.6 | 710.2 | 1036 | 46.9 | 1.2 | 93.4 | 24.6 | 93.2 |
| 2010 年 | 1.95 | 1099 | 1038 | 61.6 | 1 | 137.3 | 49 | 188.5 |
| 2011 年 1~9 月 | 1.5 | 1129 | 861.8 | 66.3 | 0.7 | 118.7 | 42.6 | 169.6 |

表 5-5　　2003 年以来北京地区机电、高技术产品进口情况

| 年份 | 高新技术产品 | | | 机电产品 | | |
|---|---|---|---|---|---|---|
| | 进口总额（亿美元） | 占总进口比重（%） | 贡献份额（%） | 进口总额（亿美元） | 占总进口比重（%） | 贡献份额（%） |
| 2003 年 | 99.0 | 19.2 | 6.3 | 194.9 | 37.8 | 21.1 |
| 2004 年 | 105.3 | 14.2 | 2.8 | 227.2 | 30.7 | 14.4 |
| 2005 年 | 136.6 | 14.4 | 15.1 | 269.6 | 28.5 | 20.6 |
| 2006 年 | 170.5 | 14.2 | 13.3 | 378.7 | 31.5 | 42.9 |
| 2007 年 | 236.0 | 16.4 | 27.3 | 447.8 | 31.1 | 28.8 |
| 2008 年 | 241.8 | 11.3 | 0.8 | 498.8 | 23.3 | 7.3 |
| 2009 年 | 235.7 | 14.2 | 1.3 | 519.4 | 31.2 | -4.3 |
| 2010 年 | 274.9 | 11.2 | 4.9 | 666.1 | 27.1 | 18.4 |

延伸阅读：商务部拟降低奢侈品关税

世界奢侈品协会数据显示，伴随着人均可支配收入的增长和品牌意识的增强，中国将在 2012 年超越日本成为世界第一大奢侈品消费国，消费额将达到 146 亿美元。中国电子商务市场数据监测报告显示，2010 年我国海外代购的市场交易规模达到 120 亿元，其中化妆品、奢侈品居多。若按照 40%的税率计算，我国每年税收流失高达数十亿元。自从中国 2001 年加入世贸组织以来，我国进口关税已从 15.3%降低到 9.8%，但是奢侈品关税依旧保持平均 30%的水平，红葡萄酒类的进口关税达到 65%之高。据悉，1 年前商务部已将草拟的"关于奢侈品进口关税调整议案"上呈国务院审批，但由于种种原因迟迟没有最终定论。2011 年 6 月商务部新闻发言人表示，有关政府部门已达成共识，降低部分中高档商品关税是大势所趋。降低奢侈品进口关税，将促使更多中国人由到海外消费向国内消费转移，进而刺激国内消费市场，也有助于拉动进口、促进进出口平衡。但是，也有学者对削减奢侈品关税能否真正提高我国进口量持怀疑态度。中央财经大学税务学院副主任张志清认为，降低奢侈品关税只能惠及少部分人，而大多数消费者则承担不起奢侈品。

### （三）一般贸易仍为主要方式，加工贸易进出口规模下降

一般贸易仍是北京地区对外贸易的主要方式。2011 年 1~9 月，北京地

区一般贸易进出口 2404 亿美元，同比增长 35.5%，高于进出口总额增速 6.9 个百分点，占贸易总额的 84.2%。一般项目下出口 216 亿美元，同比增长 22.1%，高于出口总额 30.6 个百分点；进口 2188 亿美元，同比增长 37%。随着全球经济增长放缓、国内劳动力成本上升，以及受退税政策调整影响，北京地区加工贸易进出口增速明显下滑。2011 年 1~9 月，加工贸易实现进出口 261.7 亿美元，同比下降 11%。其中出口 148.9 亿美元，同比下降 16.3%；进口 112.8 亿美元，同比下降 3%。

表 5~6　　2006 年以来北京地区对外贸易方式情况（%）

| 年 份 | 进出口 | | 出 口 | | 进 口 | |
|---|---|---|---|---|---|---|
| | 一般贸易 | 加工贸易 | 一般贸易 | 加工贸易 | 一般贸易 | 加工贸易 |
| 2006 年 | 77.2 | 15.6 | 54.0 | 39.1 | 84.5 | 8.2 |
| 2007 年 | 76.7 | 16.6 | 50.6 | 41.4 | 85.6 | 8.1 |
| 2008 年 | 81.2 | 12.1 | 52.1 | 36.1 | 89.0 | 5.7 |
| 2009 年 | 76.0 | 16.0 | 41.9 | 44.2 | 85.9 | 7.9 |
| 2010 年 | 80.7 | 12.6 | 45.0 | 42.1 | 88.7 | 5.9 |
| 2011 年 1~9 月 | 84.2 | 9.2 | 50.7 | 35.0 | 90.2 | 4.6 |

### （四）主要贸易伙伴进口进一步增加

北京地区自欧盟、美国等主要经济体进口规模进一步扩大，促进了有关国家和地区的出口增长和经济复苏，为带动世界经济增长发挥重要作用。2011 年 1~9 月，北京地区自欧盟进口增长 19.3%，高于对其出口 24 个百分点；自美国进口增长 43.8%，高于对其出口 26 个百分点（见表 5~7）。从各大贸易伙伴看，欧盟仍为北京市第一大贸易伙伴，但受欧洲债务危机影响，二者双边贸易占北京地区外贸总规模的 11.5%，较 2010 年同期下滑 1.6 个百分点。受越南及部分东盟国家货币大幅贬值和南海问题等因素影响，2011 年 1~9 月份北京对东盟出口大幅下滑 28%。二者双边贸易额占北京地区外贸总规模的 4.8%，较 2010 年同期下降 1.9 个百分点。值得注意的是，随着日本灾后供应链逐步修复以及重建需求增加，北京地区对日本出口快速增长，2011 年 1~9 月增速达到 50.9%。

表 5~7　2011 年 1~9 月北京地区与主要贸易伙伴进出口总值表

| 国家地区 | 金额（亿美元） | | | 比重（%） | | 比 2010 年同期增减（%） | | |
|---|---|---|---|---|---|---|---|---|
| | 进出口 | 出口 | 进口 | 出口 | 进口 | 进出口 | 出口 | 进口 |
| 北京地区 | 2853 | 426 | 2427 | 100 | 100 | 28.6 | 4.9 | 33.9 |
| 欧　盟 | 329 | 69.4 | 259.6 | 16.3 | 10.7 | 13.3 | -4.6 | 19.3 |
| 沙特阿拉伯 | 252.8 | 3.2 | 249.6 | 0.8 | 10.3 | 48.3 | -11.5 | 49.6 |
| 美　国 | 197.6 | 36.7 | 161 | 8.6 | 6.6 | 38.3 | 18.3 | 43.8 |
| 日　本 | 163.6 | 39.2 | 124.4 | 9.2 | 5.1 | 21.5 | 50.9 | 14.5 |
| 安哥拉 | 151.4 | 3.5 | 148 | 0.8 | 6.1 | -9.1 | 32.3 | -9.7 |
| 东　盟 | 136.3 | 48 | 88.2 | 11.3 | 3.6 | -7.9 | -27.7 | 8.2 |
| 韩　国 | 133.3 | 23.3 | 110 | 5.5 | 4.5 | 38.2 | 43 | 37.3 |
| 伊　朗 | 105 | 11.2 | 93.8 | 2.6 | 3.9 | 116.2 | 57.6 | 126.2 |
| 瑞　士 | 90.8 | 0.8 | 90 | 0.2 | 3.7 | 39 | -14 | 39.7 |
| 澳大利亚 | 90.4 | 8.1 | 82.3 | 1.9 | 3.4 | 27.6 | 17.5 | 28.7 |

### （五）国有企业为进出口主力，民营企业发展迅速

国有企业依然是北京地区的进出口主力。2011 年 1~9 月，北京地区国有企业累计进出口 1981 亿美元，同比增长 29.1%，占同期北京地区进出口总值的 69.4%；其中，进口同比增长 32.3%，出口同比增长 9.1%。外商投资企业进出口 563 亿美元，同比增长 10.8%，低于北京地区整体水平。其中出口 155.2 亿美元，同比下降 3.4%；进口 407.8 亿美元，同比增长 17.4%。民营企业继续保持迅速发展。2011 年 1~9 月，北京地区民营企业进出口 309 亿美元，同比增长 76.1%。其中出口 41.7 亿美元，同比增长 17.4%，高出整体水平 12.7 个百分点。

表 5~8　2000 年以来北京地区国有、外资、民营企业出口情况（%）

| 年 份 | 出口增速 | | | 占总出口比重 | | |
|---|---|---|---|---|---|---|
| | 国有企业 | 外资企业 | 民营企业 | 国有企业 | 外资企业 | 民营企业 |
| 2000 年 | 7.7 | 95.1 | 54.1 | 75.4 | 23.9 | 0.7 |
| 2001 年 | -6.5 | 13.2 | 9.0 | 71.7 | 27.5 | 0.8 |
| 2002 年 | -0.1 | 24.1 | 73.5 | 66.8 | 31.8 | 1.3 |
| 2003 年 | 35.8 | 27.6 | 85.6 | 67.8 | 30.3 | 1.9 |
| 2004 年 | 9.3 | 43.6 | 122.4 | 60.8 | 35.8 | 3.4 |
| 2005 年 | 40.0 | 61.8 | 107.1 | 56.7 | 38.6 | 4.7 |
| 2006 年 | 10.6 | 39.6 | 35.8 | 51.0 | 43.8 | 5.2 |
| 2007 年 | 24.0 | 30.5 | 64.3 | 49.1 | 44.4 | 6.6 |
| 2008 年 | 23.3 | 6.4 | 48.5 | 51.5 | 40.2 | 8.3 |
| 2009 年 | -16.4 | -13.0 | -26.5 | 51.2 | 41.6 | 7.3 |
| 2010 年 | 14.9 | 10.2 | 37.9 | 51.3 | 40.0 | 8.7 |
| 2011 年 1~9 月 | 9.1 | -3.4 | 17.4 | 53.9 | 36.4 | 9.8 |

表 5~9　2000 年以来北京地区国有、外资、民营企业进口情况（%）

| 年 份 | 进口增速 | | | 占总进口比重 | | |
|---|---|---|---|---|---|---|
| | 国有企业 | 外资企业 | 民营企业 | 国有企业 | 外资企业 | 民营企业 |
| 2000 年 | 58.5 | 33.9 | 11.0 | 84.2 | 13.1 | 2.7 |
| 2001 年 | 1.7 | 10.2 | 122.5 | 80.6 | 13.6 | 5.8 |
| 2002 年 | 5.5 | -12.0 | -41.2 | 84.7 | 11.9 | 3.4 |
| 2003 年 | 29.6 | 40.6 | -15.0 | 84.8 | 13.0 | 2.2 |
| 2004 年 | 39.0 | 66.0 | 77.4 | 82.3 | 15.0 | 2.7 |
| 2005 年 | 25.9 | 36.3 | 40.4 | 81.0 | 16.0 | 3.0 |
| 2006 年 | 23.1 | 46.8 | 22.3 | 78.6 | 18.5 | 2.9 |
| 2007 年 | 17.8 | 25.3 | 45.5 | 77.2 | 19.3 | 3.5 |
| 2008 年 | 54.9 | 21.3 | 63.2 | 80.4 | 15.8 | 3.9 |
| 2009 年 | -27.2 | -1.5 | -6.2 | 75.4 | 20.0 | 4.7 |
| 2010 年 | 41.4 | 43.4 | 172.5 | 72.0 | 19.4 | 8.6 |
| 2011 年 1~9 月 | 32.3 | 17.4 | 91.0 | 72.2 | 16.8 | 11.0 |

## 二、2011年北京市外资利用情况

2011 年，在世界经济低位徘徊背景下，中国经济继续保持快速发展，对外资吸引力进一步增强。北京作为中国的首都，在加快“三个北京”和中国特色世界城市建设的推动下，在知识经济、总部经济、服务经济特色不断彰显的作用下，北京市实际利用外资规模逐步走出金融危机阴影，呈现平稳较快增长态势，资金流向更高业态。

**（一）实际利用外资稳步增加，外商独资仍为主要形式**

2011 年以来，北京市实际利用外资呈现平稳较快增长，1~9 月北京市实际利用外资 60.5 亿美元，累计增长 13.2%，增幅为 2009 年以来的最高水平。实际利用外资规模已达到 2008 年全年的水平，占全国实际利用外资总额的比重为 7%，与 2010 年持平。从外资注册类型来看，外商独资仍为主要方式。 2011 年 1~9 月，外商独资占北京地区实际利用外资的 85%，占比在“十一五”提高 6 个百分点的基础上又得到明显提升。

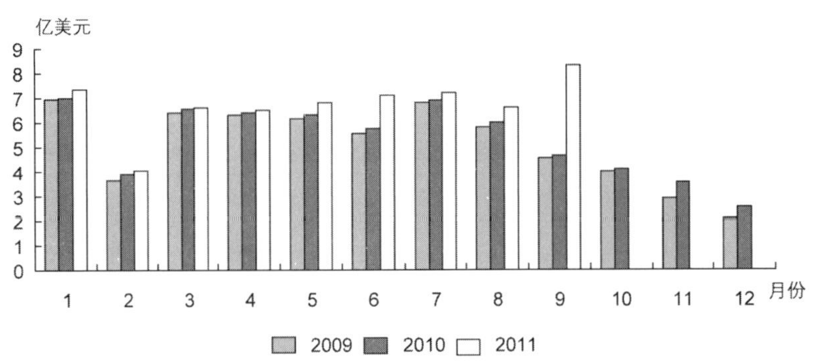


图5~4　2009年以来北京地区当月实际利用外资规模

表 5~10　　2011 年 1~9 月京津沪渝利用外资情况比较

| 指　标 | 全 国 | 北 京 | 天 津 | 上 海 | 重 庆 |
|---|---|---|---|---|---|
| 合同利用外资金额（亿美元） | 1778.7 | 84.9 | 126.1 | 154.9 | 43.2 |
| 增速（%） | 16.9 | 36.9 | 10.6 | 36.6 | 162.3 |
| 实际利用外资金额（亿美元） | 866.8 | 60.5 | 95.0 | 100.5 | 42.4 |
| 增速（%） | 16.6 | 13.2 | 21.6 | 22.9 | 79.6 |

表 5~11　2006 年以来北京地区按注册类型分实际利用外资结构（%）

| 注册类型 | 2006 年 | 2007 年 | 2008 年 | 2009 年 | 2010 年 | 2011 年 1~9 月 |
|---|---|---|---|---|---|---|
| 实际利用外资 | 100 | 100 | 100 | 100 | 100 | 100 |
| 合资经营企业 | 17.7 | 15.4 | 14.9 | 14.9 | 14.4 | 10.3 |
| 合作经营企业 | 7.3 | 3.6 | 3.5 | 5.3 | 3.6 | 2.3 |
| 独资经营企业 | 75.0 | 80.7 | 80.6 | 73.3 | 81.2 | 85.0 |
| 其　他 | 0 | 0.4 | 0.9 | 6.5 | 0.8 | 2.3 |

**（二）利用外资结构持续优化，资金流向更高层次业态**

实际利用外资正在向高新技术产业和服务业转移，继续引领北京市产业升级。**一方面，由于工资和生产成本持续上升，制造业吸引外资低位增长。**2011 年 1~9 月制造业实际利用外资 5.4 亿美元，同比增加 6.7%。值得注意的是，医药设备制造和专用设备制造实际利用外资金额迅速增加，同比增长 1.4 倍和 1.2 倍。**另一方面，承接国际服务产业转移，服务业引资规模继续提升。**2011 年以来，服务业累计吸引外资 53.4 亿美元，同比上升 11.4%，占北京市实际利用外资总金额的 88.3%。服务业内部利用外资排名前三位的行业分别是：租赁和商务服务业、批发和零售业和房地产业，三者共占服务业利用外资规模的 64.2%。其中，批发零售业继续保持高速增长，增速达到 96.1%。房地产行业受一系列调控措施的累积影响，实际利用外资出现明显下降。前三季度累计吸引外资 9.6 亿美元，同比下降 19.7%。

表 5~12　2006 年以来北京地区七大行业实际利用外资分布（%）

| 行　业 | 2006 年 | 2007 年 | 2008 年 | 2009 年 | 2010 年 | 2011 年 1~9 月 |
|---|---|---|---|---|---|---|
| 实际利用外资 | 100 | 100 | 100 | 100 | 100 | 100 |
| 农林牧渔业 | 0.1 | 0.9 | 0.3 | 0.6 | 0.2 | 0.03 |
| 制造业 | 23.2 | 17.7 | 24.7 | 12.3 | 10.8 | 8.9 |

（续表）

| 行　业 | 2006 年 | 2007 年 | 2008 年 | 2009 年 | 2010 年 | 2011 年 1~9 月 |
|---|---|---|---|---|---|---|
| 信息传输、计算机服务和软件业 | 9.7 | 15.5 | 17.3 | 15.5 | 15.0 | 13.9 |
| 批发和零售业 | 5.4 | 6.6 | 5.7 | 9.1 | 10.4 | 17.8 |
| 住宿和餐饮业 | 0.4 | 1.1 | 0.6 | 1.4 | 0.6 | 0.2 |
| 房地产业 | 15.9 | 23.6 | 13.0 | 13.0 | 22.3 | 15.8 |
| 租赁和商务服务 | 38.3 | 18.3 | 21.8 | 36.9 | 27.6 | 23.1 |
| 其他行业 | 7.0 | 16.2 | 16.7 | 11.2 | 13.2 | 20.2 |

## 三、2012年北京市外资外贸形势展望

世界环境不确定性、不稳定性不断加大，贸易保护主义持续升级以及国内刺激政策效应减弱、企业生产经营成本上升和人民币升值等因素，都会对未来北京地区的对外贸易造成不利影响。预计 2012 年北京市对外贸易继续呈现回落态势，全年进出口增长 17%左右；实际利用外资规模保持稳步提升，利用外资结构更趋优化。

### （一）世界经济复苏缓慢曲折，外需回升态势趋缓

2011 年以来，虽然世界经济维持了复苏态势，但不确定性、不稳定性不断加大，尤其进入第三季度以后，欧债危机蔓延、美国主权信用评级降低、世界金融市场进一步动荡，欧、美等主要经济体失业率居高不下，各国经济正经历内部与外部的再平衡，新的技术突破和产业尚未成熟，自主增长动力依然不足，世界经济复苏乏力。据 IMF 预测，2012 年全球增长率将从 2010 年的 5%以上降至 4%左右。全球经济增长速度的放缓，将影响北京市外部需求回升，国际环境复杂多变，会带来大宗商品价格高位波动，影响进出口稳定运行。

延伸阅读：2011 年、2012 年世界贸易形势展望

经济减速以及对经济信心的不足在危害世界各国和地区的贸易增长前景。由于全球经济活动放缓，2011 年世界贸易增长将慢于预期。9 月 WTO 发布最新预测，将 2011 年全球货物贸易增长率的预估值由 4 月预测的 6.5%下调至 5.8%，低于 1990~2008 年 6.0%的长期年均增长水平。其中，发达经济体出口贸易量增长 3.7%，发展中经济体和独联体国家的出口贸易量增长 8.5%。

表 5~13 2008~2011 年世界货物贸易量与世界实际 GDP 增长的变化

| | 2008 年 | 2009 年 | 2010 年 | 2011 年 |
|---|---|---|---|---|
| （一）世界货物出口量增长率（%） | | | | |
| 世 界 | 2.3 | -12.1 | 14.1 | 5.8 |
| 发达经济体 | 0.9 | -15.2 | 12.9 | 3.7 |
| 发展中经济体和独联体国家 | 4.6 | -7.5 | 16.1 | 8.5 |
| （二）按市场汇率计算的实际 GDP 增长率（%） | | | | |
| 世 界 | 1.3 | -2.6 | 3.7 | 2.5 |
| 发达经济体 | 0.1 | -4.0 | 2.7 | 1.5 |
| 发展中经济体和独联体国家 | 5.6 | 2.1 | 7.1 | 5.9 |

注：2011 年为预测值。

资料来源：WTO 秘书处，2011 年 9 月 23 日。

### （二）贸易保护主义愈演愈烈，出口环境恶化

随着世界经济形势的恶化，各国为促进就业、培育国内战略产业，贸易保护主义愈演愈烈。保护手段也出现新的趋势：一是贸易保护政策从纺织、轻工业等低附加值产业向节能环保、电子信息等高技术、高附加值产业蔓延。二是从具体产品向产业、税收、汇率等宏观政策层面延伸，如：美国通过“汇率法案”，拟对中国等所谓“汇率被低估”的主要贸易伙伴征收惩罚性关税。三是巴西等新兴经济体出台多项针对中国的贸易保护措施。从上述趋势可看出，2012 年北京地区面临的出口环境不容乐观。

表 5~14　　2011 年以来针对中国贸易保护政策动态

| 时　间 | 发起国家 | 贸易摩擦情况 |
|---|---|---|
| 1 月 4 日 | 美　国 | 对中国搪瓷厨具进行反倾销快速日落复审立案调查。 |
| 6 月 16 日 | 美　国 | 实施《战略贸易许可例外规定》，将中国排除在 44 个可享受贸易便利化措施国家和地区之外。 |
| 7 月 29 日 | 俄罗斯 | 俄罗斯谢韦尔钢铁公司等俄罗斯三大钢铁制造商联手呼吁，将对自中国进口的钢铁产品征收反倾销税。 |
| 8 月 30 日 | 美　国 | 宣布对中国进口的钢轮征收 26.24%~46.59%之间的反补贴关税。 |
| 9 月 6 日 | 巴　西 | 宣布提高 7 种制成品的进口关税，以及对一批进口产品实施反倾销制裁。巴西还将在未来两年内，对进口自中国的碳钢管每吨将征收 743 美元惩罚性关税，相当于比目前的价格提高 80%。 |
| 9 月 12 日 | 加拿大 | 加拿大边境服务署正式立案对中国输加油管短节发起反倾销反补贴合并调查。 |
| 9 月 15 日 | 欧　盟 | 欧委会自 2011 年 3 月决定对中国产瓷砖征收为期半年的临时反倾销税后，决定再对中国瓷砖生产企业征收 26.3%至 69.7%的正式反倾销税，而且这项反倾销税 2016 年到期后，还可以视情况继续延长。 |
| 10 月 11 日 | 美　国 | 美参议院通过《2011 年货币汇率监督改革法案》，拟对中国等所谓“汇率被低估”的主要贸易伙伴征收惩罚性关税。 |
| 10 月 6 日 | 欧　盟 | 延长对中国自行车征税 5 年。 |
| 10 月 20 日 | 欧　盟 | 宣布对中国输欧草酸反倾销案做出初裁，中国 3 家应诉企业获得分别裁决待遇，被征收 14.6%~37.7%的临时反倾销税，其他企业统一税率为 52.2%。 |
| 10 月 27 日 | 美　国 | 初步决定对中国输美钢轮征收从 110.58%到 193.54%不等的高额反倾销关税。 |
| 10 月 27 日 | 加拿大 | 宣布对原产中国或从中国出口的一些不锈钢水槽展开反倾销和反补贴调查。 |
| 11 月 15 日 | 美　国 | 美国商务部正式对中国输美太阳能电池(板)发起反倾销和反补贴调查，这是美方首次针对中国清洁能源产品发起“双反”调查。 |

延伸阅读：美参议院通过“汇率法案”，拟逼迫人民币升值

2011 年 10 月 11 日，美国国会参议院以 83 票赞成、35 票反对的投票结果，通过了《2011 年货币汇率监督改革法案》。这项法案允许美国政府通过增加关税和限制进口等措施来惩罚所谓“汇率操纵国”。业界普遍认为，这一法案目的就是逼迫人民币加速升值。商务部发言人表示，美国对人民币汇率的指责既没有根据，也没有道理。人民币汇率不是造成中美贸易失衡的主要原因。根据国内学者的研究，人民币汇率从 2005 年到 2008 年升值了将近 30%，但是这段时间中美贸易顺差不降反升；从 2010 年到现在，人民币又升值了将近 10%，中国和其他国家的贸易顺差大幅度减少，但是中美贸易顺差却继续扩大。中美贸易的不平衡不是一个简单的汇率问题，最关键的原因可能有两个：一是美国自身的经济结构出了问题；二是美国相对中国的出口产品采取限制性的、歧视性的措施。

延伸阅读：不重视利用 WTO 规则的中国遭遇全球反补贴围堵

不重视利用 WTO 机制的中国正在遭受全球反补贴围堵。据商务部统计，2010 年中国遭受“两反一保”调查 66 起，涉案金额 71.4 亿美元。以轮胎业为例，近年来，我国轮胎陆续遭到巴西、埃及、美国、阿根廷、印度等国发起的贸易保护调查，涉案产品从汽车斜纹轮胎等低附加值产品逐渐向工程胎等高附加值产品扩散。业内人士指出，如果贸易摩擦仅仅在数量上增长，或许还容易应对，但令人警惕的是其在类型上的新变化。过去贸易摩擦主要集中在传统劳动密集型产业，现在则日渐指向支柱产业和高新技术企业，并且正在向产业政策等体制层面转移。据商务部统计，中国已经成为全球反补贴调查的最大目标国，全球 70%以上的反补贴调查针对中国，地方政府的政策则成为调查要点。在 WTO 对我国的第三次贸易政策审议中，地方政策已经成为主要成员方质疑中国补贴政策的关注点。与此同时，技术性贸易壁垒和绿色壁垒持续升温。比如，法国、日本、英国、澳大利亚等国出台的新环保法案就对中国贴上了“碳标签”。更让人担忧的是，西方发达国家和地区原来只针对单一产品采取单一措施设置技术壁垒，现在已逐渐发展到针对大类产品采取系统性的综合措施。业内人士认为，西方发达国家现在已经到了“玩规则”的阶段，而我们还处于学习阶段，很多企业对 WTO 规则重视不够。WTO 争端解决机制案件数量不断增加，到 2011 年 10 月底已经处理过 425 个争议案，相较之下，国际法院 50 年来只处理了 70 多个案子。WTO 争端解决机制受到各国普遍重视，中国企业面对 WTO 争端还应苦练内功，才能更好地应对全球反补贴围堵。

### （三）国内政策和运行环境有利于促进外贸平衡

**一是**国内政策有利于促进外贸平衡。一方面，政府取消了“高耗能、高污染、资源性”产品的出口退税，降低了容易引起贸易摩擦的商品出口退税率；另一方面，商务部即将出台《关于扩大进口促进对外贸易平衡发展的指导意见》，这意味着国家出台鼓励进口的一系列措施开始提速。除此以外，随着人民生活水平提高、消费需求升级，商务部正在研究下调奢侈品关税的政策。**二是**多家机构预测 2012 年经济增长在 8.5%~9%，虽然低于 2011 年的水平呈现放缓态势，但依然是世界经济增长的重要动力，这将为外贸平稳运行提供良好的宏观经济环境。**三是**在美联储持续量化宽松货币政策的影响下，美元疲软的态势仍将持续，人民币汇率持续升值预期不减（见图 5~5）。汇率上升在影响出口企业产品竞争力的同时，也有利于积极扩大进口、促进外贸平衡，有利于形成倒逼机制，加快经济发展方式转变。

表5~15　　2011年以来我国对外贸易政策动态

| 时　间 | 外贸政策 |
| --- | --- |
| 2011年4月29日 | 商务部等部门联合发布《关于发布鼓励进口技术和产品目录(2011年版)的通知》，要求各地要积极扩大先进技术、关键零部件、国内短缺资源和节能环保产品进口，更好地发挥进口贴息政策对促进自主创新和结构调整的积极作用。 |
| 2011年6月16日 | 国家公布《动漫企业进口动漫开发生产用品免征进口税收的暂行规定》，明确企业进口动漫开发生产用品可免征进口税。 |
| 2011年6月28日 | 国家对《科技开发用品免征进口税收暂行规定》和《科学研究和教学用品免征进口税收规定》进行修改。将进口科技开发用品免税优惠延至2015年末。 |
| 2011年7月1日 | 最新一轮降低进口关税开始实施，部分成品油、纺织品、干果、金属废料和未锻轧锌等33个税目纳入了降税清单。 |
| 2011年7月1日 | 国家对国内企业为生产千万吨炼油设备及天然气管道运输设备、大型船舶装备、成套棉纺设备而确有必要进口部分关键零部件、原材料，免征关税和进口环节增值税。 |
| 2011年8月23日 | 财政部等部门联合发布通知，将对2020年12月31日前进口的天然气按比例返还进口环节增值税。 |
| 2011年9月1日 | 财政部等部门联合发布通知，明确“十二五”期间在我国海洋开采石油（天然气）进口物资免征进口税收的相关政策。 |
| 2011年11月11日 | 商务部公布《关于2012年稀土出口配额申报条件和申报程序》，提高了对生产企业的环保要求和出口实际要求。 |
| 2011年11月16日 | “十二五”时期，商务部将会同有关部门着重在优化进口结构、提高贸易便利化水平等4个方面稳步实施积极的机电产品进口促进战略。 |

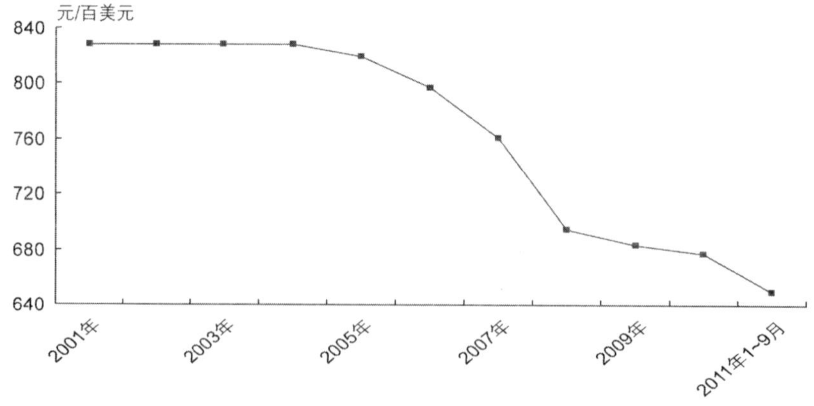


图5~5　入世以来人民币兑美元汇率走势图

### （四）企业生产成本上升，产品价格优势减弱

当前，国内外多重因素交织使得企业运行环境欠佳，融资压力加大、人工成本上升、原材料价格上涨，都将导致企业生产经营成本上升，造成其产品价格优势减弱，最终影响产品出口。**首先，融资成本依然较高。**2011年连续出台了上调存款准备金率、加息等系列银根收紧政策，预计2012年货币政策进一步强调实质性稳健，同时控制流动性总闸门、防范金融风险，加强治理表外融资和规范民间借贷市场。**其次，人工成本进入上升通道。**自2010年以来已连续两年大幅提高职工最低工资标准，由于工资上涨特有的刚性和惯性以及北京市人口结构和人口老龄化因素影响，企业将长期面临用工成本上涨压力。**再次，资源性产品价格面临上涨压力。**随着资源税改革的推进以及资源性产品价格形成机制的理顺，水、电、气等成本将升高。另外，节能减排政策力度加大，将增加企业经营成本，而人民币升值将进一步削弱出口产品的价格优势，增加企业汇率风险。

延伸阅读：新能源产业成中美贸易摩擦前线

在欧美经济疲惫，就业压力加大的情况下，近几年来，中国的钢材、轮胎、玩具等产品，相继在欧美遭遇反倾销调查。2011年11月8日美国商务部正式对来自中国的光伏产品进行“双反”调查，新能源产业已成为中美贸易摩擦的前线。

2010年，我国的光伏电池产量约占全球总产量的50%，稳居世界第一宝座；与此形成巨大落差的是，由于国内新能源产业起步晚，市场需求较小，我国的光伏产业“墙里开花墙外香”，95%的产品都销向国外。若此次调查一旦认定申诉请求，美国将对中国产的太阳能电池及组件至少征收100%的惩罚性关税，这可能会让中国的太阳能产品在美国市场价格翻倍，据业内人士估计这将最终导致美国作为成长速度最快的市场从此向中国企业关闭。业内人士更为担心的是，这种势头很有可能传导至占据大多数出口量的欧洲市场。如果欧洲市场也对中国光伏产品实行“双反”，将给中国光伏产业带来毁灭性打击。

11月25日，商务部已经宣布对美国可再生能源扶持政策及补贴措施启动贸易壁垒调查。可以说，商务部此举和美国对中国光伏产品的“双反”调查不无关系。

表 5~16　　近年来世界初级商品出口价格的跌涨情况（%）

| 项　目 | 2008 年 | 2009 年 | 2010 年 | 2000~2010 年 | 2005~2010 年 |
|---|---|---|---|---|---|
| 所有产品 | 28 | -30 | 26 | 10 | 9 |
| 金　属 | -8 | -20 | 48 | 13 | 15 |
| 饮　料 | 23 | 2 | 14 | 9 | 12 |
| 食　品 | 23 | -15 | 12 | 6 | 8 |
| 农业原材料 | -1 | -17 | 33 | 2 | 5 |
| 能　源 | 40 | -37 | 26 | 11 | 8 |

注：饮料包括咖啡、可可豆和茶叶。

资料来源：IMF《国际金融统计》。转引自 WTO 新闻公报，2011 年 4 月 7 日。

### （五）依托自身优势与良好外部环境，服务贸易进一步发展

商务部数据显示，2010 年我国服务贸易总额达到 3624 亿美元，世界排名第四位，“十二五”期间，我国服务贸易要力争达到 6000 亿美元，年均增速 10%以上。北京市具有丰富的人才资源和良好的产业支持政策，总部经济和高端服务业竞争优势明显，服务贸易发展一直处于全国前列。

延伸阅读：中国服务贸易大会永久落户北京

自 2012 年起，中国服务贸易大会将永久落户北京，为北京服务贸易发展搭建新的平台。目前北京服务贸易总体呈现三个特点：一是规模居全国前列。2010 年服务贸易额达到 798 亿美元，份额占全国的 22%，占全国进出口总额的 21%，而国际上服务贸易占贸易总额的平均水平为 19%。二是北京总部经济和高端服务业特点明显，竞争优势也比较强。在各个领域，北京的出口份额占全国的份额都在 30%以上。三是北京的服务外包保持了高速发展势头，成为全国服务外包的领军城市。北京市大概有 400 多家企业直接参与国际的离岸服务外包，2010 年全国 10 家服务外包领军企业中有 5 家总部在北京，其中有两家员工人数过万人。

商务部提供的数据显示，2010 年中国服务进出口总额达到 3624 亿美元，世界排名第四，同比增长 26.4%。根据正在制定的中国服务贸易发展“十二五”规划纲要，力争到 2015 年中国服务进出口总额达到 6000 亿美元，年均增速超过 10%，而北京将力争 2015 年服务贸易规模达到 1200 亿美元。

2010年，北京市服务贸易达到798亿美元，占全国的22%。金融危机以来，金融服务、保险服务、旅游服务、计算机和信息服务增长迅速，其中服务外包产业处于全国领军地位。根据中国国际投资促进会发布的“2011年中国服务外包领军企业及成长型企业名单”，北京市有4家企业入选十大领军企业，18家企业入选成长型企业。伴随北京加快建设有中国特色世界城市，全力打造“北京服务”品牌，实现“北京服务，全球共享”，预计北京的服务贸易将得到进一步发展（见表5~17，表5~18）。

**表5~17　　北京地区服务贸易2003~2010年增速情况（%）**

| 项　目 | 2004 | 2005 | 2006 | 2007 | 2008 | 2009 | 2010 | 2003~2010年均增速 |
|---|---|---|---|---|---|---|---|---|
| 服务贸易总额 | 45.3 | 27.6 | 30.8 | 28.0 | 37.5 | -7.0 | 23.9 | 25.6 |
| 运　输 | 56.3 | 19.9 | 34.0 | 3.4 | 30.1 | -2.7 | 26.1 | 22.5 |
| 保险服务 | 33.6 | 25.3 | 33.1 | 18.6 | 209.4 | -19.6 | 57.4 | 39.6 |
| 旅　游 | 57.4 | 13.0 | 24.2 | 38.0 | -5.8 | 4.8 | 17.0 | 19.7 |
| 金融服务 | -11.3 | 12.8 | 0.0 | 237.7 | 8.0 | 143.0 | 72.2 | 47.6 |
| 通讯服务 | -15.0 | 15.4 | 34.4 | 60.1 | 32.1 | -29.2 | 2.5 | 10.6 |
| 建筑服务 | 11.6 | 64.4 | 21.1 | 95.4 | 71.9 | -6.6 | 17.3 | 35.0 |
| 计算机和信息服务 | 8.4 | 18.9 | 57.9 | 35.1 | 18.2 | -1.5 | 38.3 | 23.7 |
| 专利使用费和特许费 | 40.0 | 27.4 | 53.1 | 16.8 | 21.3 | -19.6 | 28.7 | 21.9 |
| 咨　询 | 55.0 | 49.6 | 52.8 | 33.8 | 45.7 | -3.9 | 10.3 | 32.9 |
| 广告、宣传 | 61.8 | 21.3 | 18.2 | 35.4 | 28.7 | -16.3 | 22.1 | 22.5 |
| 电影、音像 | 79.7 | 46.6 | -6.7 | 111.5 | 43.2 | -51.1 | 31.8 | 25.2 |
| 其他商业服务 | 56.6 | 40.4 | 19.0 | 23.0 | 35.0 | -9.3 | 20.9 | 25.0 |

**（六）外资保持平稳增长，结构进一步优化**

联合国预计，2011年世界投资总额将达到1.4万亿至1.6万亿美元，回到金融危机前水平，2012年增长至1.7万亿美元。在世界经济增速放缓背景下，中国经济依然保持快速增长，对外资吸引力增强。2012年，北京

表 5~18　北京地区 2010 年服务贸易占比情况（%）

| 项　目 | 服务贸易总额 | 外汇收入 | 外汇支出 |
|---|---|---|---|
| 合　计 | 100 | 100 | 100 |
| 运　输 | 22.2 | 13.9 | 30.1 |
| 保险服务 | 11.6 | 2.1 | 20.5 |
| 旅　游 | 13.6 | 11.5 | 15.7 |
| 金融服务 | 1.0 | 0.8 | 1.2 |
| 通讯服务 | 2.2 | 2.2 | 2.2 |
| 建筑服务 | 10.9 | 15.4 | 6.7 |
| 计算机和信息服务 | 5.0 | 7.6 | 2.5 |
| 专利使用费和特许费 | 2.6 | 0.8 | 4.4 |
| 咨　询 | 11.2 | 16.7 | 6.0 |
| 广告、宣传 | 1.7 | 2.1 | 1.3 |
| 电影、音像 | 0.5 | 0.2 | 0.7 |
| 其他商业服务 | 17.6 | 26.8 | 8.8 |

地区引资规模有望保持平稳增长，结构进一步优化。**一方面，**以美国为首的发达国家提出“制造业回归”、“再工业化”，制造业大量外包的时代即将结束，而国内产业调控和节能减排政策将对部分产业吸引外资产生影响，加之国家鼓励和引导外资向中西部地区转移，也会在一定程度上造成外资分流。**另一方面，**北京具有充分的人才储备和良好的投资环境，推进新兴战略产业发展、承接国际服务产业转移，将继续推动北京市外资平稳增长，吸引外资向高新技术制造和服务业等高端业态流动。

延伸阅读：美国政府全面启动招商引资行动

过去 60 年，美国凭借市场、资源、人才和制度等优势，成为外国资本青睐的投资东道国，政府习惯了坐等投资客上门。但近年来，美国有识之士对待海外投资的态度发生变化，他们逐渐意识到世界范围内争夺外国资本愈演愈烈，而且美国正在丢失比较优势，原因是没有跟上新兴国家资本扩张的步伐。白宫的报告显示，比起上世纪 90 年代，美国所吸收海外直接投资在全球直投总量的份额明显下降，从当时的 26%下降到 18%。而且一份白宫正在讨论的报告显示，在美国落户的外国跨国企业是美国经济的重要支柱，它们提供 18%的美国工作机会和 70%的研发以及 44%的出口。

为此，美国全面启动“国家招商引资”行动。2011 年 6 月，奥巴马发布总统令，宣布打造一个横跨 23 个部委的招商引资工作组“选择美国”办公室，并建设一个名叫“选择美国”的门户网站。该举措被业内人士视作美国版的国家投资促进局。这是美国历史上首次将招商引资工作提到总统令的高度，也是首次建立具有行政约束力的跨部委吸引海外投资工作小组。受“选择美国”行动影响，美国海外商务官员的职能也悄然变化。美国在 77 个国家的 120 个不同城市设有商务外交官，其国内外可动员的商务外交官总人数以千计。“选择美国”行动启动后，发展当地企业来美投资被提升为他们的一项重要工作。这些官员以往的首要工作是为在海外的美国企业开拓市场。现任美国驻华大使骆家辉称，他的工作重点之一就是要围绕招商引资、为美国创造就业。奥巴马总统希望，“选择美国”行动能够“创造私人部门就业、促进经济增长”。

延伸阅读：美国制造业欲重拾成本优势企业从中国回迁美国

波士顿咨询集团最新研究结果显示，随着“美国制造”的成本优势日益显现，今后 5 年间，美国将新增 200 万至 300 万个工作岗位。报告主笔哈罗德 • 西尔金说：“大约 10 年前，我们开始外包器械、计算机等占美国制造业相当比例的诸多产品。现在，这种情况正在改变，因为中国正快速涨薪，而美国劳动生产率是中国的 4 倍，企业正从中国搬回美国。研究发现，最可能回流美国的制造行业包括运输工具、电子设备和器械、家具、塑料和橡胶制品、机械、金属制品和电脑。这些类别的商品占美国从中国进口商品的将近 70%，年均耗费美国消费者大约 2 万亿美元。”

上述研究结果给白宫增添些许乐观气氛。在美国总统贝拉克•奥巴马提出的可持续经济复苏计划中，发展制造业是关键内容。研究显示，过去 10 年间，美国向全世界流失大约 570 万个制造业工作岗位。西尔金认为，政府可借助多种手段加速制造业回流美国，税率调节就是可行的刺激手段之一。

## 四、政策建议

### （一）继续改善出口环境，保证出口持续稳定增长

在强调刺激内需、优化进口的背景下，北京市仍应继续改善出口环境，提高企业报关效率。一是金融方面，采取信用保险、保单抵押等多种方式，拓宽企业融资渠道，缓解企业“融资难”问题；二是探索网上报关方式，规范企业申报管理，提高行政审批效率，提升北京口岸通关环境；三是促进各职能部门联动，为外贸企业提供综合、高效服务平台，促进企业与政府部门之间沟通。

### （二） 引导企业走创新之路，满足多元化市场需要

世界经济复苏呈现不同步伐，促进世界贸易格局发生新变化。欧美等发达经济体复苏曲折，对我国传统出口商品需求下降，但对高科技、高附加值产品需求依然旺盛。与此同时，新兴经济体的快速增长，刺激了其国内居民对我国传统出口产品的需求。政府应引导企业针对世界贸易格局的新变化，调整产品出口战略，即提高产品科技含量、增加产品附加值以满足发达国家市场需要；同时为传统产品开拓新兴经济体市场。

### （三） 大力引进战略性新兴产业技术和产品，优化进口产品结构

北京地区进口规模一直处于全国领先水平，但进口产品主要以能源类产品为主，机电和高科技产品仅占进口总额的33.4%，进口结构有待优化。日前，国家发布新版《鼓励进口技术和产品目录》，重点支持节能减排和低碳技术、信息技术、生物医药等战略性新型产业和关键设备、稀缺资源性产品进口。北京应借此契机，出台促进新兴战略产业进口的具体措施，优化进口产品结构，促进地区产业升级。

### （四）利用外资结构调整，带动产业结构升级

其一，转变利用外资方式。积极吸引能够带来高端要素和产业价值链高端环节的外资，从引进资金、引进产能向更加注重引进先进技术、管理、人才、经营模式和优秀团队转变，实现“引资”与“引智”的有机结合。综合实施财政、税收、信贷、土地等政策，鼓励外资在华设立地区总部、研发

中心、采购中心、财务中心等功能性、总部性的机构，增强技术、管理的辐射效应，带动本土企业提高自主创新能力。

其二，支持企业境外投资。加快实施“走出去”战略，鼓励和引导企业从单纯产品输出向资本输出、技术输出、标准输出和品牌营销并重转变。支持具有国际竞争力的企业通过跨国上市、并购、投资等方式“走出去”，参与国际市场分工，培育具有国际影响力的本土跨国企业。鼓励和支持企业对外工程承包，扩大业务范围。积极培育熟悉国际市场的会计、法律、咨询等中介机构和行业组织，为企业“走出去”提供专业服务。

# 第六章 农村经济

## 产业融合发展态势显现 城乡一体化进程加快

2011 年，虽然受到宏观环境整体趋紧和高通胀因素影响，北京市农村发展和农民增收面临了较大压力，但都市型现代农业依然保持较快增长，镇村企业效益稳中有升，重点镇和新农村建设有序推进，北京市农村经济总体呈现平稳向好发展态势。展望 2012 年，随着政府投资转移力度的加大和郊区基础设施的改善，重点镇对人口和产业的集聚承载能力有望获得提升，农村产业融合发展的趋势将进一步显现，城乡一体化进程将不断加快。但从长期看，北京市农村发展也面临着人口空心化、产业档次亟待提升、农民长期增收乏力以及转型时期社会矛盾增多等问题。

### 一、2011年农村经济形势分析

#### （一）农业生产保持低速增长

2011 年，北京市农林牧渔各业总体呈现平稳发展。1~9 月，北京市实现农林牧渔业总产值 230.6 亿元，按可比价计算，同比增长 0.3%，较 2010 年同期提高 2.1 个百分点（见图 6~1），延续了近两年低速平稳增长态势。其中，种植业（含林业）产值为 106.5 亿元，同比增长 2.3%，秋粮产量稳中有增，全年粮食增产已成定局，水果（含果用瓜）产值达到 27 亿元，同比增长 11.6%，成为种植业的主要增长点；养殖业（含渔业）产值为 118.9 亿元，同比下降 2%，受存栏量较高和价格高涨双重作用，生猪产值达到 38.3 亿元，大幅增长 41.1%，成为养殖业的主要支撑点。

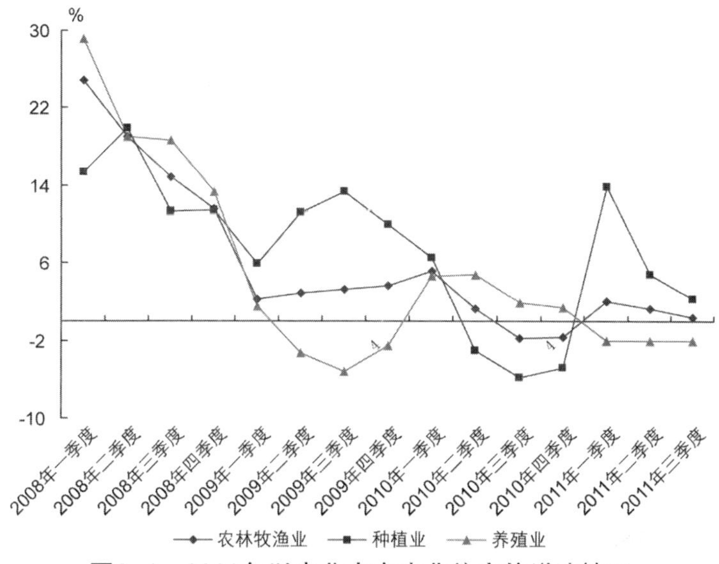


图6~1　2008年以来北京市农业总产值增速情况

## （二）都市型现代农业优势产业增势强劲

农业的多功能性日益受到重视，农业与第二、第三产业的融合成为北京市农业的发展方向。2011 年，随着农业结构调整深入推进，产业融合发展水平不断提升，设施蔬菜和果品、花卉、种业和乡村旅游等都市型现代

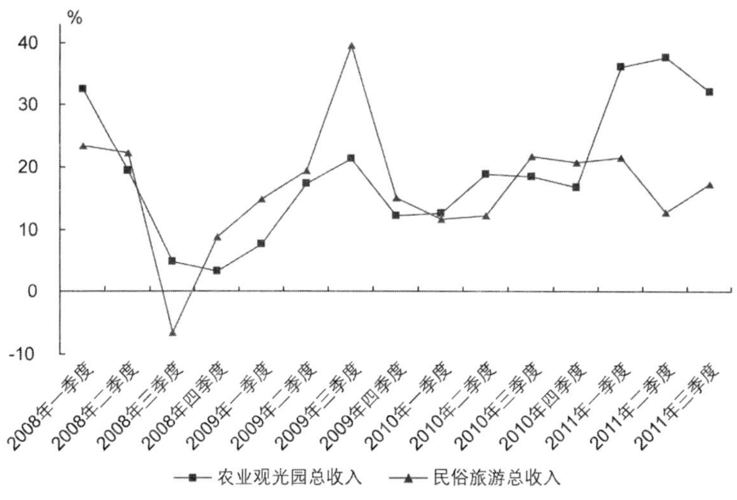


图6~2　2008年以来北京市农业观光园和民俗旅游增速情况

农业成为北京市农业主要支撑点。1~9 月，北京市设施农业、乡村旅游和种业三项总收入达到 68.4 亿元，同比增长 21.2%，已超过 2010 年全年水平。其中，设施农业实现收入 34.3 亿元，同比增长 14%；农业观光园和民俗旅游接待户收入分别为 14.1 亿元和 6.3 亿元，同比分别增长 32.2%和 17.3%（见上图 6~2），各区（县）基本都形成了一批具有地域特色和优势的农产品、特色节庆和品牌旅游景区。

延伸阅读：国外都市农业的发展模式

**日本模式。**日本都市农业发展重点是设施农业、加工农业、观光休闲农业、多样化农业，属于综合功能的都市农业，重点开发农业的绿色、环保、体验、休闲和示范功能，建设以高新技术产业和镶嵌式多功能的"绿岛农业"为两大特征。日本的都市农业主要集中在三大都市圈内，以蔬菜、水果、多作物生产为主，为市民提供优质农产品和满足绿化环境的需要。

**德国模式。**德国都市农业属于生活社会功能型的都市农业，主要形式是休闲农庄和市民农园。市民农园是利用城市地区或近邻区之农地，规划成小块出租给市民收取租金，承租市民可在农地上种花草、蔬菜、果树等，让市民享受耕种与体验田园生活的乐趣。

**法国模式。**法国都市农业属于环保生态功能为主的都市农业，是以大田作物为主，采取较大规模的专业化农场生产，逐步减少小型农场，突出农业的生态功能，利用农业把高速公路、工厂等有污染的地区和居民分隔开来，营造宁静、清洁的生活环境。

**荷兰模式。**荷兰都市农业是以创汇经济功能为主的都市农业。主要是以园艺业和畜牧业为主的出口型农业。荷兰借助于发达的设施农业，集约生产经营花卉、蔬菜及奶制品，使其人均农产品出口创汇居世界榜首，成为世界都市农业的典范。荷兰都市农业重点发展具有设施园艺技术辐射、园艺产品集散、农业生态观光功能和地区专业分工的都市农业生产体系。

### （三）镇村企业经济运行效益稳中有升

2011 年，北京市镇村企业经济运行状况良好，环境友好型都市工业和高端配套型产业保持较快发展势头。截至 9 月底，北京市镇村企业总收入、增加值、利润总额、工业增加值、出口产品交货值等主要经济指标与 2010

年同期相比，增幅均在两位数以上。其中，完成总收入3010.8亿元，同比增长14.3%，较2010年同期下降3.1个百分点；完成利润总额162.5亿元，同比增长16.2%，占总收入的比重由2010年同期的5.1%提高到5.4%，经济效益稳中有升；外贸出口延续恢复性增长，完成出口产品交货值116.6亿元，同比增长15.9%，与2010年同期基本持平。城市发展新区的镇村企业总收入占北京市的74%，成为镇村企业发展的重点区域。

### （四）农村投资高开低走，农村消费保持平稳

2011年，政府继续加大对郊区农村的投入倾斜力度，全年安排到郊区的市政府固定资产投资达到185.6亿元，城区与郊区的投资比例为44.7∶55.3。自2005年以来已连续7年对郊区投资超过50%，但社会投资热情始终不高。从农村投资月度走势看，2011年初北京市农村固定资产投资增速为17%，之后呈现逐月回调态势，到9月份投资增速降至2.4%（见图6~3），全年呈现“高开低走”态势。从农村消费月度走势看，农村社会消费品零售额[①]增速运行在9%~12%区间，总体保持平稳增长态势，受房、车限购政策影响有限。

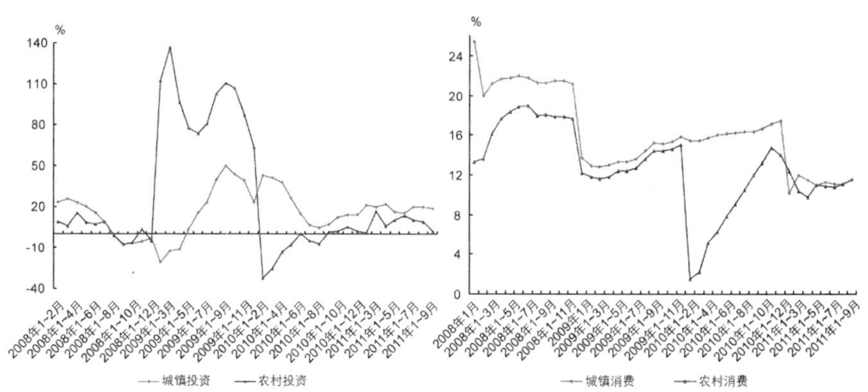

图6~3　2008年以来北京市城乡投资和消费增速对比情况

### （五）农民收入实际增速出现明显放缓

受2010年下半年以来持续的高通胀影响，北京市农村居民收入实际增

① 2010年，县以下镇政府所在地调整到了城镇中，扩大城镇统计范围，缩小农村统计范围。

速出现明显放缓。2011 年 1~9 月，北京市农村居民人均现金收入同比增长 12.8%，扣除价格因素，实际仅增长 6.5%，降至近年来最低点，完成 7% 的年度计划目标将面临较大难度。较为欣慰的是，农民收入依然延续了自 2009 年初以来快于城镇居民收入的趋势（见图 6~4）。从收入结构看，工资性收入和转移性收入依然是农民收入增长的主力，分别占收入总额的 57.1%和 14.4%，占收入增量的 80.4%和 35.6%，尤其是人均外出打工收入达到 2707 元，大幅增长 67.1%。此外，2011 年两次上调农村低保、基础养老金和福利养老金标准，人均退休金、养老金收入达到 1131 元，同比增长 32.1%（见图 6~5）。农村居民消费结构进一步升级，文教娱乐消费支出同比增长 13.8%，社会保障支出同比下降 2.6%。

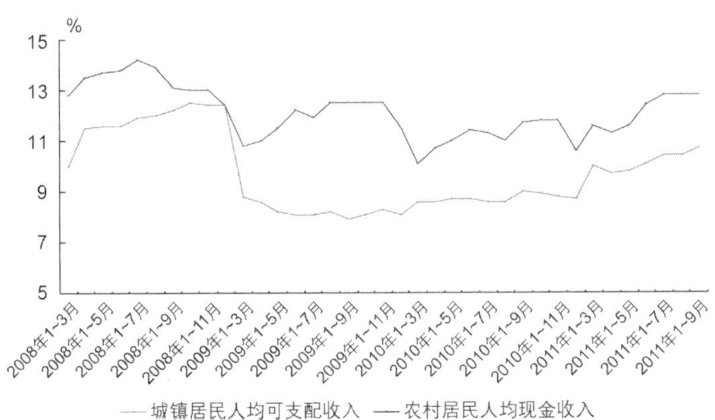


图6~4　2008年以来城乡居民收入名义增速

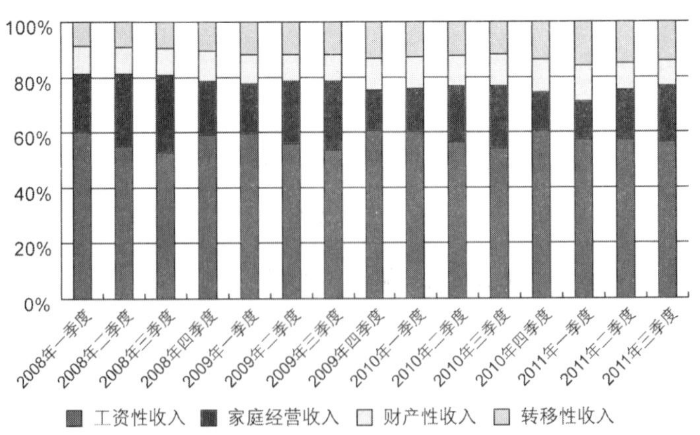


图6~5　2008年以来收入结构比重

## 二、农村发展中需关注的主要问题

### （一）高度关注农村人口空心化现象及其影响

受当前城乡差距依然较大及并村强镇和城乡结合部改造等因素影响，近年来北京市农村青壮年劳动力纷纷外迁，农村常住人口下降较快（见图6~6），在农村地区也出现了与中西部省（市）一样较为严重的农村人口"空心化"现象，值得高度关注。虽然农村人口空心化是城市化进程中不可逆现象和必经之路，但从长期看，未来新农村建设的主体必然是有文化、懂技术、会经营的新型农民，而大量农村精英和青壮年人口的迁出必将带来北京市新农村建设主体缺位的严重问题。此外，还将引起农村老龄化、人去地荒、"伪新农村"等一系列长期隐忧。

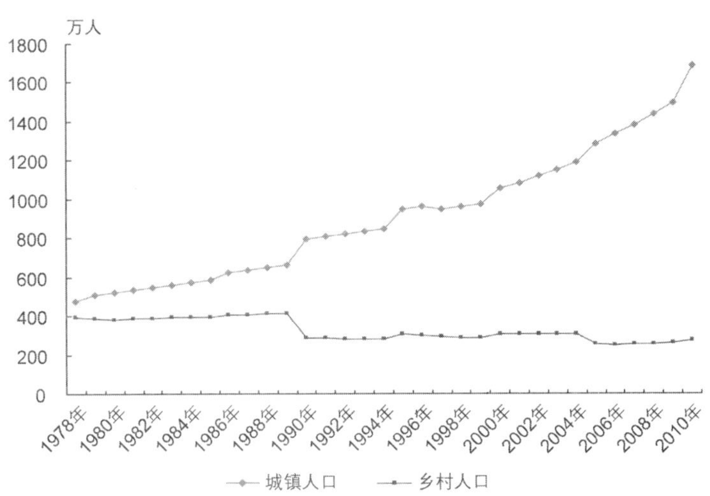


图6~6　1978年以来北京市城乡常住人口数量对比情况

### （二）融资难问题制约镇村企业长远发展

当前，由于历史遗留问题，北京市镇村产业基地普遍缺乏有产权证明的固定资产，难以进行抵押贷款，加之2011年以来国家加大宏观调控力度，持续实施稳健偏紧的货币政策，多次上调商业银行的存款准备金率和存贷款利率，中小企业获取银行贷款的综合成本上升幅度较大，造成当前镇村企业融资难度加大。部分镇村企业面临着资金紧张和资金周转困难，只好依靠小额贷款和民间借贷暂时维持，这些都制约了北京市镇村企业的经营与发展。

延伸阅读：农村人口城市化的模式选择

**集中型城市化。**集中型城市化就是农村人口和非农经济活动不断向城市集中。在这种城市化的过程中，城市呈现“摊大饼”的发展趋势，暴露出很多影响城市化进程的因素；同样也给农村带来了很多新的问题。集中型城市化是城市化发展进程中的初级形态。

**分散型城市化。**分散型城市化是指城市经济活动、人口向外扩散。它意味着大城市城郊及其周围非城市地域的迅速发展。分散型城市化在空间形态上又可分为两种形式：一是外延型（或连续型）城市化。即城市从地域上逐渐延伸，形成规模不等的“城市带”或“城市群”。二是飞地型（或跳跃型）城市化。即大城市为了长远发展的需要，在距自己一定距离处新建一个城市或使原有居民点发展为城市。分散型城市化在城市的中级乃至高级阶段占主导地位。

**旧地型城市化。**旧地型城市化是指原来的农村地区，在并无城市直接作用和影响的情况下，由于某种资源的发现和开发，或者由于对外交通地位的建立，或者由于生产结构的变化，使得农民脱离土地从事非农业生产、农村地域转化为城市地域的过程，也就是农村城镇化的过程。

### （三）乡村旅游的规模和档次亟待提升

按照“投资、消费双轮驱动，打造城市、郊区两个市场，坚持一区（县）一色、一沟（村）一品”的乡村旅游特色发展道路，北京市已初步形成了以昌平“温泉胜地”、怀柔“不夜怀柔”、平谷“休闲绿谷”、密云“渔乐圈”为代表的一批特色乡村旅游产品，但乡村旅游产业链尚待完善，“大旅游”概念亟待强化。**一是**市场细分不够，特色不鲜明，旅游产品创新不足且同质化现象突出，具有农家特色的参与体验性项目、大型综合类娱乐设施和特色旅游购物缺乏；**二是**景区景点相对孤立，关联性差，景区之间交通不畅，缺乏整体打造包装，未形成区域组合优势；**三是**乡村旅游资源挖掘开发不足，过分依赖农业资源，缺乏历史文化内涵的延伸，地域特色文化不突出，旅游形式较为单一；**四是**乡村旅游景点管理水平落后，服务档次不高，造成游客停留时间短，人均消费水平低，影响了乡村旅游可持续发展。

延伸阅读：北京乡村旅游接待外籍人士和入境游客人数较少

据统计，2010 年北京入境游客人数分别达到 490 万人次，同期北京 13 个区县 50 多个乡镇的 344 个村近 2 万农户开展乡村旅游接待，全年接待外籍人士和入境游客仅占 0.07%左右，到北京乡村的外国游客约占全部驻京外国游客的 0.5%左右。而 2008 年到法国巴黎的外国游客高达 3000 多万人次；同期到达法国农村的国外游客达 3500 万人次，占全部外国游客的 44.1%。北京作为发展中国家的大都市，乡村旅游接待国外游客和外籍人士的总人数、乡村旅游中外国游客占全部游客比重都与欧、美等国的平均水平有很大差距。

### （四）小城镇建设资金的市场化融资机制尚待完善

根据初步测算，一般小城镇建设每平方公里的投入（包括基础设施、公用设施、服务设施等）至少需 2.5 亿~3 亿元。但北京市大部分小城镇地区长期以来基础设施和公共服务落后、产业基础薄弱、地方财力较弱，而政府对吸引社会资本缺乏明确的优惠政策，因此未能很好地调动社会资金，特别是有实力的央企和房地产资金未能积极投入到小城镇建设中来。在当前的财政体制下，仅靠市、区二级政府投入难免捉襟见肘，建设资金缺口较大不利于小城镇建设和长期发展。

### （五）城乡结合部改造后的遗留问题亟待解决

截至 2011 年底，北京市重点城乡结合部地区改造基本完成，但后续问题须引起关注。**一是**转居居民文化素质和就业技能偏低，不能适应京郊以高新技术产业、现代服务业为主的产业结构需求，加之靠拆迁已获得较多补偿，真实就业意愿不高，出现了大量自愿性失业；**二是**部分转居人员没有完全被纳入城镇社保体系，转居前农龄不能合理地折算为工龄，使得转居人员社保缴费总年限偏短，自身利益受损，诉求度较高，为今后发展留下隐患；**三是**集体经济发展相对较慢，就业吸纳能力不强，配套产业项目尚未能起到很好引导当地农民就业的作用。

延伸阅读：北京的城乡结合部地区

北京中心城的城乡结合部，面积约 753 平方公里，有行政村约 227 个（涉及自然村落约 450 处），户籍人口约 62 万人，流动人口约 280 万人。城乡结合部地区具有良好的区位优势、大量的土地资源和待实现的绿色空间。同时，城乡结合部也是流动人口聚集、社会问题复杂、治安隐患突出、环境卫生状况较差的地区。

“十二五”时期，北京城乡结合部地区将重点加强城市管理，提高市政基础设施和社会服务水平。对 227 个行政村分类进行改造。一是城市化建设带动整治（141 个），通过土地储备开展一级开发工作；二是位于第一道绿隔地区的村庄（29 个），通过“一村一策”的方式实现农民城市化和绿色空间实施；三是位于第二道绿隔地区的村庄（57 个），通过鼓励城乡统筹、土地储备，逐步实现农村城镇化。

## 三、2012年农村经济趋势展望

### （一）都市型现代农业比重将继续保持提升

随着北京市城市化进程和农业产业结构升级的加快，农业内部结构将继续保持调整优化态势，传统农业由于经济效益较低，比重必将有所下降，农业重心将逐步向以林果、瓜菜、花卉、药材、食用菌等为代表的特色种植业，和以蜜蜂、柴鸡、肉鸭等为代表的绿色养殖业转变。同时，按照产业融合发展的趋势，以高新科技、文化创意、市场营销等辅助手段，以观光、休闲、采摘、体验为一体的农业观光园、果品采摘园、农事体验园和沟域经济将会向高标准、品牌化的方向发展。预计 2012 年北京市都市型现代农业比重将继续保持提升态势。

### （二）乡村旅游市场将保持快速发展势头

随着城市化的快速发展，市民们越来越迫切需要到大自然中释放现代都市中人口密度高、工作节奏快而带来的精神和身体压力，从周末郊区高

延伸阅读：都市型现代农业与世界城市的关系

（1）发展生态农业，构建世界城市的绿色屏障。宜居的生态环境是现有世界城市的主要标志之一，在主要世界城市中，农业的生态服务功能都得到了极大的重视。部分农业用地在城市中被刻意保留下来，农业景观化效果显著，城市绿地面积得到保持。

（2）稳定农产品生产，满足城市居民的农产品需求。世界城市人口聚集，对于农产品需求旺盛，同时要求农产品具有高端性、多样性、安全性和绿色性等特点。因此，世界城市的农业生产必须以满足城市人群对于农产品新的需求为根本出发点，通过运用现代生物技术、信息技术以及现代装备技术等现代高新技术，提高农业科技含量，为消费者提供安全、新鲜、优质、多样的农产品。

（3）传播农耕文化，满足城市居民对于农业教育和休闲文化需求。随着城市居民生活水平的提高，世界城市的农业承担起为市民提供休闲旅游、农业教育以及传播农耕文化的责任。世界城市通过发展观光农业、市民农园、教育农园，为市民提供更近距离接触大自然、学习农事活动、感受传统农耕文化的机会。

（4）汇集科技资源，建设农业科技示范和农产品交易的集散地。世界城市具有高新的技术、人才资源，世界城市农业的发展也向高科技、高产值方向发展，同时成为先进农业科技展示、服务、辐射和示范中心。世界城市的农业通过应用最新的科学技术，发展成为国际化的科研中心、成果示范中心、成果转化中心以及交易中心。

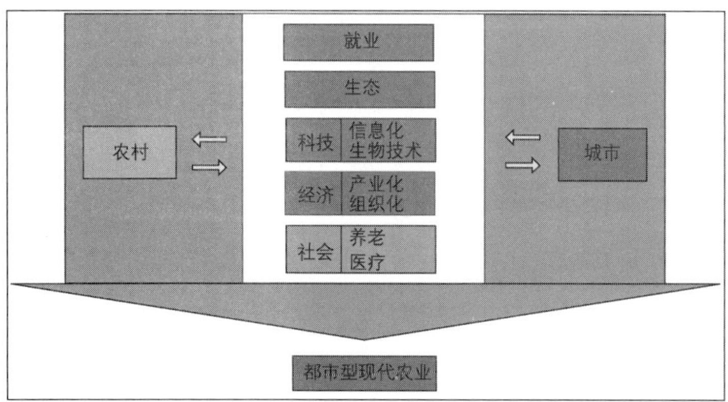


图6~7　都市型现代农业与城市关系图

速路的日益拥堵和每逢黄金周火爆的旅游市场可见一斑。加之郊区基础设施和生态环境的改善、私家车自驾游普及后旅游半径不断扩大，以及社会资本的进入后旅游服务水平提升，具有体验、休闲、科普、教育、文化等多种功能的乡村旅游新业态将不断推出，中高端乡村旅游市场也将逐步扩大，乡村旅游产品有望从观光型向综合型、从点线型向板块型方向转变。预计2012年北京市乡村旅游将继续保持快速发展势头。

延伸阅读：大都市的“四环带旅游模型“

经济地理学家盖恩为大都市和其周围的休闲和旅游功能区位的模型提供了一个有用的观察路径。他以城市的核心都市区为空间上的旅游中心，在其外围用四个环型带来区分不同带状区域的旅游功能与特点。

（1）**城市旅游带。**自然风景、CBD、RBD、餐馆、酒店、酒吧、节日和庆祝活动、剧院、画廊、历史吸引物（历史景点和建筑等）、博物馆、体育竞技场、音乐厅、剧院等文化艺术类场所、广场、塔和高层建筑、购物和会议及贸易中心、酒店和汽车旅馆群、少数民族街区、公园和开放的空间（绿化廊道等）、动物园。

（2）**近郊休闲与旅游带。**工业与科技园区、机构、历史建筑与名胜、体育馆、酒店群、大型超市购物区、娱乐公园、水上运动地、野营地。

（3）**乡村旅游带。**野营地、度假村、旅游服务中心、水上运动与度假地、历史与乡土建筑、特色街区、古镇、历史定居地（村落）农场与牧场旅游。

（4）**偏远旅游带。**国家或地方性公园、森林公园、野生动植物保护区、国家野营地、开车、打猎、钓鱼、爬山、野外体验、远足。

### （三）小城镇建设进入了加快发展的新阶段

小城镇作为北京市城镇体系的重要节点，在拓展首都新的战略发展空间，培育拥有集体资产的市民，促进第一、第二、第三产业融合发展方面发挥着重要作用，加快北京市小城镇体系建设已达成广泛共识。随着近年来投入的加大，小城镇公共设施大幅改善，集聚承载能力明显增强，加快小城改革发展的有关意见即将出台，为小城镇建设奠定了扎实的政策基础。当前已经呈现出大型企业等社会资金“抢滩”小城镇的发展形势。

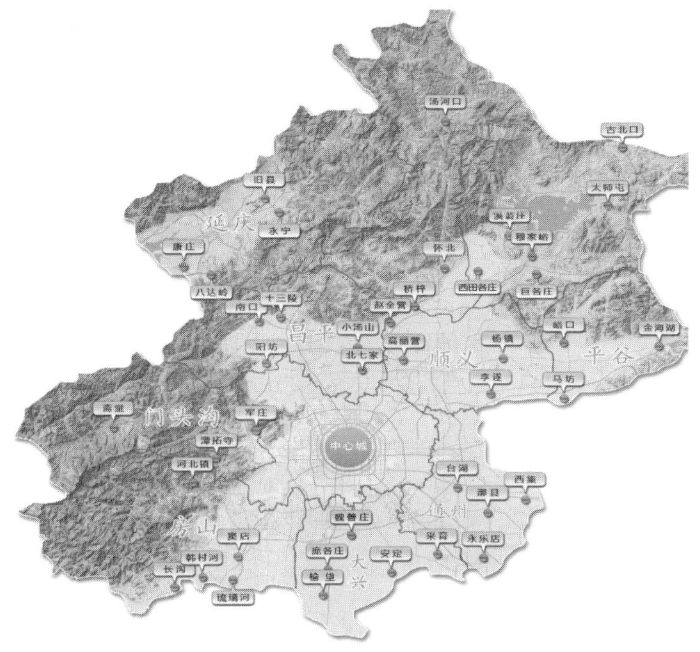


图6~8 北京42个重点镇示意图

延伸阅读：北京市部分特色小城镇

**休闲旅游特色镇：**旅游资源丰富、区位条件较好的山区城镇，如门头沟斋堂、密云古北口等。

**养生度假特色镇：**具有健康森林、山地风貌、滨水资源的小城镇，如怀柔汤河口、平谷金海湖、门头沟潭柘寺等。

**商务会议特色镇：**交通便利、具有生态、历史人文等优势资源和会议会展配套设施的小城镇，如怀柔—怀北镇雁栖湖、丰台王佐镇青龙湖、房山长阳等。

**园区经济特色镇：**设施齐全、具有一定规模产业园区的平原地区小城镇，如大兴采育、顺义高丽营、通州台湖、房山琉璃河等。

**专业配套特色镇**。区位条件好、毗邻大型产业园区和功能区的小城镇，如昌平北七家、小汤山（为未来科技城配套）、南口（为三一重工配套）、大兴庞各庄（为新机场配套）等。

**（四）农村基础设施维护、新型农村社区建设和农民住宅抗震节能改造有望成为下一阶段新农村建设的主要抓手**

**一是** 2011 年上半年北京市出台了《关于加强农村基础设施运行与维护管理的指导意见》，明确了农村基础设施[①]维护和管理的责任主体、出资主体、监管主体，通过拓展政府公共服务职能、构建社会化公共平台，建立健全维护和管理的长效机制。**二是** 2011 年制定了《关于开展新型农村社区试点建设的意见》，确定了 10 个市级新型农村社区试点，试点探索规划、土地、筹资、就业、新民居建设以及社区服务的新途径。**三是**初步提出 2011~2012 年两年北京市完成 20 万户的农房抗震节能改造任务的目标，政府采取以奖代补的形式，对农宅抗震节能改造予以补助。

延伸阅读：城市管理机制逐步向农村延伸

将农村公共设施运行管理逐步纳入城市管理体系，转变重建轻管的倾向。建立专业管护队伍，并纳入区、镇专业机构统一管理，经费保障也将统一纳入区、镇相应的城市运行维护财政预算。在管理运行范围上，**一是**环卫保洁方面，完善垃圾户分类、村收集、镇运输的模式，建立保洁员队伍，负责垃圾收集、社区环境卫生维护；**二是**水务管理方面，充实管水员队伍，将污水处理设施维护纳入岗位职责；**三是**道路、路灯维护方面，村庄道路及路灯维护管理纳入社区公共事务；**四是**社区绿化方面，建立绿化养护队伍；**五是**治安管理方面，建立社区治安巡逻队伍。

### （五）农产品生产成本将长期保持高位运行

**一是**作为农业生产的主要因素，北京市土地和水资源稀缺现象日益加剧，直接导致了北京市农副产品生产成本上涨的压力将长期存在。**二是**国际通胀环境依然恶劣，国际大宗商品价格高位运行，直接影响北京市农资、化肥等价格。**三是**“人口红利”接近尾声，劳动力成本上升趋势难改。新成长农村劳动力增速放缓，农村可转移劳动力数量减少，劳动力素质整体提高，这些都导致北京农业劳动力成本上升的长期存在。

### （六）农民持续增收压力依然较大

**一是**宏观经济环境前景不容乐观，企业盈利空间面临不确定性，大

[①] 包括农村街坊路、供水、污水处理、环境卫生、垃圾处理、公共厕所、绿化、大中型沼气站、生物质气化站、雨洪利用、太阳能浴室、路灯、户用沼气、户厕、吊炕等。

部分企业增资动力不足，工资性收入难以出现较快增长。**二是**房、车限购政策实施后，北京市财政收支平衡压力加大，转移性收入增长余地有限。**三是**股市、房市等资产领域始终不振，而城乡结合部改造后农民租房收入受到较大影响，财产性收入增加将不乐观。**四是**北京市农村产业的市场化、组织化程度偏低，乡村旅游市场规模和档次有待提升，不利于农民增加经营性收入。初步测算，2012 年北京市农村居民人均纯收入名义增速将达到 **13%**。

延伸阅读："六五"时期以来北京市农民收入变化情况

"六五"时期，农村家庭联产承包责任制实施释放了巨大生产力，北京市农民人均纯收入的实际增长率高达 19.1%，是改革开放之后农民收入增长最快的阶段。随后，北京郊区农村经济结构性矛盾凸现，乡镇企业滑坡、农业生产资料价格上涨、农产品竞争优势下降等，极大地影响了农民增收。"七五"、"八五"和"九五"时期，农民增收低水平徘徊，实际增长率分别只有 3.5%、4.8%和 6.2%。2000 年之后，城市发展战略部署不断调整，按照统筹城乡要求，实施工业反哺农业、城市支持农村，"三农"发展逐渐摆脱了 20 世纪 90 年代遭遇的问题和困扰，农民收入实际增长率保持较高水平，进入新一轮的增长周期。但 2009 年下半年以来，受持续高通胀形势影响，北京农民实际收入增速有所放缓。

表 6~1 改革开放以来北京市农民收入增长情况

| | "六五"时期 | "七五"时期 | "八五"时期 | "九五"时期 | "十五"时期 | "十一五"时期 |
|---|---|---|---|---|---|---|
| 名义增长率 | 20.3% | 10.8% | 19.9% | 7.9% | 8.9% | 12.2% |
| 实际增长率 | 19.1% | 3.5% | 4.8% | 6.2% | 9.9% | 9% |

## 四、政策建议

### （一）进一步提高农产品自给率和品牌化建设

在农产品供应保障方面，北京市仍存在着自给率不高、加工能力不足、品牌弱化等问题。在启动新一轮"菜篮子"和"农超对接"工程中，建议进一步扩大北京市的蔬菜种植面积，增加设施农业的面积，提高"菜篮子"产品的北京市自给率；同时加快北京市农产品标准化基地和特色果蔬基地建设，加大培育安全放心北京市农产品品牌；扶持农产品加工配送企业，实施企业与应急保障基地对接的模式，提高对北京市农产品市场的控制力；合理布局社区零售终端，减少繁琐流通环节，剔除利益盘剥，还更多利润给生产端的农民。

延伸阅读：北京市主要农产品供给安全保障能力稳步提高

**一是**主要农产品生产抵御自然风险的能力在增强。随着动植物防疫体系的逐步完善，政策性农业保险不断扩面提标，农民及农业企业抵御自然灾害的能力在逐步提高。**二是**主要农产品生产抵御市场风险的能力在增强。通过对大型规模养殖的良种繁育，生猪、奶牛养殖的补助引导，畜禽养殖逐步走上规模化的道路，在提高科技含量、提高产品品质和降低生产成本方面不断取得进步，抵御市场风险的能力在逐步增强。**三是**随着农产品生产与第二、第三产业的不断融合，农业的效益不断提高，对调动生产者积极性、稳定生产规模具有较强的积极作用。**四是**随着北京市主要农产品集贸市场、流通体系和信息网络体系建设的不断完善，绿色通道和流通费用减免及主要农产品外埠生产基地的建设，通过从外埠调用来保障农产品供给安全的能力在逐步增强。

### （二）以土地整合和融资创新为动力，推动社会资本参与小城镇建设

**一是**开展城镇建设用地增加与农村集体建设用地减少相挂钩的试点。按照总量控制、空间优化、集约高效的原则，支持开展加快推进村庄有序适度集并，腾退出的土地首先用于复垦，结余出的指标专项用于本镇的城镇化建设和产业发展。**二是**开展集体建设用地使用权有偿使用及流转试点。允许镇、村集体经济组织在依法取得建设用地使用权后，以土地及地上物资产作价入股或以其土地使用权为条件，合作兴办企业，通过建设标准厂房出租等形式吸引低碳高端企业。**三是**调整规划，适当增加必要性建设用地，确保每个重点镇具有适度规模的产业集中发展用地。**四是**通过抵押优质存量资产、拍卖闲置存量资产及废弃工矿用地使用权、转让具有一定收益的公共设施经营权等多种方式，积极筹集建设资本金。**五是**采用BT模式吸引中央企业、市属国有大型企业和各类总部型企业以及民间团体参与重点镇建设。

## 延伸阅读：国外小城镇的建设经验

**1．美国：小城镇追求个性**

政府很重视基础设施建设。美国小城镇建设资金由联邦政府、地方政府和开发商共同承担，联邦政府负责投资建设连接城镇间的高速公路，而小城镇的供水厂、污水处理厂、垃圾处理厂等是由州和小城镇政府负责筹资建设。开发商则负责小城镇社区内的交通、水电、通讯等生活配套设施的建设资金。美国建设小城镇不能随意而为，需要编制详规，重视城镇特色，追求个性，无论走到哪里，都能看到不同面貌和特色的小城镇，那种千城一面、万镇雷同的现象是见不到的。

**2．英国：开发小城镇吸引大城市人口**

◆ 1946~1954 年，这一时期的目的是为了吸引大城市的过剩人口，主要特点是城镇规模较小，密度较低，功能区分清晰，较多考虑社会效益而少考虑经济效益。

◆ 1955~1966 年，这一时期的主要特点是城市规模扩大，城市功能分区趋向于综合功能分区格局。

◆ 1967~1976 年，这一时期新的小城镇大部分由在老城镇基础上开发新的工业区和居住区形成，对于不适合单独扩展的小镇进行了成片合并。

**3．德国：村镇建设注重自然美**

一是政府高度重视村镇改造和建设，颁布了系列保护农业用地、保护农产品价格的法规，完善村镇建设的投资机制，加大政府的支持力度，形成了比较均衡的城镇结构体系；二是优先考虑基础设施和社会服务设施的建设，为改造村镇的居住环境，提高村镇居民生活的舒适度，政府十分注重基础设施、社会服务设施的建设和各种公益事业的健全完善，且这些建设资金大部分来源于国家补贴和乡镇的税收；三是注重单体设计与整体景观协调，德国村镇的特点是村落建设与自然巧妙地融合在一起；四是注重环境建设和保护古建筑。

**4．日本：发展小城镇，缩小城乡差别**

20 世纪 50 年代后期至 70 年代中期是日本城市大发展时期，农村人口大量流向大城市，形成东京、大阪、名古屋三大都市圈。这时日本的城乡差别加大，小城镇没有发展反而萎缩。70 年代后期政府反过来开始进行农村的基础设施建设，至 80 年代中后期，全国村镇的基础设施水平已和城市基本持平，政府鼓励人们返乡工作。日本在开发建设小城镇中，注意保护农民的收益，对农产品实行限产，对价格实行保护价，农民从事农业的收入不比城里人差多少。这样一来，城乡差别进一步缩小，第一、第二、第三产业协调发展。

**（三）采取分类培训方式，逐步建立以提高农村劳动力就业技能为目标的职业培训制度**

以创造农民长远就业为目标，针对北京市农村不同劳动力群体，推动分类培训体系的建立，加快农村劳动力向非农产业转移。对一产劳动力加强转移培训、实用技术培训和经营能力培训；对已转移就业劳动力加强中、高级职业技能培训，与用人单位需求结合制定长期培训辅导计划；对生产大户进行先进技术和管理培训，促进从一产经营向先进科技和生产手段的方向转变；对护林、养路、管水等农村公共服务劳动力加强职业技能培训，引导向林业工人、市政管护人员等转变；对自主创业的农民提供指导培训、政策咨询等服务。

**（四）加大对农村低收入群体扶助力度**

面对高通胀形势，应将扶助重点放在“提低”上。**一是**对农村低收入群体通过财政渠道予以特殊临时物价补贴，使他们的生活水平不因为物价上涨而发生明显降低。**二是**不断完善扩大补贴范围、提高低保金发放标准，实现低保金与物价联动等长效扶助手段。**三是**加大医疗、教育、交通等公共事业投入力度，让低收入群众享受均等公共服务。**四是**提高低收入农户的就业增收能力，对低收入农户开展设施农业、民俗旅游、特色手工业等技能培训力度，公益性就业岗位优先安排低收入农民就业。

**（五）加快推进关键领域改革，释放农村发展活力**

**一是**加快推进农村集体土地流转改革。规范耕地流转，实现真正意义上的土地规模化经营；试点推进建设用地流转，探索指标置换、异地集中和利益分享的协调机制，把推进农村集体建设用地使用权流转与土地开发整理、村庄布局调整相结合。**二是**加快推进农村集体经济产权制度改革。在城镇化进程较快地区和集体经济发展较好村庄加快改革进程，进一步激发集体经济发展活力，促进租赁经济规模化、规范化发展，逐步将村级企业向工业园区和产业基地集聚。**三是**加快推进城乡结合部综合配套改革。各区（县）应结合自身实际，在绿隔建设、土地使用制度、农民整建制转居、征地实物补偿模式、征地留地安置模式、就业社保、管理体制等领域大胆探索，先行先试，让农民在城市化进程中得到实惠。**四是**加强农村专业合作组织建设，使单个农户不仅分享种植、养殖业的直接收益，还可得到金融保险、加工制造、流通储藏、资料供应、技术服务、农产品超市和土地“农转非”等方面的收益，提高农民市场抗风险能力和家庭经营性收入比重。

延伸阅读：国外农民专业合作组织的发展经验

**美国农民专业合作组织。**（1）小型合作社通过合并逐渐组成大型合作社。（2）通过与外来合作社实行签订预购合作等方式，为社员提供产前、产中、产后一体化服务。（3）通过大规模的固定资本投资，建立一体化大型商场仓库，购置了现代化农机具和运输设备，改建和新建了大批加工厂和试验站，使合作社素质明显提高。（4）大规模利用外部贷款，专业合作组织越来越具有现代化企业的特征。

**西欧农民专业合作组织。**（1）农产品交易系统非常发达，形成了有效的农产品营销制度。（2）发展农民合作银行，其在性质上与农民的生产合作让、加工合作社、销售合作社和生产资料供应合作社等并无实质区别。（3）农场主都必须经过初等农业教育训练，培训系统几乎覆盖了农村的每个角落。

**日本农协。**（1）组织完善，兼有其他国家农业物资供应合作社、农产品销售合作社、农产品加工合作社、农业信贷合作社、农村销售合作社的职能。（2）吸收专门人才参加农协领导班子，聘请专门人才出任经理，其职责就是协助常务理事加强对农协的领导。

**韩国农协。**（1）重视流通渠道的建立。建立了 2100 多个营销设施，包括销售中心、低温贮存室、集散点和货仓等，以减少营销成本和加强农户在市场中的地位。（2）在消费领域建立了 3100 个营销设施，实行连锁，降低了不必要的营销成本，农户可以较高的价格出售产品。（3）农协购买了韩国最大的肥料制造厂公司 25% 的股份，成为其主要股东，能够确保肥料以合理的价格向农户供应。

# 第七章 工 业

## 结构优化成效明显 高端制造蓄势待发

2011 年，在复杂多变的国内外环境下，北京市工业延续 2010 年下半年以来的回调态势，预计 2011 年全年规模以上工业增加值增长在 7.5%左右，是 2009 年应对金融危机以来的低点。展望 2012 年，北京市工业发展将面临全球经济复苏减缓、外需疲弱、成本上升等诸多不确定性影响，但有望在国家部分宏观环境改善、北京市三网融合试点方案通过及物联网规划全面实施带动下，保持平稳增长。预计全年工业增速在 9.5%左右。

### 一、2011 年工业经济发展回顾

#### （一）工业运行经历低缓，渐趋走稳

2011 年，北京市工业运行经历“低位减缓”后“渐趋走稳”。年内前 7 个月，在全球经济复苏放缓、外需持续疲弱、国内信贷收紧、房车限购、首钢停产、市场竞争加剧等多种因素的作用下，工业增长一路低开减速；8 月份以后，伴随国内光伏电、风电项目政策的出台以及北京市电子信息制造业重启增长，石化结束停产检修、重开工等利好因素的推动，工业增长止跌走稳。1~9 月，北京市工业增加值同比增长 7.3%，增幅低于 2010 年同期 7.7 个百分点。其中，规模以上工业增加值同比增长 7.2%，较 2010 年同期回落 8 个百分点，分别低于 GDP 和第三产业增速 0.8 个百分点和 1.3 个百分点。2011 年以来，北京市工业增长低位趋缓一定程度上影响到 GDP 的增速，在其增速出现金融危机以来次低点的同时，也下拉 GDP 增长出现 2009 年第三季度以来的低点。从反映工业经济“晴雨表”的用电量和货

运量月度变化情况看，前者降幅趋于收窄、后者增速小幅回升，综合二者走势，初步预计第四季度工业运行略有小幅回升，2011 年全年规模以上工业增加值增长在 7.5%左右。

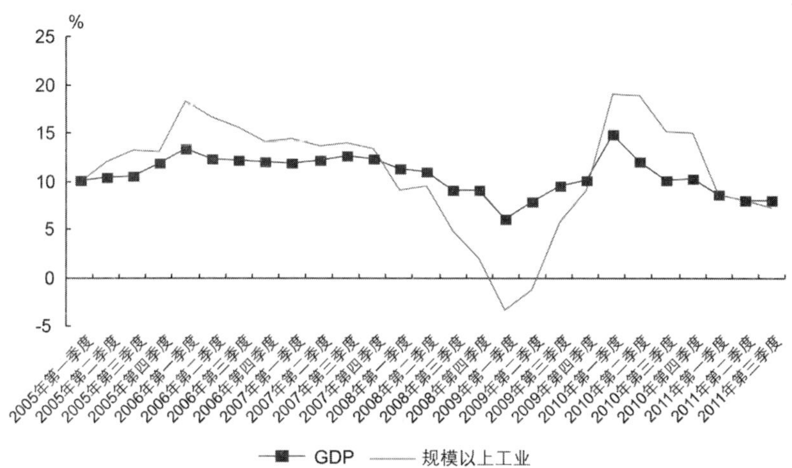


图7~1　2005年以来北京市GDP与规模以上工业增加值季度累计增速

表 7~1　　2000~2010 年北京与全国工业发展各年度比较

| 年份 | 工业增加值（亿元） | | 工业占 GDP 比重(%) | | GDP 增速（%） | | 工业增速（%） | |
|---|---|---|---|---|---|---|---|---|
| | 北京 | 全国 | 北京 | 全国 | 北京 | 全国 | 北京 | 全国 |
| 2000 | 844.0 | 40033.6 | 26.7 | 40.4 | 11.8 | 8.4 | 9.8 | 9.8 |
| 2001 | 938.8 | 43580.6 | 25.3 | 39.7 | 11.7 | 8.3 | 8.7 | 8.7 |
| 2002 | 1021.2 | 47431.3 | 23.6 | 39.4 | 11.5 | 9.1 | 10.0 | 10.0 |
| 2003 | 1224.5 | 54945.5 | 24.4 | 40.5 | 11 | 10 | 12.8 | 12.8 |
| 2004 | 1554.7 | 65210.0 | 25.8 | 40.8 | 14.1 | 10.1 | 11.5 | 11.5 |
| 2005 | 1707.0 | 77230.8 | 24.5 | 41.8 | 12.1 | 11.3 | 11.6 | 11.6 |
| 2006 | 1821.9 | 91310.9 | 22.4 | 42.2 | 13.0 | 12.7 | 12.9 | 12.9 |
| 2007 | 2082.8 | 110535.0 | 21.2 | 41.6 | 14.5 | 14.2 | 14.9 | 14.9 |
| 2008 | 2131.7 | 130260.2 | 19.8 | 41.5 | 9.1 | 9.6 | 9.9 | 9.9 |
| 2009 | 2303.1 | 135240.0 | 19.0 | 39.7 | 10.2 | 9.1 | 8.7 | 8.7 |
| 2010 | 2764.0 | 160867.0 | 19.6 | 40.0 | 10.3 | 10.4 | 14.9 | 12.2 |

### （二）结构优化成效显著，高端产业抗风险能力提升，重点行业挣脱困境增速回升

2011 年，北京市工业结构继续优化升级。一方面，全面停产了高耗能的千亿产值巨头首钢主流程，淘汰了不符合首都功能定位的产业；另一方面，电子信息业展现出多元支撑的新特点，京东方 8.5 代线的投产吸引了 30 多家上下游产业链的企业，星网工业园占电子行业一支独大的局面被打破。面对内外多重不利因素，以现代制造业和高技术制造业为代表的高端制造业显示出了较强的抗市场风险能力，增速始终高于北京市工业水平，这与 2008 年金融危机爆发时，增速下滑超过北京市工业水平明显不同。1~9 月，规模以上现代制造业和高技术制造业增加值同比分别增长 11% 和 9.9%，高于北京市工业水平 3.8 个百分点和 2.7 个百分点。

表 7~2　2005 年以来北京市现代制造业与高技术制造业发展情况

| 年份 | 现代制造业 | | | 高技术制造业 | | |
|---|---|---|---|---|---|---|
| | 增加值（亿元） | 占工业比重（%） | 占 GDP 比重（%） | 增加值（亿元） | 占工业比重（%） | 占 GDP 比重（%） |
| 2005 | 602.7 | 35.3 | 8.6 | 504.4 | 29.5 | 7.2 |
| 2006 | 679.7 | 37.3 | 8.4 | 606.4 | 33.3 | 7.5 |
| 2007 | 779.3 | 37.4 | 7.9 | 729.6 | 35.0 | 7.4 |
| 2008 | 836.2 | 38.0 | 7.5 | 852.3 | 38.8 | 7.7 |
| 2009 | 895.2 | 38.9 | 7.4 | 778.4 | 33.8 | 6.4 |
| 2010 | 1032.5 | 37.4 | 7.3 | 866.5 | 31.3 | 6.1 |

2011 年，重点行业努力克服国内外多重困境，增速均实现回升。上半年，在欧美债务危机加剧出口下滑与苹果公司市场冲击诺基亚市场份额萎缩双重压力下，北京市**电子信息制造业**增速连续数月下滑，7 月份后随着企业订单回暖，增速扭转下滑局面，逐步回升，9 月份增加值同比增长 8.1%，带动北京市工业出口交货值增长年内首现正增长。1~9 月，通信设备计算机及其他电子设备制造业增加值同比下降 1.9%，增幅虽较 2010 年

同期回落 23.6 个百分点，但降幅比上半年缩小 3.7 个百分点。**交通运输设备制造业**则在 2010 年同期基数高、汽车限购政策等因素影响下，增速有所放缓。1~9 月，实现增加值同比增长 15.5%，增幅较 2010 年同期回落 6.7 个百分点，不过从年内月度变化情况看，增速逐月放缓之势已得到扭转，9 月份增幅比 8 月份提高 2.3 个百分点。**装备制造业**受信贷紧缩、风电场项目核准暂停以及高铁建设放缓等多重影响，增速出现逐月放缓，1~9 月，通用设备制造业、专用设备制造业增加值同比分别增长 17.2%和 8.9%，分别较 2010 年同期回落 4.5 个百分点和 17 个百分点。不过年内，伴随 8 月份后风电项目核准陆续启动以及光伏发电上网电价政策的公布，通用设备制造业增速回升，9 月份增幅比 8 月份提高 5.1 个百分点。**医药制造业**在化药、中药较快增长的带动下，2011 年保持强劲增长势头。1~9 月，增加值同比增长 29%，较 2010 年同期提高 20.1 个百分点，高于上半年 3.2 个百分点。

表 7~3 2011 年 1~9 月北京市主要行业增加值增速

| 项　目 | 1~9 月累计同比增长（%） | 比上半年±百分点 | 比 2010 年同期±百分点 |
|---|---|---|---|
| 合　计 | 7.2 | -0.8 | -8.0 |
| 石油加工、炼焦及核燃料加工业 | -1.8 | -0.6 | -5.6 |
| 化学原料及化学制品制造业 | 1.0 | -2.5 | -6.6 |
| 医药制造业 | 29.0 | 3.2 | 20.1 |
| 非金属矿物制品业 | 1.4 | -4.1 | 15.5 |
| 黑色金属冶炼及压延加工业 | -74.1 | 1.4 | -80.4 |
| 通用设备制造业 | 17.2 | -3.2 | -4.5 |
| 专用设备制造业 | 8.9 | -3.2 | -17.0 |
| 交通运输设备制造业 | 15.5 | -2.9 | -6.7 |
| 电器机械及器材制造业 | 4.7 | 1.2 | -9.5 |
| 通信设备、计算机及其他电子设备制造业 | -1.9 | 3.7 | -23.6 |
| 电力、热力的生产和供应业 | 4.3 | -0.4 | -10.8 |

### （三）南部高技术制造业和战略性新兴产业初具“一区六园”格局，开发区工业经济运行趋缓

“十二五”开局之年，北京市按照规划实施推进南部高技术制造业和战略性新兴产业集聚发展。目前已初步形成以北京经济技术开发区为龙头，带动生物医药、新媒体、新能源汽车、军民结合、生产性服务业和新空港六大产业园共同发展的“一区六园”产业格局。

**延伸阅读：战略性新兴产业在南部新区迈出坚定步伐**

以京东方为龙头集聚康宁、住友化学、冠捷等 24 家液晶面板上下游产业链厂商的千亿级数字电视产业园蓄势待发；北京天地超云科技有限公司 25 款超云服务器在亦庄全线面世，从技术概念到实体操作，从首台服务器下线到全系列产品亮相，新区率先完成了云计算产业链的布局，未来这里将建成亚洲最大超云服务器生产基地；北京市自主品牌的北京牌首批纯电动轿车在采育新能源汽车产业园下线，将在未来 3 年内打造出一条年产整车 15 万辆、零部件配套齐全的新能源汽车科技产业链；移动硅谷产业园的核心项目——京芯产业园、中电华通无线宽带物联网产业园项目同时奠基，依托 3G、4G 核心芯片技术，集聚高端移动通讯产业链，抢占物联网产业发展先机。

然而，在世界经济复苏受阻、支柱行业大变革、国内及北京市主动调控加强的大背景下，占北京市工业比重近五成的各级开发区工业运行有所趋缓。1~8 月，各级开发区实现工业总产值 4137.8 亿元，同比增长 12%，低于 2010 年同期 12.9 个百分点；工业销售产值为 4022.9 亿元，同比增长 11.4%，其中出口交货值为 814.3 亿元，同比下降 6.7%，二者分别较 2010 年同期回落 11.7 个百分点和 22.1 个百分点，从年内走势变化看，工业销售产值增速仍在趋缓，但出口交货值降幅明显收窄[①]。2011 年以来，原材料价格、劳动力成本、燃油运输、投融资等各项成本费用加速提升与工业品市场竞争激烈下，报价走低相互交织，不断挤压企业的盈利空间。受此影响，1~8 月北京市开发区总收入、利润和应缴税金同比分别增长 17.3%、

[①] 同 1~5 月比，工业销售产值增幅回落 2.1 个百分点，出口交货值增幅回升 2.6 个百分点。

15.3%和 27.6%，增幅较 2011 年 1~5 月分别下降 0.9 个百分点、11.5 个百分点和 16.9 个百分点。

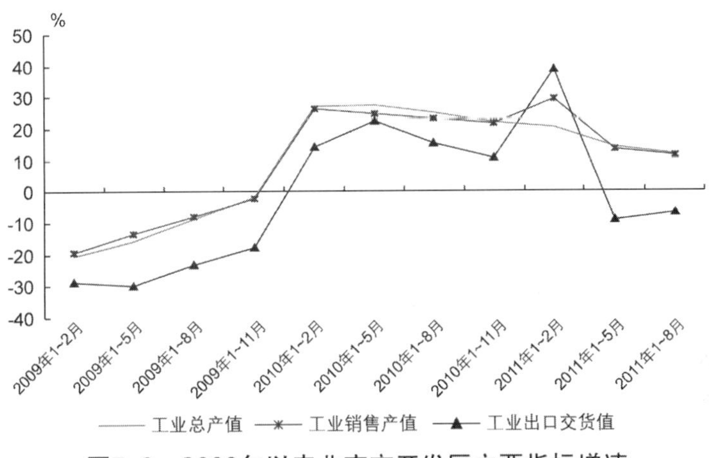


图7~2　2009年以来北京市开发区主要指标增速

**（四）工业效益保持增长，行业利润差异较大**

2011 年，尽管工业经受了来自汽车限购政策、首钢停产等多方面的冲击，但依靠产业升级和企业应对市场做出的产品结构调整以及市场开发，凭借汽车、装备制造、医药等领域高端产品生产销售的带动，北京市工业效益仍旧保持增长。1~8 月，北京市工业企业综合效益指数达到 242.2%，比 2010 年同期提高 19.7 个百分点。1~9 月，北京市规模以上工业实现利润 753.3 亿元，同比增长 8.7%，较 2010 年同期回落 31.5 个百分点。11 个重点行业利润情况显示，行业差异较大。其中，1~9 月，石油加工、炼焦及核燃料加工业，电器机械及器材制造业利润增长同比分别下滑 96.1%、26.0%，对北京市工业利润形成了一定下拉作用；而化学原料及化学制品制造业、交通运输设备制造业、通用设备制造业、专用设备制造业、医药制造业利润依旧保持增长，1~9 月利润分别增长 32.4%、22.9%、14.9%、15.9%和 13.5%。

表 7~4　　2011 年 1~9 月北京市主要行业利润增速

| 项　目 | 2011年1~9月累计同比增长(%) | 2010年1~9月同比增长（%） | 比2010年同期±百分点 |
|---|---|---|---|
| 合　计 | 8.7 | 40.2 | -31.5 |
| 石油加工、炼焦及核燃料加工业 | -96.1 | - | - |
| 化学原料及化学制品制造业 | 32.4 | -30.9 | 63.3 |
| 医药制造业 | 13.5 | - | 13.5 |
| 非金属矿物制品业 | 21.9 | 24.0 | -2.1 |
| 黑色金属冶炼及压延加工业 | - | -16.0 | - |
| 通用设备制造业 | 14.9 | 73.3 | -58.4 |
| 专用设备制造业 | 15.9 | 18.7 | -2.8 |
| 交通运输设备制造业 | 22.9 | 67.1 | -44.2 |
| 电器机械及器材制造业 | -26.0 | 17.0 | -43 |
| 通信设备、计算机及其他电子设备制造业 | 0.0 | 44.1 | -44.1 |
| 电力、热力的生产和供应业 | 13.6 | 66.7 | -53.1 |

延伸阅读："十一五"时期北京市工业发展概况

"十一五"时期，北京市工业总产值、增加值年均增长分别为 13.7%、9.5%，分别低于"十五"时期 5.9 个百分点和 1.9 个百分点，基本呈平稳增长态势。

结构方面，较"十五"时期明显优化提升。其中，以汽车、装备和生物医药等为代表的高端制造业比重提高，黑色金属冶炼及压延等高耗能行业比重明显下降，占规模以上工业的比重由 2005 年的 14%下降到 2009 年的 3.2%。具体分行业看，高端制造业行业增速相对较快。其中，交通设备制造业增长最为迅速，"十一五"时期年均增长 18.3%，增幅高于规模以上工业平均水平 7.7 个百分点；医药制造业年均增长 16%，增幅高于规模以上工业 5.4 个百分点；通用设备制造业和专用设备制造业年均增长分别为 11.2%和 12.6%，增幅也分别高于规模以上工业 0.6 个百分点和 2 个百分点。而高耗能黑色金属冶炼及压延加工业以年均 4%的增速下滑。

布局趋于合理。"十一五"时期，在北京市提出四类功能区域定位和发展的基础上，工业加快了空间布局调整，逐步形成了以城市发展新区为依托，以工业园区为载体的现代制造业基地。2010 年，首都功能核心区、城市功能拓展区、城市发展新区、生态涵养区工业增加值比重分别占北京市规模以上工业的比重为 6.7%、26.7%、48.9%和 8%。

质量不断提升。“十一五”时期，北京市工业效益不断提升。“十一五”末期，北京市工业综合效益指数由“十五”末期的 177.68%上升至 233.96%；实现主营业务收入、利润、利税分别较“十五”末期增长 1 倍、1.4 倍、1.4 倍。

## 二、当前需关注的问题

### （一）企业运营环境不容乐观

2011 年以来，国内外多重因素交织使得企业运行环境欠佳。首先，市场需求不足。全球经济复苏放缓，特别是欧美经济不振与国内住房限购、汽车限牌等宏观调控交叠作用，减弱了企业的内外部需求，不少企业出现订单不足。其次，资金紧缺、周转放慢。连续上调存款准备金率、加息等系列银根收紧的政策出台，使得企业贷款难度加大，还款压力增大，票据比例增加，资金周转放慢。1~9 月，规模以上工业企业应收账款占用资金比 2010 年同期增长 10.4%，增幅比 1~8 月提高 5.6 个百分点。再次，成本压力骤升。原油、铁矿石等国际大宗商品价格上涨，水、电、气等能源品价格上调及刘易斯拐点临近与劳动力供需结构性矛盾下的人力成本上升，共推动企业原材料、运输、人工等成本大幅提升。成本上升加剧了工业品上下游价格的传导，1~9 月，工业生产者购进和出厂价格指数同比分别上涨 9.0%和 2.5%，工业品上下游剪刀差为 6.5%，较 2010 年同期缩小 2.7 个百分点。第四，竞争加剧。国内同行业整体技术水平和能力的提升，加大了产品同质化竞争，不惜以低价换取市场份额的恶性竞争愈演愈烈。

### （二）工业效益下行趋势日益凸现

企业面对来自需求、资金、成本、竞争等各方面的压力，盈利空间倍受挤压，效益下行趋势日益凸现。截至 8 月，北京市工业经济效益综合指数已连续两个月回落，1~8 月工业经济效益综合指数比上半年降低 1.56 个百分点。规模以上工业实现利润增速也连续三个月下降，9 月份增速出现 2011 年以来的最低点。北京市 11 个重点行业中，除交通运输设备业、医药制造业外，各行业利润增速均呈现回落。1~9 月，通用设备制造业、专用设备制造业、电子信息制造业、电力热力的生产和供应业增幅分别较 1~8 月回落 2.6 个百分点、17.6 个百分点、0.2 个百分点、0.6 个百分点。企业方面，30.4%的规模以上工业企业亏损。此外，企业产成品占用资金有所提高，1~9 月产成品占用资金同比增长 25%，增幅较 2010 年同期提高 17.6 个百分点。

### （三）工业技改投资放缓对产业升级的影响不容忽视

2011 年以来，北京市工业投资保持高速增长，上半年的成倍增长创下了 2005 年以来的历史新高。1~9 月工业投资完成 510.14 亿元，同比增长 80.8%。增速虽较上半年有所回落，但仍保持近年来少有的强劲态势，这无疑为北京市工业未来发展增添了不少后劲。不过，细分数据显示，年内工业投资主要集中在用于工业规模扩张的新建和扩建项目，而用于工业内部升级的改建和技改投资的项目投资额却较低，1~8 月实现投资额 34.4 亿元，同比下降 3.6%。从短期看，大项目迅速扩张会显著带动工业经济增长；但从长期看，这种用于工业改建和技改的投资下滑将削弱企业自主创新、产品结构升级等内在发展动力，影响工业发展的可持续性。

## 三、2012 年工业经济展望

### （一）2012 年工业发展面临的环境因素分析

#### 1．全球经济减速与发达国家制造业回归加大了北京市工业发展的不确定性

2011 年下半年以来，美欧等发达国家受信用评级下降、主权债务危机等影响，经济增长显著放缓；新兴经济体则在通胀重压、紧缩政策及外需减缓等影响下，也出现经济增长放缓的迹象。据 IMF 最新的《世界

经济展望》报告预测，2011 和 2012 年全球经济增速均为 4.0%，分别比 6 月份预测值下调 0.3 个百分点和 0.5 个百分点。其中，欧元区 2011 年和 2012 年的经济增速比 6 月份的预测分别下降 0.4 个百分点和 0.6 个百分点，降至 1.6%和 1.1%。全球经济减速，特别是北京市第一大出口地区欧元区经济减速，使北京市工业出口蒙上较大阴影。同时，各国为应对经济放缓而可能采取宽松货币政策又在加大国际大宗商品价格上涨的不确定性，受其影响，工业企业所面临的原材料价格上涨压力恐难以缓解，企业效益不确定性增大。此外，发达国家日渐兴起的“制造业回归”也在加剧北京市工业发展的不确定性。近年来在中国劳动力成本急升、美失业率居高不下、发达国家经济增长放缓等多因素促使下，美欧等发达国家不断提出制造业回归本土，以高端 IT 行业、精密仪器制造业、机电、航空行业等为代表的制造业回归正在拉开序幕。以上行业在北京市工业中占比较高，受发达国家制造业回归影响，北京市工业所面临的市场冲击恐要加大。

**延伸阅读：美资企业撤出中国回归本土**

美欧等经济体正在经历一次“再工业化”的旅程。奥巴马在 2011 年 1 月的国情咨文中表示，未来 5 年，美国的出口额将翻一番，由此可创造 200 万个国内就业岗位。同时，欧盟通过鼓励中小企业以及新能源的发展来扩大出口、带动经济增长的思路也愈发明显。2011 年以来，卡特彼勒、通用电气、福特等美国制造业巨头纷纷宣布计划，将在美国制造业投入新资金。尽管还没有形成大规模风潮，但美资尤其是高端美资制造业，正在从包括珠三角在内的中国悄然撤退。在广东东莞，美国耳机生产商 Sleek Audio 近期也将生产业务回迁到美国佛罗里达州。此外，在珠三角地区以外的地区，更多个案也在显示美资制造业的离开：美国玩具生产商 Wham-O 决定将 50%的飞盘和呼啦圈订单在美国国内生产，这些订单此前一直是交给中国等地的工厂。美国发光二极管灯泡生产商 Seesmart LED 公司在中国有生产基地，如今却正筹备将其整个海外业务迁回美国。随着福特汽车公司近日与美国汽车工人协会达成协议，福特公司宣布将在美国本土制造某些汽车零部件。此前，这些业务通常外包给中国企业。

### 2. 国内部分宏观环境的改善有利于北京市工业发展

考虑物价仍将高位运行，2012 年国内积极财政和稳健货币政策的主基调不会改变，但近期中央明确表示宏观政策将“适时适度”进行“预调微调”。多数专家分析指出，微调主要是解决中小企业的融资问题，国家可能会出台包括贷款融资的促进政策、税收优惠政策等，由此来看，当前北京市中小企业所面临的投融资困境可能于 2012 年有所改善。同时，2011 年受前期事故及核准所限的高铁、核电、风电、太阳能等相关行业也有望在负面影响逐步消退、利好政策的公布下，度过行业敏感期，重新迎来发展契机。

延伸阅读：新“国九条”扶持小微企业发展

从 2011 年 4 月份开始，我国东南沿海许多中小企业出现了融资难、经营困难、企业负责人跑路等严重事件，引起了党中央和国务院的高度重视。10 月 12 日，国务院召开常务会议，针对小型、微型企业的发展现状，提出了 6 条金融扶持政策和 3 条财税扶持政策，被称之为新“国九条”。将提高小型企业的增值税、营业税起征点，将减半征收企业所得税延长至 2015 年底并扩大范围。支持金融机构加强对小型、微型企业的金融服务，对金融机构向小型、微型企业贷款合同 3 年内免征印花税。适当提高对小型企业贷款不良率的容忍度。11 月 18 日，财政部、国家发改委表示，自 2012 年起至 2014 年底，我国将对小微企业免征 22 项行政收费项目。这是继此前我国出台税收、金融等各项政策扶持小微企业发展后，我国再次出台政策，从行政收费优惠角度扶持小微企业发展。

### 3. 成本上涨与市场竞争加剧为北京市工业效益改善增忧添难

2012 年，来自原材料、燃料动力、工资等方面的成本上涨压力仍将是工业发展所面临的一大难题。首先，来自粮食、棉花等方面的农产品在供求紧平衡、气候灾害频发、收购价连年上涨等多因素的推动下，价格上涨压力仍将持续；其次，人口红利减少与一线城市生活成本上升使得企业用工成本加大；再次，来自原油、铁矿石、有色金属等国际大宗商品方面的输入性压力不排除在发达国家重启宽松货币政策下再次加大的可能。同时，随着各地产业同质化发展，工业品市场竞争不断加剧，有企业甚至不惜以低于成本价的售价进行市场争夺，加大了工业上下游价格传导的难度。成本上涨与竞争加剧，不断挤压着工业企业的盈利空间。

**4．北京市三网融合试点方案通过及物联网规划实施等将有效带动工业发展**

随着北京市三网融合试点方案的通过，北京市将加快推进高清交互数字电视网络升级改造，除此之外宽带入户以及无线网络覆盖北京市等工程的推进，将带动北京市相关的网络设备、通信设备、计算机等制造业的发展。同时，2012 年是物联网规划实施的第二年，北京市将深入推进电动汽车、城市应急物联网视频监控、城乡社区远程医疗等示范应用项目的建设，得益于此，相关电子、通信、节能环保等行业的发展步伐也有望加快。

延伸阅读：物联网概念及北京市物联网十大示范工程

物联网是指通过信息传感设备(包括射频识别、红外感应、卫星定位、激光扫描和视频监控等)，按照约定的协议，把物品与互联网连接起来，进行信息交换和通讯，以实现智能化识别、定位、跟踪、监控和管理的一种网络。它是在互联网基础上的延伸和扩展，具有技术融合度高、产业链条长、应用领域广等特点，具体包括信息的采集、传输、分析和应用四个环节。

2011 年，北京市政府办公厅印发《北京市城市安全运行和应急管理领域物联网应用建设总体方案》，决定将城市运行和应急管理“网”入物联网。计划在年底前完成 10 项物联网应用示范工程，建成一批物联网应用系统。

十大示范工程：

- 城市安全运行和应急管理物联网应用辅助决策系统
- 物联网应用支撑平台
- 春节期间烟花爆竹综合管理物联网应用
- “城市生命线”实时监测物联网应用
- 安全生产物联网应用
- “政治中心区”综合管理物联网应用
- 轨道交通安全防范物联网应用
- 极端天气条件下保持道路交通畅通物联网应用
- 城市运行保障和应急抢险车辆卫星定位管理物联网应用
- 区县和社区综合监管物联网应用

### 5. 重点行业投资连年高速增长助长北京市工业产能扩展

近年来，北京市依托生物医药产业园、数字产业园、石化新材料基地、窦店汽车产业基地等重点园区、基地的建设推进，加大了重大项目的落地投产，受此拉动，北京市工业投资呈现较快增长。2011 年以来，北京市工业投资继续高速增长。其中，1~9 月，化学原料及化学制品制造业实现投资较 2010 年同期增长 4.8 倍，医药制造业、交通运输设备制造业、通信计算机及其他电子设备制造业则在 2010 年高投入的情况下，继续保持高速增长。1~9 月三者的投资完成额分别较 2010 年同期增长 139.2%、160.5%、247.5%。以上重点行业投资连年高速增长，其中部分即将建成投产的项目，将拉动北京市工业产能扩张。

延伸阅读：《北京市加快培育和发展战略性新兴产业实施意见的通知》

未来 5 至 10 年，北京市将构建“以新一代信息技术为引擎，以生物、节能环保、新材料、新能源汽车为突破，以新能源、航空航天、高端装备制造为先导”的战略性新兴产业格局，进一步集聚世界高端企业总部、高端人才和国际活动，提升北京的国际竞争力、影响力和辐射力，加快迈向世界城市的步伐。

为此，北京市将在 500 亿元重大科技成果转化和产业项目资金中统筹安排 200 亿元资金，重点支持战略性新兴产业。另外，北京市 300 亿元的政府采购总额中，也将统筹安排 200 亿元资金采购战略性新兴产业的技术和产品。

根据规划，到 2015 年，北京市战略性新兴产业的支柱地位将进一步提升，对产业结构升级的推动作用显著增强，增加值占北京市地区生产总值的比重达到 25%左右。在新一代信息技术、新材料等领域，将形成若干千亿级产业集群；在生物、节能环保、新能源汽车、新能源、航空航天、高端装备制造等领域，将突破一批关键核心技术，转化一批重大科技创新成果，形成一批百亿级产业集群，打造一批年销售收入过 500 亿的大型企业，涌现出一大批“专、特、精、新”的中小企业。

到 2020 年，战略性新兴产业将成为北京国民经济和社会发展的重要推动力量，增加值占北京市地区生产总值的比重达到 30%左右，创新能力大幅提升，掌握一批达到世界领先水平的关键核心技术，培育一批国际知名品牌和具有较强国际竞争力的跨国企业，形成一批拥有技术主导权的产业集群。

### （二）2012 年工业形势判断

综合北京市工业发展中企业家预期、出口、投资、效益等各领域的发展趋势，我们对2012年工业发展持谨慎乐观态度。利用ARIMA模型，初步测算出2012年北京市工业增加值增速约在9.5%左右。

**企业家预期下降。**从当前工业企业景气状况看，明显低于2010年同期，而且从年内来看，企业家信心指数和企业景气指数均在持续回落。受世界经济复苏放慢影响，生产总量、产品订货景气指数均出现下降，同时受信贷规模收紧影响，资金与融资、固定资产投资景气指数均有所下降，此外科技开发景气指数也出现下降。

**表7~5　2010年第四季度以来北京工业企业景气状况**

| | 2010年第四季度 | 2011年第一季度 | 2011年第二季度 | 2011年第三季度 |
|---|---|---|---|---|
| 企业家信心指数 | 139.7 | 135.3 | 133.7 | 125.0 |
| 企业景气指数 | 139.6 | 129.2 | 133.1 | 126.6 |
| 生产成本 | 57.9 | 79.0 | 67.3 | 70.9 |
| 生产总量 | 125.5 | 91.6 | 133.3 | 110.4 |
| 产品订货情况 | 121.3 | 100.5 | 121.8 | 104.9 |
| 其中：出口订货 | 111.3 | 90.1 | 105.7 | 106.5 |
| 产成品库存 | 122.6 | 130.1 | 124.9 | 127.8 |
| 盈利（亏损）变化 | 133.1 | 92.3 | 115.7 | 112.9 |
| 资金状况 | 96.6 | 106.4 | 85.7 | 103.9 |

**工业投资强劲。**近两年北京市不断推进了大项目的引进和建设。其中，北京现代三工厂、京东方8.5代线等在建项目以及配套项目的建设仍在继续，相关投资的继续为产业链的打造和延伸奠定了良好的基础。同时，类似北京奔驰发动机工厂、研发中心和新项目的投资也在继续，北京市工业投资后劲充足。

**工业出口有望回暖。**从工业出口月度变化情况来看，出口降幅在经过逐步收窄后，9月份出现止跌回稳。根据前端市场需求看，主导北京市工业出口的诺基亚、索爱等企业生产订单已出现回暖，加之诺基亚搭载的新操作系统平台智能手机也将可能在第四季度推出，届时外需可能进一步放大，工业出口有望较前期得到改善。

**企业效益改善难度较大。**尽管近两个月以来，输入性通胀压力有所缓解，但工业企业仍要面对来自资源税改革推进下的资源品价格上涨以及劳动力成本上升，企业成本上涨压力难以缓解，而国内工业品市场总体供过于求和多数行业的产能过剩依旧压制着工业品出厂价格的大幅上涨，工业上下游剪刀差的持续，使得企业效益难言改善。

### （三）重点行业发展态势

#### 1．汽车产业增速有望保持平稳增长

2012 年尽管汽车产业发展仍要受摇号限购、停车费、燃油费上涨以及三大补贴政策退出等多方面的负面影响，但也将迎来几大利好因素。首先，2011 年 8 月开始，北京市启动“十二五”期间老旧车淘汰 40 万辆的工作，根据老旧机动车的排污量、残值、车型等六方面因素，每辆可得到 2500 元~14500 元不等（平均 4000 元/车）的政府补助，此外还可获得与政府补助基本相当的机动车企业奖励，受此利好政策推动，北京市汽车产销形势有望趋好。其次，经过一年的适应期，汽车行业自身的调整适应力已明显得到了增强。不少企业根据市场需求及时调整了产品结构，加大了高端汽车产品的研发及生产，以质补量，有望保持汽车业较好的增势。再次，节能汽车补贴，新能源汽车示范推广，北汽福田、现代等旗下自主品牌和创新产品市场容量的扩张以及居民消费结构优化升级等仍将推动北京市汽车产业增长。综合以上分析，2012 年北京市汽车产业增速有望保持平稳增长。

#### 2．电子信息制造业增长有望回暖

2012 年北京市电子信息制造业在欧美等主要发达体经济复苏放慢的情况下，外需增长依旧乏力，同时行业竞争的加剧也将部分影响北京市电子信息制造业增长。根据反映北京市电子信息制造业未来走势的各先行指标发展趋势看，OECD 和六个非成员国综合领先指数增速持续放缓，国内制造业采购经理人指数连续两个月回升，工业出口止跌回稳，产品销售收

表 7-6　　战略新兴产业及相关"十二五"规划

| 类　别 | 公布部门 | 主要内容 |
| --- | --- | --- |
| 《国务院关于加快培育和发展战略性新兴产业的决定》 | 国务院 | 现阶段重点培育和发展节能环保、新一代信息技术、生物、高端装备制造、新能源、新材料、新能源汽车等产业：节能环保、新一代信息技术、生物、高端设备制造产业成为国民经济的支柱产业，新能源、新材料、新能源汽车产业成为国民经济的先导产业。到 2015 年，战略性新兴产业形成健康发展、协调推进的基本格局，对产业结构升级的推动作用显著增强，增加值占国内生产总值的比重力争达到 8%左右，而 2010 年新兴产业的占比只有 3%，到 2020 年，战略性新兴产业增加值占国内生产总值的比重力争达到 15%左右，吸纳、带动就业能力显著提高。 |
| 《"十二五"节能环保产业发展规划》 | 发改委环资司 | "十二五"末将达到 2 万亿以上，到 2015 年，中国节能环保产业总产值达到 GDP 的 7%-8%，成为新的支柱产业，到 2020 年环保产业将成为中国国民经济的支柱产业。 |
| 《新一代信息产业技术发展"十二五"规划》 | 工信部 | 新一代信息技术产业重点发展新一代移动通信、下一代互联网、三网融合、物联网、云计算、集成电路、新型显示、高端软件、高端服务和信息服务。 |
| 《生物医药产业"十二五"规划》 | 工信部 | 未来我国生物产业将重点发展生物医药、生物农业、生物能源、生物环保、生物服务外包五大方面。生物医药"十二五"规划还确定了生物医药发展的重点，包括基因药物、蛋白药物、单抗克隆药物、治疗性疫苗、小分子化学药物等，国家将拿出超过 100 亿元来支持重大新药创制，全国生物产业产值到 2015 年达到 4 万亿元，到 2020 年达到 8 万亿至 10 万亿元。 |
| 《"十二五"高端装备制造业产业发展规划》 | 工信部 | 预计到 2015 年，高端装备制造业年销售产值将达到 6 万亿元以上。力争到 2020 年，高端装备制造业销售产值占装备制造业销售产值的 30%以上，国内市场满足率超过 25%。 |
| 《能源科技"十二五"规划》 | 国　家能源局 | 在原来的化学需氧量和二氧化硫两个约束指标的基础上，新增氨氮、氮氧化物各减排 10%；非化石能源到 2020 年达到 15%的目标，重点要发展三类非化石能源，即核电、水电、非水能的其他非化石能源（包括风能、太阳能、生物质能）。 |
| 《新材料产业"十二五"发展规划》 | 发改委、工信部 | 我国新材料产业将重点发展特种金属功能材料、高端金属结构材料、先进高分子材料、新型无机非金属材料、高性能复合材料和前沿新材料。 |
| 《节能与新能源汽车产业发展规划》 | 工信部 | 《节能与新能源汽车产业发展规划》将于年底正式出台，到 2020 年，新能源汽车累计产销量达到 500 万辆，中/重度混合动力乘用车占乘用车年产销量的 50%以上。 |

入近两月降幅收窄。综合先行指标“三改善一恶化”的走势并考虑其领先电子信息制造业约半年的时间规律，初步推断，2012 年上半年北京市电子信息制造业增速仍有可能徘徊于低位，但总体来看，不会持续回落，而且在国内经济趋于平稳和战略性新兴产业规划实施的带动下，有望逐步走出低位，重新回升，全年电子信息制造业增势较 2011 年有所回暖。

**3．装备制造业有望实现较快增长**

随着影响装备制造业发展的诸多不利因素的消退和新政策利好的出台，2012 年北京市装备制造业发展形势较为乐观。首先，影响风电、高铁、核电业发展的事故影响效应逐步消退，国内项目建设重启和加快推进，为装备制造业市场回暖奠定了良好的基础；其次，2011 年底国家即将出台《高端装备制造业“十二五”规划》，受其推动，北京市重型机械、核电、高铁、航空、中高端数控机床、海洋工程等领域将成行业发展热点，各项扶持政策的陆续出台将助以上行业加快发展。此外，北京市汽车、电子信息产业的较快发展，轨道交通的大力建设与节能减排的深入推进也确立了装备制造业的良好市场需求。综合以上分析，2012 年北京市装备制造业有望实现较快增长。

延伸阅读：《高端装备制造业“十二五”规划》即将发布

作为战略新兴产业的重要内容，由工信部牵头编制的《高端装备制造业“十二五”规划》已基本完成，预计将于近期出台。

根据该规划提出的目标，到 2015 年高端装备的销售产值占装备制造业的比例将达 20%以上，年销售产值达到 6 万亿元。而规划的重点方向包括航空装备、海洋工程装备、轨道交通装备、卫星制造装备及应用、智能制造装备等 5 个领域。未来 10 年，高端装备制造业将肩负由“中国制造”到“中国智造”的重任，将迎来黄金增长期。

规划中明确指出，在智能制造装备、卫星制造装备及应用方面的专项资金已得到落实。智能制造装备方向第一批 19 个项目，国家补贴资金 9.5 亿元已下达，比较重视的是带有首台首套性质的产品，国家补贴占产品销售价格的 25%~30%，最高的达 50%。而对航空装备、海洋工程装备等的财政支持正在落实中。航空发动机同时被列入高端装备制造业“十二五”规划相关重大专项规划中。

**4．医药制造业有望保持较快增长**

尽管北京市医药制造业的发展还将承受成本升高和政策性降价的双重压力，但综合来看，2012 年促进北京市医药制造业发展的有利因素不少。首先，近期国家讨论通过了《疫苗供应体系建设规划》，明确将继续加大在疫苗领域的投入，特别是致力于研发生产计划免疫疫苗、重大疾病疫苗的企业，有望获得政府更多的资金支持和政策倾斜。北京市科兴、天坛生物等大型生物医药企业有望借此机会进一步发展壮大，带动行业增长。其次，国家生物医药产业“十二五”规划、中药产业“十二五”规划以及医药包装“十二五”规划的出台，将对行业发展起到良好的推动作用。再次，亚洲最大的生物制药基地在北京市经济开发区内的开建，也将带动北京市医药制造业的蓬勃发展。此外，未来收入分配改革的推进，中低收入者收入的提高，生活质量的改善，有望拉动医药制造业的市场需求。总体判断，北京市医药制造业 2012 年有望继续保持较快增长态势。

**5．都市产业增速可能稳中趋缓**

根据近六年来北京市都市产业的增长规律来看，多数年份增长率保持在 10%以内，结合其近三年增长无太大起伏的态势，并考虑 2012 年城乡居民收入提高，需求扩张以及食品、服装、家具等价格上涨压力依旧不小等因素，初步推断，2012 年北京市都市产业将继续保持增长态势，但考虑到节能减排的深入推进对都市型产业的制约，2012 年都市型产业增长较 2011 年略有趋缓。

**6．基础产业增长可能放缓**

从构成基础产业的主要子行业发展情况看，2012 年，石化产业在国内外经济增速减缓、能源需求扩张趋弱的影响下，增速趋缓；建材冶金业将继续在落后产能、过剩产能以及房地产调控的影响下，增长趋缓；其他电力、热水、煤气、自来水生产和供应业在生产扩张力较弱、资源品价格上调不确定的影响下，维持较弱增势。综合来看，全年基础产业基本增长可能趋缓。

## 四、政策建议

### （一）加强对中小企业的扶持力度

针对当前中小企业融资困难、税费成本负担较重、效益不佳等突出问题，从财政和金融方面，加大对符合北京市产业政策和节能环保要求、能够吸纳就业的科技、服务和高端制造业等实体经济的扶持力度。重点落实并执行国务院提出的具体措施：提高小型企业增值税和营业税的起征点，对微利的小企业实行减半征收企业所得税的优惠政策延长至 2015 年并扩大范围；扩大中小企业专项资金规模，更多运用间接方式扶持小型微型企业。进一步清理取消和减免部分涉企收费；清理纠正金融服务不合理收费，切实降低企业融资的实际成本；拓宽小型微型企业融资渠道。逐步扩大小型微型企业集合票据、集合债券、短期融资券发行规模，积极稳妥发展私募股权投资和创业投资等融资工具等。

### （二）引导和鼓励企业自主创新和品牌培育

在世界经济复苏放慢，各种原材料价格、用工成本高企，市场竞争激烈的情况下，企业要想保住市场、拓展份额、获取盈利，必须加快创新步伐，以差别化、优质化的产品攻克市场。建议政府加强对企业创新主体地位的培育，引导企业加大研发投入，设立相关基金，对符合条件的企业创新活动给予基金支持，并对研发投入逐年递增且超过一定数额的企业给予相关奖励；充分发挥政府的公共服务能力，主动为企业营造公共研发服务平台，帮助企业与相关科研机构和高校院所建立长效合作机制；充分发挥政府采购的鼓励带动作用，通过主办相关产品的推介会和博览会提高本地企业和商品的知名度。

### （三）加快重点产业园区、基地的建设

当前北京市围绕战略性新型产业在不少园区和产业基地进行了部署，但是建设过程中不少园区和基地普遍反映水、电、路等基础设施配套不完善，影响了招商引资、项目建设的进度。建议政府加快相关征地拆迁工作，提高涉及基础设施配套的相关项目审批进度。同时，针对园区和基地内土

地资源有限，高端产业项目入驻受阻问题，抓紧研究和制定高端产业项目与相对低端产业项目之间土地置换的方案。此外，加强对园区和产业基地发展的规划引导，突出产业特色，延伸产业链条。

# 第八章 服务业

## 政策环境更为有利 增长速度趋于稳定

2011 年北京市服务业在预期内回落调整，预计全年增长 8.5%，对北京市经济的稳定器作用依然突出，服务业整体态势良好。2012 年北京市服务业发展的有利政策较多，其稳定增长态势有望得以延续，增速与 2011 年基本持平。

### 一、2011 年北京市服务业发展现状

2011 年北京市服务业发展态势总体良好，增加值增速在预期内回落并逐步趋稳，多点支撑的产业格局有所强化，企业经济效益持续改善，经济结构得以优化，高端资源进一步集聚。

#### （一）服务业增速回落中趋于稳定，经济稳定器作用依然明显

2011 年在外需不振与宏观调控的叠加影响下，**北京市服务业增加值增速延续了 2008 年以来的趋缓调整态势，并逐步趋于稳定。**1~3 季度，北京市服务业实现增加值 8707 亿元，同比增长 8.5%，增幅回落 0.3 个百分点，第三季度同比增速于连续 5 个季度下滑后首次出现回升，显示出服务业趋稳态势。同期服务业增速回落幅度远远小于工业、建筑业回调幅度，充分发挥了稳定器作用。第四季度，北京市服务业有望继续保持平稳增长态势，全年增加值占 GDP 比重将达到 76.2%，较 2010 年上升 1.1 个百分点；服务业对经济增长的贡献率也将提高，预计由 2010 年的 65.7%上升至 74.1%。

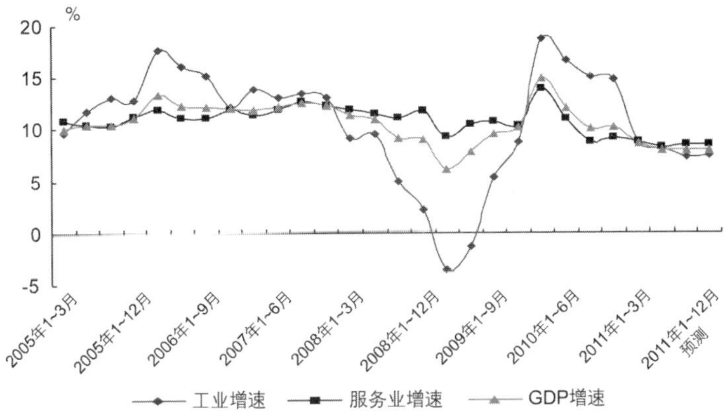


图8~1　2005~2011年以来北京市服务业、工业增加值和GDP季度累计增速比较

延伸阅读：历年北京市三次产业经济增长速度及其对增长的贡献变化

从历次五年计划时期的产业平均增速来看，各次产业的增长中，服务业增速相对稳定。从贡献率看，1998 年以来北京市服务业对经济的贡献率始终保持在 60%以上，经济稳定器作用较为突出。

表 8~1　　主要年度三次产业比重变化情况（%）

| | | GDP | 第一产业 | 第二产业 | 工业 | 建筑业 | 第三产业 |
|---|---|---|---|---|---|---|---|
| 增长率（%） | “六五”时期 | 9.7 | 8.6 | 8.3 | 7.3 | 17.2 | 13 |
| | “七五”时期 | 8 | 5.7 | 6.4 | 6.7 | 4.7 | 11.2 |
| | “八五”时期 | 11.8 | 0.9 | 10.9 | 10.9 | 10.7 | 15 |
| | “九五”时期 | 10.3 | 1.4 | 9.4 | 9.9 | 7.2 | 12 |
| | “十五”时期 | 12.1 | 0.5 | 11.4 | 12 | 8.1 | 13.1 |
| | “十一五”时期 | 11.4 | 1.4 | 9.5 | 9.2 | 11.3 | 12.3 |
| 比重（%） | 1985 年 | 100 | 6.9 | 59.8 | 50.8 | 9.0 | 33.3 |
| | 1990 年 | 100 | 8.8 | 52.4 | 43.8 | 8.6 | 38.8 |
| | 1995 年 | 100 | 4.9 | 42.8 | 35.0 | 7.8 | 52.3 |
| | 2000 年 | 100 | 2.5 | 32.7 | 26.7 | 6.0 | 64.8 |
| | 2005 年 | 100 | 1.3 | 29.1 | 24.5 | 4.6 | 69.6 |
| | 2010 年 | 100 | 0.9 | 24.1 | 19.6 | 4.5 | 75.0 |

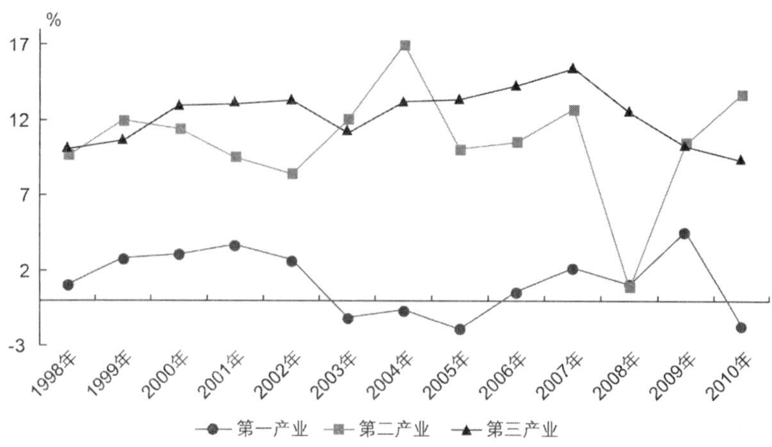


图8~2　1998年以来北京市三次产业增长率比较

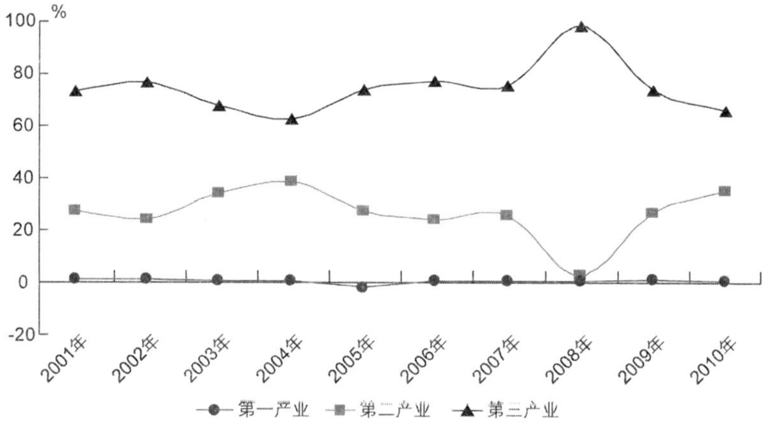


图8~3　近十年来北京市三次产业经济贡献率比较

**（二）服务业形成多点支撑格局，高技术服务业表现突出**

2011 年北京市服务业形成了多点支撑格局，高技术服务业增速有所加快，房地产业逐渐恢复，其他行业大多呈现增速回落中趋于稳定的态势。

2011 年 1~3 季度高科技服务业**延续了 2010 年的良好发展态势，**在国家战略新兴产业振兴政策以及“1+6”政策促进下，**信息服务业、科技服务业**同比分别增长 23.5%和 8.8%，增幅较 2010 年提高了 9.8 个百分点和 2 个百分点，二者占服务业增加值比重由 2010 年同期的 21.8%上升至 22.3%。**房地产业**历经一年多的调整，增加值**同比增速**由-24.3%**收窄**至-1.0%，**对经济的**

**下拉作用明显减弱**。占比近两成的**批发零售业**同比增速回落 15.3 个百分点，成为拉动北京市服务业增速回落的主要原因，但同比增速依然达到 8.9%，回落幅度明显收窄；**交通运输、仓储和邮政业**在北京市五大物流基地建设推进下，尽管受到物价水平高企、高铁建设进度有所放缓等不利因素冲击，其增加值同比增速仍然达到 **8.4%**，仅回落了 1.4 个百分点；**金融业**受国家货币政策影响，其同比增速有所回落，但各季度仍能创造 500 亿元左右的增加值；**租赁和商务服务业**继续保持了较快的增长态势，实现同比增长 15.0%。

表 8~2　　主要年度各行业增加值占服务业比重（%）

| | "十五"期间平均水平 | 2010 年 1~3 季度 | 2011 年 1~3 季度 |
|---|---|---|---|
| 交通运输、仓储和邮政业 | 8.3 | 6.4 | 6.5 ↓ |
| 信息传输、计算机服务和软件业 | 12.1 | 12.4 | 12.7 ↑ |
| 批发与零售业 | 14.5 | 18.6 | 18.2 ︵ |
| 住宿和餐饮业 | 3.8 | 2.6 | 2.9 — |
| 金融业 | 17.3 | 17.3 | 17.3 — |
| 房地产业 | 10.2 | 8.2 | 8.4 ↓ |
| 租赁和商务服务业 | 7.4 | 9.9 | 9.6 ↑ |
| 科学研究、技术服务与地质勘查业 | 7.2 | 9.4 | 9.6 ↑ |
| 水利、环境和公共设施管理业 | 0.8 | 0.7 | 0.7 — |
| 居民服务和其他服务业 | 1.7 | 0.8 | 0.9 ↑ |
| 教　育 | 6.0 | 4.6 | 4.7 ↑ |
| 卫生、社会保障和社会福利业 | 2.4 | 2.3 | 2.4 — |
| 文化、体育与娱乐业 | 3.5 | 3.1 | 2.7 ↓ |
| 公共管理与社会组织 | 4.9 | 3.7 | 3.3 ↓ |

注："↑、↓、—、︵"分别表示上升、下降、持平、先上升，后下降趋势。

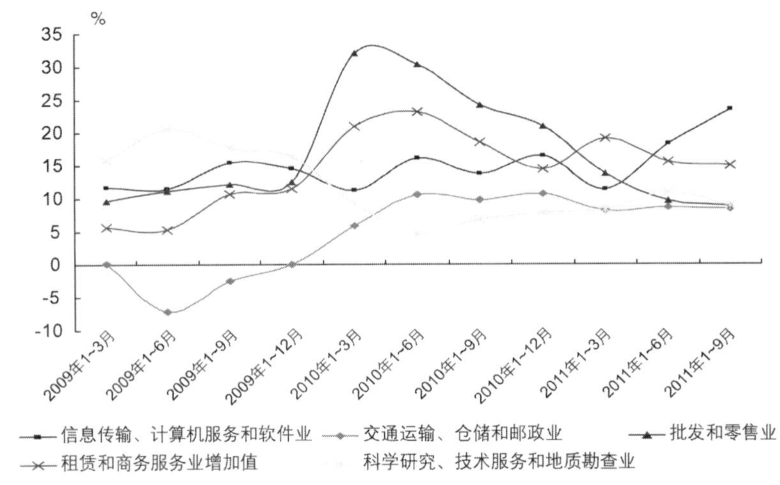


图8~4　2009年以来服务业各行业季度增加值增速

**（三）企业利润持续增加，内涵式增长动力提升**

受到成本推升和竞争加剧等因素影响，北京市服务业法人单位营业收入增速有所回落，但利润仍保持高速增长，服务业内涵式增长动力持续提升。2011 年 1~8 月北京市服务业法人单位累计实现利润 6666.7 亿元，同比增长 31.4%，利润增速明显快于营业收入增速与增加值名义增速。其中租赁与商务服务业、科技服务业、居民服务业同比增速有所提高。

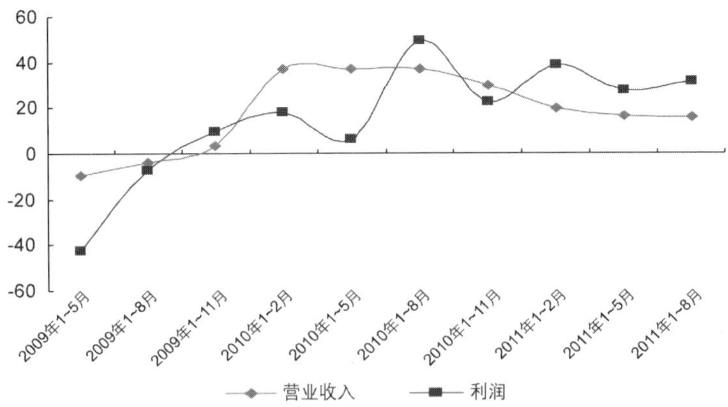


图8~5　2009年以来北京市服务业法人企业收入利润增速图

## （四）“两城两带、六高四新”的建设有利于高端资源集聚

2011年北京市积极打造“两城两带、六高四新”创新和产业发展空间格局，促进了高端资源集聚。在“1+6”政策推动下，首都创新资源平台已有19个国家部委、31个市属部门及10个中关村分园区入驻；在金融街西扩、CBD东扩项目吸引下不少在京中央企业入驻，其中世界500强全球一级总部就有中国电力建设集团有限公司、中国能源建设集团有限公司，许多原本在外地的中央企业也纷纷搬迁到北京。

延伸阅读：“六高四新”——产业集聚驱动经济发展

2011年上半年六大高端产业功能区，以7%的土地面积，贡献北京市40%以上的增加值，实现北京市48%的利润，创造北京市42%的纳税额，支撑北京市36%的GDP。这六大高端产业功能区，集聚了北京市90%的高技术产业、80%的现代制造业、55%的生产性服务业和52%的文化创意产业。

在八大产业集群带动下，**中关村**高技术产业上半年总收入已超万亿元，高新技术企业产值占工业总产值的比例提升至96%，中关村已然成为我国经济规模最大的高技术产业基地。金融创新给**金融街**带来了活力和财源。**金融街西扩为金融街的发展提供了更为广阔的空间载体，**北京市正在朝着以金融街为主中心区的、具有国际影响力的国际金融中心的方向快速迈进。首家环境交易所业已落户金融街，理财市场、大宗商品融资、结构性融资、银团贷款、衍生品等各类市场蓬勃发展，私募股权基金市场、产权交易市场前景广阔。**CBD**目前已吸引了世界500强企业中的160家进驻。2011年上半年，又有14家注册资本超亿元的大型企业总部进驻CBD。随着**CBD东扩的推进将带动周边区域的发展**，带来产业的转型和升级，企业总部在北京CBD，工厂选择在大厂等北京周边县市的新型模式正在逐步强化，央视、北京电视台纷纷从北京的西边向东边扩展，而传媒产业带继续向东延伸到了更为东边的三间房地区，传媒聚集区和传媒产业带已初具规模。文化交流展示，正成为**奥林匹克中心区**的新特色。上半年，奥林匹克中心区举办的活动多达472个，为2010年同期数量的5倍。其中有体育赛事，像FLL机器人世锦赛、意大利超级杯足球赛；也有文艺演出，如滚石三十周年演唱会、安德烈·波切利演唱会等。旅游门票不再是惟一收入，赛事、会展、文演成为新增长点。

**新首钢高端产业综合服务区**在面积约8.63平方公里的土地上，将建成“五区两带”，分别形成工业主题园、文化创意产业园、综合服务区、总部经济区和综合配

套区，以及位于永定河沿线滨河综合休闲带，贯穿内部的城市公用活动休闲带。通过培育新的高端产业功能区，吸引和聚集一批现代产业、企业总部、高级人才等，把首钢工业区建设成为**加快转变经济发展方式的示范区**，加上周边永定河，建设成为首都**生态文明建设的示范区或重点区**。**丽泽金融商务区**作为城八区中最后一块能够成规模、高规格的区域，其占地超 8.09 平方公里的大规模建筑面积，为金融机构提供了广阔的发展空间。规划面积 1000 万平方米左右的**通州高端商务服务区**，将为北京市发展总部经济、高端商务、康体医疗、文化传媒、会展培训等产业，积极吸引侨资总部落户，建设成为彰显现代化国际新城形象的特色高端商务服务区提供支撑。**怀柔文化科技高端产业新区**也将在文化科技新区、国际交往新城、现代产业基地和生态宜居典范四个方面发挥出集聚和引领作用。

“六高四新”已经形成了若干新的增长极，展现出联动发展的良好格局。产业集聚，人才集中，资源集约，功能集成。在“十二五”开局之年，着力打造的“六高四新”产业格局已展现出对北京经济创新发展的巨大辐射力和带动力，高端服务业的快速发展凸显对北京经济的支柱作用。

## 二、需要关注的主要问题

### （一）服务业出现趋缓迹象需引起关注

2011 年 1~3 季度北京市服务业同比增长 8.5%，为 2000 年以来的历史低点。从数据来看，每隔 10 年左右，服务业要经历一次大调整。如 1989 年增速为-2.7%，1998、1999 年增速为 10.1%和 10.6%，低于 1990~1997 年间 14.3%的年均增长；自 2008 年以来，服务业增速逐年回落，2010 年增长 9.3%，2011 年预计增速 8.5%左右，远低于 2007 年 15.4%的增长水平。短期来看，经济增长出现回落与宏观环境变化不无关系，如上世纪 90 年代末面临亚洲金融危机和我国国企改革的大背景，本次回落则面临国际金融危机。但长期来看，服务业增速的回落与自身结构有着密切关联，是服务业发展到一定阶段自我调整的结果。无论是国家还是北京市随着服务业规模的扩张、产业融合广度不断拓展，产业发展所需要素价格，如土地、劳动力、能源、资金以及公共服务价格不断上升，产业间竞争、地区间竞争也不断加剧，产业外延式发展的空间变得越来越小，这些经济环境的变化，从客观上就要求服务业更要加快向内涵式增长方式转变的步伐。

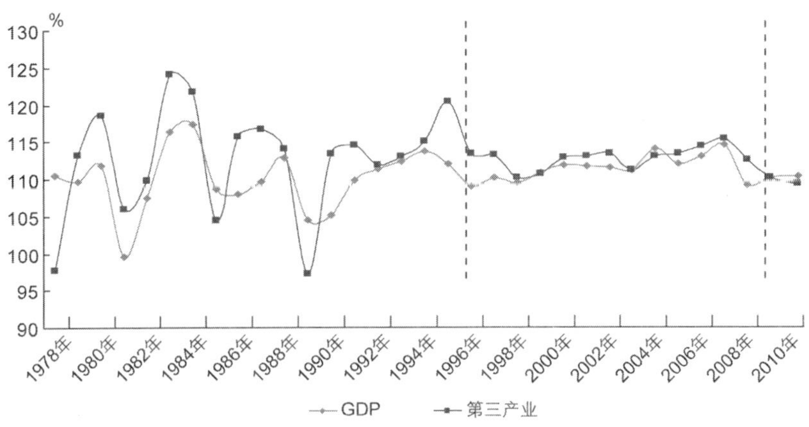


图8~6 1978~2010年第三产业年均增速示意图

延伸阅读：改革开放以来北京市服务业发展的阶段性规律

改革开放以来，伴随着我国经济体制改革的深化和市场化进程加快，首都服务业也经历了快速发展、结构优化和调整转型。大致可划分为三个阶段：

1．1978~1990 年：培育引导阶段，这一阶段是北京经济发展思路和产业结构调整的酝酿准备期。由于认识上的惯性以及国家改革开放背景下地方利益的明晰和强化，“大工业”战略意识仍然在很大程度上左右着首都的经济发展和城市建设。其代价就是北京成为世界上空气污染最严重的十大城市之一。在此历史转折时刻，产生了“首都经济”的概念，从战略高度提出要进一步提高第三产业在 GDP 中的比重。**此阶段的特征是，北京市工业化进程加快推进，服务经济在国民经济中的比重偏低**。

2．1991~2003 年：规模扩张阶段。社会主义市场经济确立，市场化水平的提升，首都经济战略的实施，北京市服务业发展迅速。加之，同期北京市**制造业大规模退让，服务业逐渐居于主导地位**。1995 年，北京市服务业的比重首次超过了第二产业，1998 年服务业比重超过 60%。

3．2003 年至今：结构优化阶段。随着首都功能定位进一步明确，产业功能区建设发展加快，服务业内部结构发生深刻变化，生产性服务业、文化创意产业等现代服务业加快发展，**生产性服务业五大门类年均增速均高于 GDP 增速，是国民经济增长最快的行业**，推动服务业继续快速发展。2010 年服务业成为全国第一个规模超过万亿元的城市，生产性服务业占首都经济比重达到 47.5%，生产性服务业主导的服务经济格局初步形成。

表 8~3　1978~2010 年各阶段三次产业年均增速（%）

| 阶　段 | GDP | 第一产业 | 第二产业 | 工业 | 建筑业 | 第三产业 |
|---|---|---|---|---|---|---|
| 1978~1990 年 | 9.2 | 7.3 | 8.3 | 7.9 | 13.3 | 11.5 |
| 1991~2003 年 | 11.1 | 1.2 | 10.1 | 10.3 | 9.0 | 13.3 |
| 2004~2010 年 | 11.9 | 0.6 | 10.6 | 10.8 | 9.9 | 12.6 |
| 1978~2010 年 | 10.5 | 3.4 | 9.5 | 9.4 | 10.9 | 12.4 |

### （二）生产性服务业增长原动力亟需体制改革激发

在国际、国内服务业与制造业以及服务业内部产业融合大背景下，2003年以来北京市服务业经历了一轮规模快速扩张的阶段[①]。但随着生产性服务业的规模扩张，**产业融合**广度不断**拓展**，产业竞争不断加剧，特别是在外需低迷与国内经济相对有所放缓背景下，服务业发展对于**产业间协同作用**、专业化服务、提高服务效率的要求也**越来越高。**但**北京市生产性服务业与各行业融合深度不足**，银行、保险业中众多金融服务业务受政策规制而无法开展，金融业无论是从规模上，还是从结构上都**不能够充分地迎合企业发展需要**；研发和科技服务业受知识产权保护、税收制度、企业发展环境制约，发展速度逐渐回落；物流服务成本偏高、商务服务辐射半径偏小，市场范围难以扩大。

### （三）服务价格上涨速度过快，劳动生产率增长缓慢

2011 年北京市服务项目价格指数累计值超过 7%，达到了 2005 年以来的历史高点，而同期 PPI 却始终未超过 3%。服务项目价格上涨过快侵蚀了居民的实际消费能力，制约了北京市服务业进一步发展。北京市服务项目价格上涨较快的一个重要原因就是其劳动生产率增长较为缓慢。“十一五”期间北京市服务业人均劳动生产率年均仅增长 10.6%，而同期第二产业社会劳动生产率则上涨了 14.0%，明显快于服务业劳动生产率。若按照不变价格计

---

[①] 生产性服务业通过提供物流服务、销售代理服务、制造维修服务等融合到各行业的价值链基本活动中，通过为各行业提供基础设施服务、研发服务、人力资源服务等辅助活动与其实现融合。

算，服务业社会劳动生产率提高速度则更为缓慢。服务业劳动生产率增长缓慢既是由服务业自身特点决定的[①]，也是由于北京市服务业技术创新、体制创新步伐滞后于服务业发展，科技成果转化率低、转化速度较慢所造成的。**劳动生产率增长缓慢已成为北京市服务业对通货膨胀承受力难以提升的重要原因。**

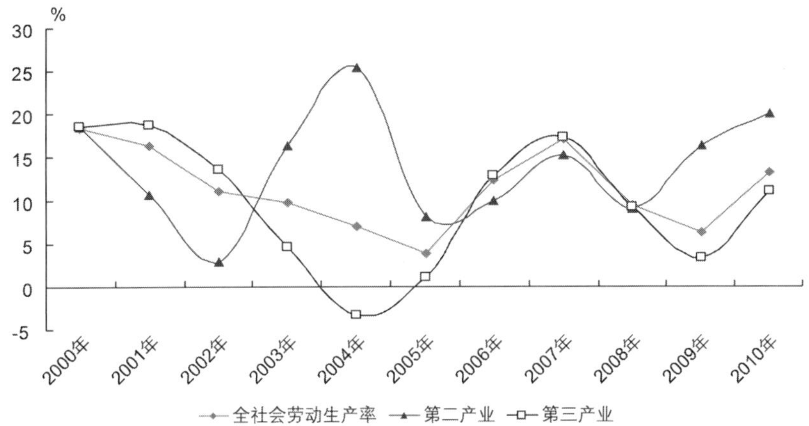


图8~7　2000年以来北京市服务业与第二产业劳动生产率增速图

### （四）要素成本上升制约总部经济的乘数效应发挥

一般来说，如果集聚在中心城市的企业总部业务有所拓展，那么将带动相关服务业，特别是知识型服务业发展，促进商务写字楼、房地产等城市投资增加。但从北京市近年来实际情况看，中央单位资产总额占到北京市八成左右，而增加值仅占北京市四成左右。如金融资产占全国金融总资产的三分之二，但每万亿资产仅实现增加值 29.5 亿元，**总部经济的产业乘数效应没有充分发挥**。很重要的原因就是中心城区土地、劳动力等要素价格太高，企业出于成本考虑往往将常规资源配置到中心城区周边。但由于北京市区域间产业层次落差太大，各区域间协调能力不足，企业将大量业务外移，甚至是企业外迁，致使北京市总部经济乘数作用难于发挥。这就

---

① 服务业自身特点决定其劳动生产率较低的原因：一是由于部分行业服务过程需要服务提供者直接参与，因此劳动力节约型的生产率提高难以实现；二是由于服务无法标准化，因此规模经济效应很难体现。

需要加强整体谋划，给予市场主体更多实惠，吸引总部经济的常规资源和战略资源，实现资源的市内循环。

**（五）服务型产品供给难以满足多层次、多样化需求**

随着北京市人民生活水平的不断提高，人们对于多层次、多样化服务型产品的需求也越来越强，服务型产品的供给明显不足。北京市居民服务业单位规模普遍不大，资金实力、经营理念、管理方式较为落后，连锁经营企业自有品牌尚少，与城市日新月异的变化和百姓生活品质的需求之间还存在一定差距。教育与市场脱节问题较为突出，文化场馆、场所较少且门票价格较高，优质医疗资源过度集中，服务型产品难以根据不同用户需求提供多样化的服务。

## 三、2012年北京市服务业发展的总体趋势

2012年，北京市服务业面临的国际环境、国内环境均难言乐观，但服务业发展政策环境较好，这有利于促进北京市服务业保持稳定增长。预计2012年北京市服务业将以8.3%左右的增速发展，在经济总量的比重达到76.3%。

**（一）多项政策扶持有利于北京市服务业保持稳定增长**

当前国家各部委和北京市已相继出台了财税优惠、供地倾斜、降低注册门槛、拓宽融资渠道等政策以促进服务业发展。从税收政策来看，国家试点将交通运输业和部分现代服务业的营业税改征增值税，2012年有望推广至全国；2011年大幅提高了营业税与增值税的起征点，税收政策的实施减轻了服务业企业的负担，有利于企业更快更好地发展。从产业政策来看，工信部给予云计算、电子服务、新型通信技术等领域政策倾斜，为其提供公共服务平台、担保融资、培训等多方面支持。2012年新首钢高端产业综合服务区“1+3”政策的建立将会集聚更多高端资源，推动首钢及其周边地区服务业的发展；中关村“1+6”政策的落实将为中关村国家自主创新示范区乃至北京市服务业发展提供动力。总体来说，随着服务业综合试点改革的推

进，北京市有望争取到更为优惠的政策，党的十七届六中全会的会议精神也将进一步推动北京市文化产业的发展。

**延伸阅读：聚焦增值税试点改革**

增值税和营业税是中国税收的两大重要形式，占税收总收入的比例接近一半。通过营业税、增值税改革，从而提高税收征管效率、减少重复税收并支持服务业发展。

增值税具有避免重复征税、贯彻公平税负的优势。10 月 26 日，国务院常务会议，决定从 2012 年 1 月 1 日起，在部分地区和行业开展深化增值税制度改革试点，逐步将目前征收营业税的行业改为征收增值税。①先在上海市交通运输业和部分现代服务业等开展试点，条件成熟时可选择部分行业在全国范围进行试点。②在现行增值税 17%标准税率和 13%低税率基础上，新增 11%和 6%两档低税率。③试点期间原归属试点地区的营业税收入，改征增值税后收入仍归属试点地区。试点行业原营业税优惠政策可以延续，并根据增值税特点调整。纳入改革试点的纳税人缴纳的增值税可按规定抵扣。

营业税改征增值税在上海先行试点，这是改革进程中的第一步。通过试点所获得的经验对于制订接下来 2013~2015 年全国改革指引至关重要。试点要求对交通运输业和部分现代服务业（研发和技术服务、文化创意、物流辅助和鉴证咨询）实行营业税改征增值税，分别适用新增设的两档试行税率。由于重复征税的环节减少，营业税改征增值税可能会小幅降低税负。如果上海的试点最终推行到全国，那么我们估计税负将降低人民币 1,500 亿元左右（占销售收入的 1%~2%）。就长期而言，所有缴纳营业税的行业将转而缴纳增值税——但各个行业受到的影响不同，取决于实施时间、税率/税负变化、定价调整、需求弹性、市场份额相应变化等。

### （二）服务业将焕发出新的活力

随着国内经济平稳较快增长，在科技、文化创新双轮驱动下，北京市生产性服务业、文化产业引领作用将进一步增强，科技服务业潜力将进一步发挥，服务业产业升级和融合发展的步伐将进一步加快。随着物联网、云计算、家庭服务业、新型旅游业、楼宇经济等新型业态的发展，北京市服务业将焕发新的活力。

表 8~4　　各部委对服务业发展的政策支持

| | |
|---|---|
| 财政部 | 进一步完善现代服务业优惠税收政策，在增值税立法中将服务业考虑进去，将增值税范围扩大到生产性服务业，为现代服务业发展营造宽松的税收环境，逐步建立财政促进现代服务业发展的长效机制，大力支持现代服务业聚集功能区，发展物流、保险金融、现代科技信息等高端生产性服务业，促进家政、商贸服务、养老服务、社区服务等生活型服务业，促进工业经济尽快向服务业经济转型发展。 |
| 工业和信息化部 | 在公共服务平台、担保融资、培训等多方面支持企业从事生产性服务业，在中小企业比较积聚的地区形成现代服务业体系，相关政策涉及云计算、电子服务、新型通信技术等领域。 |
| 中国人民银　行 | 加大已出台政策的贯彻落实力度，督促金融机构创新金融产品，改进金融服务模式；配合国家发改委制定《加快发展高新技术服务的指导意见》，鼓励金融机发构发展知识产权质押贷款和中小企业园区集合票据发行模式；继续鼓励非金融机构发展支付业务；规范互联网借贷行为，建议小额信贷机构与银行等进行合作，对网络平台、中介进行研究，出台行业指导意见。 |
| 银监会 | 重点推进小企业金融服务向基层的延伸，要求银行等机构向分支机构、基层网点传导精神。特别完善地方法人机构信贷评审机制，形成可持续的服务机制；加强银行业服务创新，根据企业需求提出适合行业发展的创新服务；不断加强小企业金融服务中的风险管控工作。 |
| 科技部 | 提升现代科技服务业发展水平，改造提升生产性服务业，围绕数字生活、数字文化等领域创新服务模式，加快现代服务产业科技支撑建设，推进重大项目，加速关键技术研究应用，在若干领域完善现代服务业支撑体系，提升新兴服务业发展能力，推动科技服务产业形成，找出一些示范区域，让产业基地形成范本。 |
| 商务部 | 加大政策扶持力度，促进商贸服务持续快速发展，拓展服务领域，大力发展现代流通方式，推进城乡商贸流通基础设施体系建设。制定外商直接投资指导目录，优化服务利用外资结构，鼓励外商发展现代生产性服务业，巩固旅游等传统行业，加大中医药强势服务对外输出，提升金融、交通等高端服务业。 |
| 卫生部 | 健全基层医疗服务体系，减轻市民药物负担，进行综合改革，提高效率，转变运行机制，落实补偿政策，转变以药养医模式，加快人事分配改革，转变服务模式；发挥医保作用，利用医保来推动付费模式改革，合理控制费用。 |
| 人保部 | 提供免费政策咨询、职业信息、职业服务指导，在社会保险补贴、创业培训、小额贷款提供支持力度，加强农民工输出和输入对接，推进劳务基地建设，培育家庭服务业品牌，大力发展家庭服务业，引导农民工、大学毕业生进入家政服务业。 |

**（三）产业空间布局将更趋完善**

从空间布局来看，首都圈内各个城市之间经济交流将会更为密切，城际之间产业融合将会得以发展；“两城两带，六高四新”创新引领作用将会进一步得到加强；核心区现代服务业体系将进一步完善，拓展区信息服务业、商务服务、科技服务业集聚态势将更加明显；城市发展新区和涵养区潜力将会进一步得以释放，民俗旅游、文化、休闲产业将进一步发展。

**（四）企业效益将有所提升**

从经济效益来看，随着物价水平逐步回落，定向宽松货币政策和预调微调货币政策不断落实，2012 年国家提高营业税、增值税起征点政策效果将会显现，北京市企业资金压力将会略有缓解，企业效益将会有所提升。

## 四、服务业内部各行业发展展望

**（一）文化资源优势有望得以释放，文创产业继续保持快速增长**

第一，作为全国政治中心、文化中心和国际交往中心，首都文化底蕴丰厚，拥有创新人才优势和高新技术优势。在国家推动文化产业成为国民经济支柱性产业、推动中华文化走向世界发展的时代，北京市文化创意产业迎来了较好机遇。第二，从文化创意产业中各产业来看，全国及北京市消费结构不断升级，对艺术品拍卖服务，工艺品销售服务，动漫、电影服务需求持续增长；党的十八大将在京召开，将为北京市广告会展和旅游、休闲娱乐业带来机遇。第三，文化与科技相融合、文化与金融相融合的步伐不断加快，为战略性新兴文化产业的孕育、发展和壮大提供了强劲的内生动力和旺盛的外部需求。预计 2012 年北京市文化创意产业增速仍将持续高于 GDP 增速，占 GDP 比重将不断提升。

延伸阅读：文化创意产业——北京重要的支柱产业

北京市文化创意产业是指以创作、创造、创新为根本手段，以文化内容和创意成果为核心价值，以知识产权实现或消费为交易特征，为社会公众提供文化体验的具有内在联系的行业集群。内容包括文化艺术，新闻出版，广播、电视、电影，软件、网络计算机服务，广告会展，艺术品交易，设计服务，旅游、休闲娱乐，其他辅助服务等九大领域。

“十一五”期间促进扶持北京市文化创意产业的政策密集出台，制定发布《北京市文化创意产业投资指导目录》、每年安排 5 亿元文化创意产业发展专项资金、扩大文化创意产品和服务政府采购范围、认定 30 个文化创意产业集聚区等等。在政策扶持下，“十一五”期间北京市文化创意产业增加值由 2005 年的 674.1 亿元增加到 2010 年的 1692.2 亿元，按现价计算，增加值年均增速达到 20.2%，资产合计 1.1 万亿元，年均增长 16.8%；利润总额 429.8 亿元，年均增长 31.3%。

2011 年北京市文化创意产业延续了“十一五”时期的平稳增长态势，并呈现利税增长明显快于收入增长的态势。1 至 8 月，规模以上文化创意产业单位累计实现收入 4506.4 亿元，比 2010 年同期增长 17.2%，高于第三产业同期增速 1.5 个百分点；实现利润 275.5 亿元，同比增长 28.9%，略低于 2010 年同期 0.4 个百分点；应缴税金 196.6 亿元，增长 18.8%，高于 2010 年同期 0.4 个百分点。文化创意产业九大领域中，艺术品交易、软件网络、旅游休闲娱乐、设计服务等四大领域增长较快，高于文化创意产业平均增速。其中，艺术品交易增长最快，同比增长 58.6%，高于“十一五”时期年均增速 8.8 个百分点；旅游休闲娱乐同比增长 25.8%，高于“十一五”时期年均增速 12.1 个百分点；软件网络同比增长 18.6%，虽低于“十一五”时期平均增速，但高于 2010 年同期增速 1.7 个百分点；设计服务同比增长 17.4%，高于“十一五”时期年均增速 5.3 个百分点。

随着党的十七届六中全会精神的落实，北京市文化创意产业资源将会进一步得以释放，文化创意产业的集聚优势将会更加明显。

### （二）信息服务业较快增长

2011 年在软件业迅猛发展带动下，北京市信息服务业实现了高速增长，朝向世界级信息服务业迈进。有望在未来几年成为百亿级集团的企业，如百度、用友、神州数码、华胜天成、搜狐、新浪、中国软件、航天信息、方正、同方、文思创新、亚信等发展势头良好，这种态势有望在 2012 年得以延续。2012 年云计算、物联网、移动互联网等为代表的战略性新兴产业将推动新一轮创新创业浪潮的兴起。总体来说，2012 年北京市信息服务业将保持较快增长。

### （三）科技服务业保持稳定

在“1+6”等创新政策扶持下，2011 年北京市科技服务业延续了快速、稳定的增长态势。2012 年北京市科技服务业发展的有利因素依然较多，以中关村为龙头的高新技术企业科技实力逐步壮大。北京市拥有众多较高研

**延伸阅读：我国信息服务业在政策扶持下有望再造辉煌 10 年**

工信部数据显示，2010 年我国软件业实现新的突破，业务收入达到 13364 亿元，同比增长 31%。产业规模比 2000 年的 594 亿元扩大 22 倍多，年均复合增长高达 38%，占电子信息产业的比重由 2000 年的 5%上升到 18%。我国软件业在全球软件与信息服务业中所占份额由不足 1%上升到超过 15%。软件业增加值占 GDP 的比重由 2001 年不足 0.3%上升到超过 1%，软件业从业人数由不足 30 万人提高到超过 200 万人，对社会生活和生产各个领域的渗透和带动力不断增强。过去 10 年，信息服务业已经经历了一个光辉的岁月。展望未来，我们认为软件行业将再造一个辉煌的 10 年，预计行业规模在“十二五”期间将出现 25%的复合增长，未来五年软件行业规模有望达到现在的 3 倍，达到 4 万亿元左右。而在“十三五”期间，规模增速将降为 18%左右。预计在政策扶持下信息服务业将再造一个辉煌 10 年。在此背景下，我国软件和服务业领域将出现数十个业务规模超过 100 亿元的公司，数百个业务规模达数十亿元的公司。

究水平的科研院所，资源优势较为明显。北京市技术市场交易额逐年攀升，技术、人才的市场化水平提高较快。众多大中型公司的研发机构也纷纷落户北京，这也有利于提高北京市科技创新的本土化水平，因此预计 2012 年北京市科技服务业仍将保持稳定增长。

**（四）金融业将继续趋缓**

2011 年受央行货币政策以及银行业监管力度加强影响，北京市金融业同比增速延续了 2010 年下半年的回落态势。2012 年北京市金融业面临的挑战较多，相对于 2011 年，2012 年国家经济增速趋缓将成为大概率事件，物价水平仍然处于较高水平，货币政策预调微调空间有限，房产调控政策下，房地产及其相关产业难有起色。因此，预计北京市金融业将继续趋缓。

**（五）房地产业难有起色**

2011 年北京市在建设世界城市引导下，市场对北京市高端、优质写字楼和商业用房物业需求持续增加。2012 年北京市商业用房仍将保持较快增长，但增速将会略有回落；保障房建设进度也将有所放缓，商品房在政策作用下难言乐观。因此，预计 2012 年北京市房地产业难有起色。

延伸阅读：2012 年银行业增速回落概率较大

2012 年的货币政策将会转为相对宽松，粗略估计信贷目标大约在 8 万亿元左右。但 8 万亿元是否能够放出来还存在着不确定性。如一些中小银行及股份制银行存在较强的信贷比和存准约束，基础货币是否能够支持 8 万亿将成为关键。

2012 年全球经济下行几成定局，全球贸易受影响的可能性较大，中国贸易顺差增速有可能下降至个位数的水平。考虑到欧洲债务危机以及海外银行去杠杆速度加快的影响，2012 年全球的货币环境很难再像 2009、2010 年那样宽松。考虑到当前资金流出加速的情况，2012 年外汇占款增长额将大幅下降。粗略估计，2012 年增长额的规模为 1.5 万亿~2 万亿元，远小于 2011 年 3 万亿元的水平。因此在基础货币的增长方面，2012 年将明显弱于 2011 年。这就意味着 2012 年信贷扩张的幅度较为有限。

2012 年随着资金面的宽松，银行业净息差的扩张将变得较为困难。并且那些依靠信贷紧张而带来的中间业务增长速度回落的压力将有所上升。因此，若没有新的中间业务思路推动，银行业中间业务增速回落将成为大概率事件。

### （六）批发零售业有望实现稳定增长

2011 年受汽车限购政策影响北京市批发零售业同比增速大幅回落，但剔除汽车限购影响后，北京市批零业发展势头依然良好。2012 年随着通胀预期的下降，随着人民实际生活水平的提高和人口结构的变化，食品、衣服、饰品消费仍将保持较快增长。2012 年众多大型的商场、超市、家居市场将在大兴等城市发展新区建成，这也将对北京市批发零售业的稳定增长起到一定的促进作用。此外，消费环境的改善、交通运输能力的提升，都将成为北京市批零业发展的有利因素。综合来看，北京市批发零售业 2012 年有望实现稳定增长。

### （七）交通运输、仓储和邮政业保持平稳

从北京市物流行业发展现状看，仓储物流企业仍然处于外延式扩张阶段，其生存关键在于仓库、货场、储罐等基础设施。预计随着顺义空港、通州马驹桥、房山良乡、平谷马坊和大兴五大物流基地建设的推进与完善，2012 年北京市物流服务业增长有望趋于稳定。从经济发展趋势来看，降低

物流成本已成为必然，物流业之间的竞争日趋激烈，加之电子商务纷纷自建物流，这些都对物流业发展提出了更高要求，对其加快转型步伐的要求也越来越迫切。物流业发展的长期动力需要依靠管理能力的提升和增值业务的开展。北京市应紧紧抓住转型的良好机遇，大力发展供应链管理，依靠网络、激励、资本运作和财务管理优势，推广类似仓储质押等增值业务，提升物流企业的核心竞争力。

延伸阅读：供应链管理——国内刚起步的新兴业务

20世纪80年代以来，由于科学技术和经济的不断发展和市场竞争的日益激烈，工业发达国家80%都放弃了过去参与供应链上下游的“纵向一体化”管理模式，取而代之地转向了只抓核心竞争力业务、将非核心业务外包给合作伙伴企业的“横向一体化”模式。供应链管理这一新的运作模式因此应运而生。“供应链管理企业”没有厂房、仓库、运输工具，也没有任何垄断权力，凭借着复合型的知识和人才、规范的工作流程、良好的商誉，为客户管理着采购、分销、物流、信息、在途资金等各个重要环节，并以优质的服务获取稳定的回报和快速的成长。

表8~5　　供应链管理业务分类

| 业务类别 | 简要描述 | 盈利模式 | 代表案例 |
|---|---|---|---|
| 物流服务 | 运输、仓储、配送等服务 | 运输服务收入、仓储货物装卸及货运代理收入 | 美国罗宾逊全球物流、长江投资的配送服务 |
| 采购服务 | 代理采购原材料、半成品及成品 | 代理采购服务收入、通关保税仓储等收入 | 利丰贸易、建发的纸浆业务、飞马的煤炭业务、怡亚通的采购执行及虚拟生产业务 |
| 增值分销 | 营销支持、客户管理、货品管理 | 市场营销服务收入、客户管理与货品管理等收入 | 利合经销、利丰零售、建发的汽车及红酒业务、怡亚通的深度分销业务 |
| 综合服务 | 整个分销、采购、物流及供应链系统设计、实施和运作 | 供应链整合收入、供应链增值服务收入 | ZARA |

**（八）旅游业将继续保持快速发展**

近年来北京市旅游接待人数与旅游总收入不断创出新高，旅游对经济的贡献率也越来越高。2012年北京市旅游业发展的有利因素仍然较多：第一，随着居民收入水平的提高和生活理念的改变，人们对于旅游的需求也越来越旺盛，这为北京市旅游业的发展带来契机。第二，北京市拥有较多的人文古迹，拥有秀丽的自然风光，北京胡同游、北京听相声、北京看京剧等项目深受群众喜爱。第三，随着人们生活水平的提高，郊区游、民俗游等休闲旅游业发展较为迅猛，并具有较强的带动作用。因此，预计2012年北京市旅游业仍将保持快速发展。

延伸阅读："十一五"期间北京市旅游业已成为北京市重要支柱产业

"十一五"期间，北京市委、市政府出台了《关于全面推进北京市旅游产业发展的意见》等政策，旅游业的产业结构和经营模式显著改善。产业链上下延伸，新增了网络旅游、汽车租赁等新兴行业，满足了旅游的个性化需求，以携程网为代表的网络旅游服务业，为旅行者提供了全方位的服务。在传统旅游业保持稳定增长的同时，新兴旅游业快速成长。商务会展旅游的国际影响力日益扩大，大型的国际商务会议展览纷纷选择北京为举办地。休闲度假游、体育游、工业游等新兴旅游形态也吸引了越来越多的投资方和消费者。

在政策扶持下，与"十五"期间相比，"十一五"期间来京旅游者人数增长36.4%，达77926.4万人次；入境游客人数增长44.4%，达2107.4万人次，旅游外汇收入累计增长52.3%，达224.7亿美元；国内游客增长36.2%，达75818万人次，国内旅游收入累计增长95.5%，达9712.9亿元。目前北京旅游业年增加值已占GDP的7%左右，已成为促进首都经济发展的重要产业。到"十二五"末期，旅游业占北京市GDP的比重将达到7%到10%之间，成为北京市的重要支柱产业。

## 五、政策建议

### （一）推进政策体系建设，促进资源优势转化

根据目前其他城市和国家服务业发展的普遍经验，应充分重视金融资源、创业人才、总部经济和知识产权等高端要素。建立全流程的政策扶持，实现对服务业关键要素和重点流程的政策广覆盖。推进服务业政策体系的系统性建设，针对服务业门类多、集群度高、创新性强、辐射面广的特点，整合资金、人才、科技、土地、知识产权等要素资源，强化研发、推广、

服务贸易、服务保障等各环节支撑力度，提升政策的系统性扶持能力。

**（二）坚持创新驱动，提高服务业竞争实力**

加大科技企业财政扶持力度。建立健全鼓励中小企业自主创新的资金扶持和信用担保制度，搭建多种形式的科技金融合作平台；开展知识产权质押融资，联合金融机构为符合条件的科技型中小企业提供知识产权质押贷款；鼓励创业投资机构投资技术创新型企业。

提升科技创业的服务水平。促进创新中介服务体系建设，加快培育专业化、规模化、规范化的科技中介机构和新兴行业协会，构建以科技咨询、成果评估、技术交易为主要内容的科技中介服务体系；积极落实知识产权战略，广泛开展保护知识产权促进产业发展的知识培训；积极组织知识产权试点、示范企业申报。

**（三）加快服务业人才培养**

生产服务业是知识、技术密集型的行业，需要高素质的专门人才才能驾驭。同时我们也要注意到，生产服务业的经营管理人才不同于一般产业对人才的要求，不仅需要专门的技术和专业知识，也需要通晓国际商贸理念和规则，把握现代制造业和国际商务的技术特点。我们要加快服务业人才培养，拓宽人才培养途径，积极吸引和聘用海外高级人才。加快培养信息、金融、保险、各类中介服务等方面的专业人才。有计划地引导现有高等学校和中等职业学校增设服务业紧缺的专业，引导专业培训机构定向培养相应高级现代服务业商务人才。加强岗位职业培训，全面推进职业资格证书制度，建立服务业职业资格标准体系，提高服务业从业人员水平。

# 第九章　高技术产业

## 创新发展取得新突破 产业集聚趋势明显

2011 年，北京市高技术产业克服出口放缓、信贷紧缩等不利因素，在我国加快经济发展方式转变的大背景下，以中关村示范区“1+6”各项先行先试工作深入推进为契机，实现平稳较快发展。展望 2012 年，在产业发展政策进一步完善、功能区建设加速推进、国际高端产业链加快转移、中小微企业经营环境有所改善的大趋势下，北京市高技术产业将有望保持平稳较快增长态势。

### 一、2011年北京市高技术产业发展总体情况

2011 年，在国内外环境复杂多变，内外部需求相对疲软的环境下，北京市高技术产业保持相对平稳的发展局面，产业规模不断扩大，产业结构日趋合理，产业布局逐步优化，自主创新能力持续提高。

#### （一）高技术产业保持相对平稳发展态势

2011 年，北京市高技术产业在中关村示范区“1+6”各项先行先试政策的带动下，充分发挥首都资源创新平台作用，全面提升自身创新能力和核心竞争力水平，总体呈现平稳较好发展态势。

**1．信息服务业对高技术服务业支撑作用日趋明显**

2011 年以来，北京市高技术服务业在政策激励效应、制造业服务化趋势趋强等因素作用下，充分发挥首都创新资源优势，总体呈现较好发展态势，1~9 月，实现增加值 1945.3 亿元，现价同比增长 21.5%，基本恢复至金融危机前的水平，年内增速呈现逐季上升趋势。

表 9~1　2006~2010 年北京市高技术服务业增加值及同比增速

| | 2006 | | 2007 | | 2008 | | 2009 | | 2010 | |
|---|---|---|---|---|---|---|---|---|---|---|
| | 增加值(亿元) | 增速(%) | 增加值(亿元) | 增速(%) | 增加值(亿元) | 增速(%) | 增加值(亿元) | 增速(%) | 增加值(亿元) | 增速(%) |
| 高技术服务业 | 1135.0 | 21.5 | 1436.7 | 26.6 | 1705.8 | 18.7 | 1883.4 | 10.4 | 2155.1 | 14.4 |
| 信息服务业 | 696.4 | 18.7 | 870.5 | 18.6 | 999.1 | 16.8 | 1066.5 | 14.5 | 1242.5 | 16.5 |
| 科技服务业 | 438.6 | 26.3 | 566.2 | 29.1 | 706.7 | 24.8 | 816.9 | 16.4 | 912.9 | 7.8 |

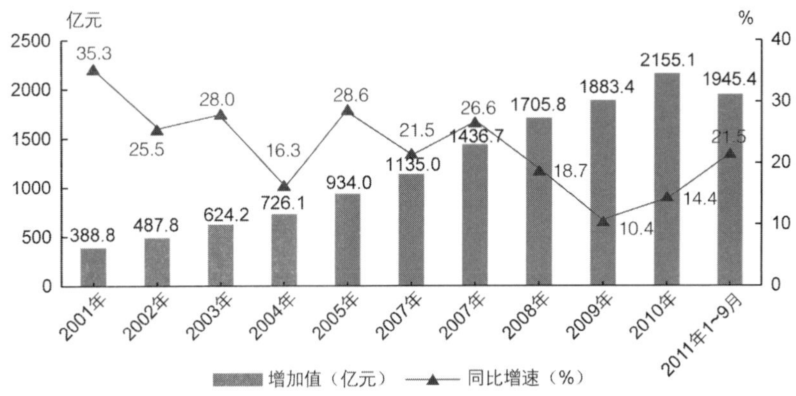


图9~1　2001~2011年北京市高技术服务业增加值及同比变化

其中，2011 年 1~9 月，信息服务业在软件、计算机制造等领域的带动下，实现增加值 1105.8 亿元，现价同比增长 23.5%，增速较 2010 年同期提高近 10 个百分点，达到 2006 年以来的最高水平。随着系统软件、数据库及其应用软件领域等产业链高端环节比重不断加大，信息服务业内部结构日趋合理，对高技术服务业支撑作用逐步加强，1~9 月信息服务业对高技术服务业增加值贡献率达到 56.1%，较 2010 年同期大幅提高 19.5 个百分点；占高技术服务业比重近 4 年一直稳定在 57%上下，对高技术服务业支撑作用明显。1~9 月，北京市科技服务业在科技中介服务、专业技术服务等领域带动下，实现增加值 839.5 亿元，现价同比增长 8.8%，增速较 2010 年同期小幅提高 2 个百分点，扭转了 2008 年以来增速逐年放缓局面。

### 2．高技术制造业保持平稳增长态势

表 9~2　近年北京市高技术制造业细分领域增加值及占比

| 年度 | 电子及通信设备制造业 | | 电子计算机及办公设备制造业 | | 医药制造业 | | 医疗设备及仪器仪表制造业 | | 航空航天器制造业 | | 信息化学品制造业 | |
|---|---|---|---|---|---|---|---|---|---|---|---|---|
| | 增加值(亿元) | 占比(%) | 增加值(亿元) | 占比(%) | 增加值(亿元) | 占比(%) | 增加值(亿元) | 占比(%) | 增加值(亿元) | 占比(%) | 增加值(亿元) | 占比(%) |
| 2006 | 1792.7 | 67.3 | 461.3 | 17.3 | 150.1 | 5.6 | 201.3 | 7.6 | 54.5 | 2.0 | 5.8 | 0.2 |
| 2007 | 2269.5 | 71.0 | 424.3 | 13.3 | 202.3 | 6.3 | 230.1 | 7.2 | 60.4 | 1.9 | 7.8 | 0.2 |
| 2008 | 2046.5 | 68.3 | 364.8 | 12.2 | 263.9 | 8.8 | 263.9 | 8.3 | 64.4 | 2.1 | 9.0 | 0.3 |
| 2009 | 1771.3 | 64.1 | 350.5 | 12.7 | 313.1 | 11.3 | 253.8 | 9.2 | 68.5 | 2.5 | 7.4 | 0.3 |
| 2010 | 1850.4 | 61.6 | 404.3 | 13.5 | 372.8 | 12.4 | 372.8 | 9.3 | 86.3 | 2.9 | 12.3 | 0.4 |

2011 年 1~9 月，北京市高技术制造业在医药制造业、医疗设备及仪器仪表制造业等领域的支撑下，较好克服了通信设备、计算机及其他电子设备制造业等领域表现低迷的影响，保持相对平稳增长态势，增加值同比增长 9.9%，领先北京市工业增速 2.7 个百分点。产业结构持续优化，电子及通信设备制造业比重呈平稳下降趋势，医药制造业、医疗设备及仪器仪表制造业比重逐年上升。

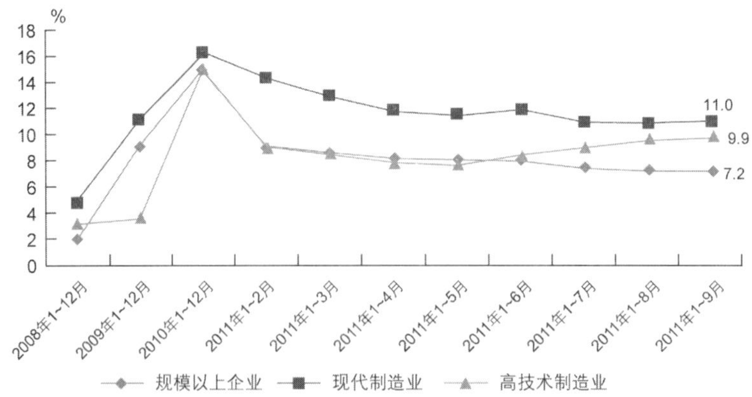


图9~2　2008~2011年北京市高技术制造业、现代制造业及规模以上企业增加值变化

从年内走势看，进入6月份以后，高技术制造业增加值增速由年初温和盘整步入平稳上升通道。分领域看，医药制造业对高技术产业支撑作用逐渐加强，2011年1~9月增加值现价同比增长29%，远高于其他领域增速；通信设备、计算机及其他电子设备制造业增加值同比降幅自5月份以来持续收窄。

延伸阅读：2011年第三季度中经装备制造业景气指数解读

2011年10月17日，国家统计局和经济日报社中经产业景气指数研究院联合发布第三季度中经装备制造业指数报告。报告显示，2011年第三季度中经装备制造业景气指数为99.9点（景气标准为100点），与上季度基本持平。中经装备制造业预警指数为90.0点，比上季度回落3.3点，仍然在“绿灯区”运行。

一、生产高位回稳

2011年第三季度，我国装备制造业生产合成指数为116.0点（2010年同期=100），与第二季度持平，从2010年第二季度130点的高位回落后趋于平稳。其中，通信设备、计算机及其他电子设备制造业和仪器仪表及文化、办公用机械制造业的生产略有加速。与全部工业14.2%的平均增速相比，除交通运输设备制造业的生产增速（11.9%）明显较低外，其余5个子行业的生产增速均高于该平均增速。

二、销售增速略有提高

从销售情况看，2011年第三季度装备制造业产品销售收入为66809.1亿元，同比增长23.1%，增速比第二季度略高0.4个百分点。其中，通信设备、计算机及其他电子设备制造业和仪器仪表及文化、办公用机械制造业的销售增速有所加快，其余4个子行业略有放缓。

三、出口增长较为乏力

2011年第三季度，我国装备制造业出口额为2526.9亿元，同比增长16.1%，同比增速较第二季度回落4.0个百分点，且明显低于近10年来平均增长水平；装备制造业出口交货值占装备制造业产品销售收入的比重为25.3%，与上季相差不大。以上数据表明，装备产品出口需求仍处于增长乏力状态，对内需的依赖呈加强态势。

四、利润率处于历史较高水平

2011年第三季度，装备制造业实现利润总额为3789.8亿元，同比增长11.4%，同比增速较第二季度回落1.9个百分点，回落速度逐渐放缓。装备制造业各子行业的利润增长均呈不同程度的回落，其中，交通运输设备制造业（11.5%）和通信设备、计算机及其他电子设备制造业（2.1%）的利润增长仍在低位。装备制造业的销售利润率与第二季度相比变化不大，达到 5.7%，仍处于近几年的较高水平。与产销由回落转为趋稳的走势基本一致，装备制造业效益增速的回落势头也逐步趋缓。鉴于当前国内原材料价格趋稳，多数装备产品市场需求仍呈平稳增长态势，装备制造业利润增长进一步放缓的可能性减小，未来或将趋于稳定。

五、投资呈较快增长态势

2011 年第三季度，装备制造业固定资产投资总额为 10702.4 亿元，同比增长 38.7%，与第二季度基本持平，比全社会平均投资增速高 13.7 个百分点，继续保持平稳较快增长。其中，电气机械及器材制造业的投资继续保持在 50%以上的高增长水平，其余 5 个子行业的投资增速也维持在 30%以上。

六、行业预期

从未来走势看，鉴于宏观政策方面对装备制造业整体的积极推动作用，该行业继续保持平稳运行是可以预期的。从目前的宏观形势看，投资依然保持较快增长态势，而且新开工项目投资增长有加快迹象，加上战略性新兴产业的发展规划在“十二五”开局之年逐渐展开，必将促使装备制造业尤其是其中的通用设备和专用设备制造业等与投资关联度高的行业的景气度继续在高位运行；受汽车市场理性回调、高铁投资减速等因素影响的交通运输设备景气回落趋势已出现放缓迹象，四季度可望保持平稳增长；通信设备、计算机及其他电子设备制造业的发展前景与出口形势和消费能力的提升密切相关，短期内景气能否明显回升存在较多不确定性。

（资料来源：中国经济网 内容有删节）

### （二）南北产业带走势各异

2011 年作为“十二五”的开局之年，在中关村自主创新示范区加快建设速度的带动下，北京市北部研发服务发展带[①]总体保持平稳较快发展态势，各主要经济指标均实现平稳较快增长；在需求下滑等因素制约下，南部战略性新兴产业发展带[②]整体增速有所放缓。

#### 1. 北部研发服务发展带实现平稳较快增长

2011 年 1~8 月，北部研发服务发展带总体保持平稳较快发展态势，各主要经济指标基本实现较快增长，其中实现总收入 5833.9 亿元，同比增长

① 北部研发服务发展带包括中关村科技园海淀园和中关村科技园昌平园。

② 南部战略性新兴产业发展带包括北京经济技术开发区、中关村科技园通州园、中关村科技园丰台园、中关村科技园大兴基地。

13.4%；实现利润 367.8 亿元，同比增长 31.0%，增速大幅领先北京市 22.3 个百分点。从发展带组成园区看，中关村科技园海淀园保持快速稳健的发展态势，总收入同比增速达到 18.8%，各主要经济指标普遍向好，经过 20 多年的发展初步形成了以电子信息产业为优势，新材料、新能源等特色产业快速发展的良好局面。

延伸阅读：联想 PC 份额跃居世界第二

据市场调查机构 Gartner 第三季度最新数据显示，联想 PC 出货量首次超过戴尔，市场占有率由 11.1%上升至 13.5%，排名全球第二位。

公告显示，2011 年第三季度全球 PC 出货量为 9180 万台，比 2010 年同期增长 3.2%，惠普第三季度依然是 PC 冠军，出货同比增长 5.3%；联想在第三季度表现出色，全球市场占有率由 11.1%上升至 13.5%，超过戴尔，排名全球第二位。联想的出色表现主要得益于早前与日本 NEC 的结盟，加上积极的营销策略，第三季度的市场份额达 13.5%，2010 年同期为 11.1%，超过戴尔的 11.6%。

不过，该报告称，世界 PC 销售量的增长速度正在放缓，原因是消费者日益转向智能手机和苹果 iPad 等平板电脑，在第三季度中，美国 PC 销售量仅同比增长 1.1%。未来，由于 PC 市场增长速度放缓的缘故，厂商之间的合并交易已经成为更加明显的行业发展趋势。在这个季度中，联想最近与 NEC 合并及其收购德国电子厂商 Medion 的交易，以及惠普称其可能分拆或出售 PC 部门，都表明了这种趋势。

（资料来源：新浪科技，内容有删节）

**2. 南部产业带增速放缓**

2011 年 1~8 月，实现总收入 3838.1 亿元，同比增长 10.5%，增速较 2010 年同期大幅放缓 14.6 个百分点；实现利润 262.2 亿元，同比下降 3.1%；受欧盟等地区订单大幅下降影响，出口同比大幅下降 23.6%。从产业带组成区域看，1~8 月，北京经济技术开发区总体表现不佳，增加值和总收入同比增长不足一成；利润和出口呈下滑走势，降幅均超过 15%。不过，值得一提的是中关村科技园丰台园和大兴基地在轨道交通和生物医药等产业的拉动下，总收入实现快速增长，增速分别达到 23.7%和 18.4%。

表 9~3　2011 年 1~8 月北京市南北产业带主要经济指标

| | 总收入 | | 利润 | | 出口交货值 | | 税费 | |
|---|---|---|---|---|---|---|---|---|
| | 1~8 月(亿元) | 增速(%) | 1~8 月(亿元) | 增速(%) | 1~8 月(亿元) | 增速(%) | 1~8 月(亿元) | 增速(%) |
| 北部产业带 | 5833.9 | 13.4 | 367.7 | 31.0 | 61.3 | -4.2 | 279.9 | 16.2 |
| 海淀园 | 5151.9 | 18.8 | 308.5 | 31.2 | 45.0 | -3.1 | 241.2 | 17.3 |
| 昌平园 | 682.0 | 27.5 | 59.2 | 7.9 | 16.3 | 18.2 | 38.7 | 29.3 |
| 南部产业带 | 3838.0 | 10.5 | 262.1 | -3.1 | 474.3 | -23.6 | 227.6 | 38.6 |
| 北京经济技术开发区 | 2287.6 | 5.2 | 171.4 | -15.4 | 456.0 | -16.7 | 174.4 | 36.6 |
| 丰台园 | 1420.3 | 23.7 | 85.8 | 110.6 | 4.6 | -7.1 | 46.7 | 17.0 |
| 通州园 | 104.8 | -15.2 | 1.7 | -73.7 | 12.2 | -38.7 | 4.7 | 1.4 |
| 大兴基地 | 25.4 | 18.4 | 3.2 | 13.3 | 13.5 | 13.0 | 1.8 | 7.9 |

### （三）创新活跃程度保持较高水平

#### 1．企业创新主体地位加强

2011 年，北京市技术交易呈现快速发展态势，技术交易规模持续扩大，对外辐射能力进一步提高。截至 9 月，北京市共输出技术合同 34146 份，成交额达到 1740.0 亿元，同比增长 48.0%，增速较 2010 年同期提高 19.2 个百分点。从对外辐射能力看，1~9 月，北京市共输出技术服务合同 18801 份，成交额达到 1340.8 亿元，同比增长 48.4%，占输出技术合同总额的近 8 成；输出技术服务合同主要集中在现代交通、节能环保和电子信息等战略性新兴产业领域，比重分别占到 31.1%、28.4%和 8.1%。从技术合同输出主体看，企业作为创新主体的地位正在加强，1~9 月，北京市企业共输出技术合同额达到 1693.4 亿元，占比达到 97.3%；同比增速为 49.4%，高出北京市水平 1.4 个百分点。

北京市专利活动也呈快速发展态势，2011 年 1~9 月，北京市发明专利申请量为 30304 件，同比增长 36.8%；发明专利授权量为 11690 件，同比增长 46.4%；每万人拥有发明专利 24.9 件，居全国之首，高出第 2 位上海市近一倍。中关村示范区专利申请量大幅提高，1~9 月，示范区专利申 请数达到 9161 件，同比增速高达 50.5%；发明专利授权数达到 3700 件，同比增长 21.0%，其中，欧美日专利授权 166 件，同比增长 45.6%。

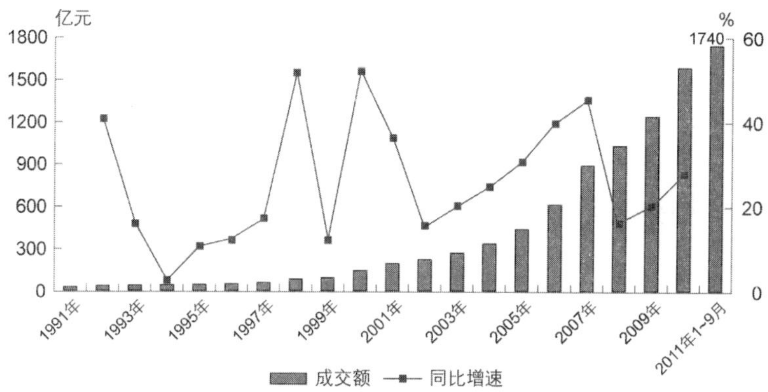


图9~3 1991~2011年北京市技术交易成交额及同比变化

**2．示范区企业保持较高创新投入水平**

2011 年，中关村示范区创新较为活跃。1~9 月示范区规模以上企业内部用于科技活动的经费支出达到 407.3 亿元，同比增长 19.0%，2011 年以来增速一直保持在 20%上下，大幅度领先 2010 年同期水平；创新强度[①]达到 3.3%，略高于 2010 年同期水平。创新产出方面，1~9 月，中关村示范区共

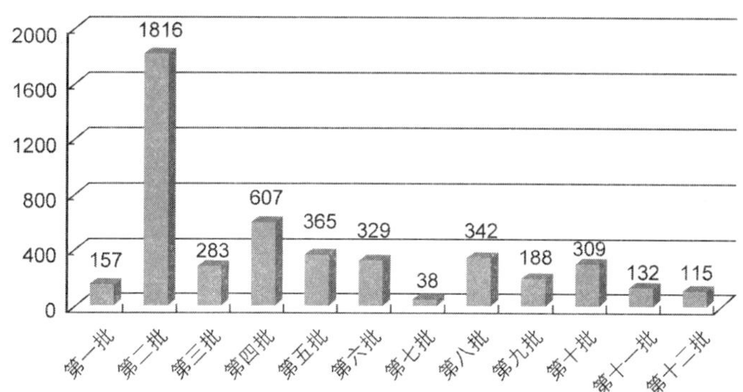


图9~4 历批次北京市入选自主创新产品情况

注：截至 2011 年第 12 批。

① 创新强度=企业内部科研经费支出/企业总收入。

实现技术收入1707.8亿元，同比增长19.9%，2011年全年稳定在20%上下。从技术收入全年变化趋势来看，年初示范区技术收入增速落后于总收入，进入4月份，在示范区总收入增长放缓的局面下，技术收入呈现出相对稳定的增长态势，同比增速实现反超并延续至今，成为支撑示范区总收入的重要力量。

## 二、值得关注的问题

### （一）部分企业经营压力骤升

2011年以来，受多方面因素影响，北京市部分高技术企业经营陷入困境。主要表现在，**一是**受紧缩性货币政策影响，部分企业贷款授信额度降低，融资成本抬高，现金流趋紧，有些在建项目被迫停工。**二是**受输入性通胀、水电等资源品价格上调等因素影响，北京市企业经营成本居高不下。同时，随着老龄化社会到来，北京市人口红利将逐渐消失，用工成本上升趋势或将难以逆转。**三是**国内外突发事件对北京市部分企业影响严重。高铁建设放缓、风电场项目审批冻结使北京市部分轨道交通、新能源企业收入大减；中东、北非政局动荡，使北京市部分企业海外投资难以收回。

### （二）部分产业进入变革期面临诸多考验

近年，北京高新技术产业得到了快速发展，产业间融合程度不断加强，对全国辐射带动能力持续扩大，对就业税收的带动能力明显提高。不过，个别产业进入变革期，企业发展遇到一定挑战。

以新能源产业中风电行业为例，近年国家出台多项措施鼓励风电行业发展，客观上推高行业发展预期，在行业快速发展的同时，盲目投资、产能过剩、非理性低价竞争等问题相继暴露，相关企业收入大减，发展面临考验。此外，随着3G时代的到来，通信产业加速升级，新技术、新业务不断涌现，时刻考验着企业应变能力。2011年，全球最大的通信设备制造商诺基亚在智能手机领域受到来自苹果iphone、谷歌Android手机冲击，移动终端市场份额遭到蚕食，这主要是企业对行业发展趋势判断失误造成的。

表 9~4　　2011 年第三季度全球智能手机市场走势

| 排名 | 品　牌 | 2011 年第三季度销量（千台） | 市场份额 | 2010 年第三季度销量（千台） | 市场份额 |
|---|---|---|---|---|---|
| 1 | 诺基亚 | 105353.5 | 23.9% | 117461 | 28.2% |
| 2 | 三　星 | 78612.2 | 17.8% | 71671.8 | 17.2% |
| 3 | LG | 21014.6 | 4.8% | 27478.7 | 6.6% |
| 4 | 苹　果 | 17295.3 | 3.9% | 13484.4 | 3.2% |
| 5 | 中　兴 | 14107.8 | 3.2% | 7817.2 | 1.9% |
| 6 | RIM | 12701.8 | 2.9% | 12508.3 | 3.0% |
| 7 | HTC | 12099.9 | 2.7% | 6494.3 | 1.6% |
| 8 | 摩托罗拉 | 11182.7 | 2.5% | 8961.4 | 2.1% |
| 9 | 华　为 | 10668.2 | 2.4% | 5478.1 | 1.3% |
| 10 | 索尼爱立信 | 8475.9 | 1.9% | 10346.5 | 2.5% |

延伸阅读：诺基亚智能手机份额下滑

据 IDC 最新数据显示，2011 年第三季度诺基亚在家乡芬兰的智能手机份额降至 31%，同比降幅超过 59%。三星位居第二，在芬兰的市场份额由 2010 年同期的 3%，大幅提高至 25%，苹果 iPhone 排名第三，市场份额为 16%，而 1 年前为 10%。

诺基亚在家乡芬兰遭遇份额下滑的情况，在全球市场上也未能避免，目前全球市场智能手机销量最高的为三星，其强劲的表现已让其成为全球最大智能手机厂商，而苹果市场份额也高于诺基亚，中投顾问 IT 行业研究员王宁远指出，诺基亚智能手机销量已出现大幅滑坡，2012 年的市场份额或将由 2006 年的近 50%下滑到约 10%。

诺基亚曾处于手机市场的霸主地位，如今却难以复制，这究竟是为什么呢？王宁远认为，诺基亚自带塞班系统的局限性是关键原因之一，当前智能手机操作系统的市场份额大多由 Android 和 iOS 瓜分，Symbian、Windows Mobile、MeeGo 在二线挣扎，而透析 Android 和 iOS 平台的胜利原因，可以发现系统应用的丰富性成为其有利的竞争武器。

Android 系统的开放式平台使其拥有广大的应用开发来源，而 iOS 系统由苹果全程开发，其系统虽属于封闭式，内容完全自主研发，但是不可否认的是，其研发的应用系统程序无论是在使用性能还是界面效果方面都颇具竞争力，而塞班系统虽也在不断升级其系统内容，但是却未能抢占先机，加上诺基亚智能手机在价格上并未有明显优势，致使当前智能手机市场格局基本确定后，短时间内诺基亚地位难以再次改变。

（资料来源：摘自凤凰网，有删节）

### （三）南北产业带发展不协调

构建“两城两带”，打造新的高端产业发展载体，是北京市转变经济发展方式、调整产业结构的重要着力点。然而，相对于北部研发产业带的快速发展，南部制造业带发展稍逊一筹。个中原因，既有南北部产业带对内外部市场需求依存度的不同；也有城市发展中南北基础设施建设不均衡所造成的对要素吸引强弱有别的缘故；此外，南北产业带在产业环节及链条延伸方面也有差异；特别是2011年，外部环境的不利，使得较多依赖出口需求拉动的南部战略性新兴产业发展受挫，整体增速放缓，出口、利润等经济指标均大幅下滑，这与北部研发服务发展带总体平稳较快增长态势形成了较为鲜明的对比。

## 三、影响因素

### （一）产业发展政策环境进一步完善

2011年以来，国家各部委先后出台多项政策措施，旨在完善高技术产业发展环境，改善中小型企业投融资环境，推动高技术企业国际化发展。2011年2月，国务院印发《进一步鼓励软件产业和集成电路产业发展的若干政策的通知》（新18号文件），在财税、投融资、研究开发等7大方面进一步加强对软件和集成电路企业的支持力度。新18号文件的推出将进一步巩固北京市软件和集成电路产业在国内的优势地位，在支持企业做强做大，改善企业投融资环境等方面具有重要意义。10月，党的十七届六中全会通过《中共中央关于深化文化体制改革，推动社会主义文化大发展大繁荣若干重大问题的决定》，文化产业在国民经济体系中的支柱地位得到确立。“决定”的提出，为北京市文化创意产业健康快速发展提供了新的契机，动漫游戏、电子出版业等子领域将从中受益，软件产业将有望借此机会加速与文化产业融合。10月，国务院决定，自2012年起在上海市现代服务业等行业开展深化增值税制度改革试点，试点将解决长期困扰我国企业的重复征税和税负过重问题，北京市科技型小微企业生存环境有望得以改善。

2011 年以来，银监会两次印发“通知”改进小微企业金融服务环境。“通知”激励支持商业银行加大对小微企业贷款投放力度，降低小微企业融资成本，客观上有利于北京市科技型中小微企业改善融资环境。

表 9~5　2011 年部分国家促进高技术产业发展政策文件梳理

| 政策文件 | 颁布机构 | 时间 |
|---|---|---|
| 《进一步鼓励软件产业和集成电路产业发展的若干政策》 | 国家发改委等 | 2011 年 1 月 |
| 《关于开展国家电子商务示范城市创建工作的指导意见》 | 国家发改委等 | 2011 年 3 月 |
| 《关于加快推进信息化与工业化深度融合的若干意见》 | 工信部 | 2011 年 4 月 |
| 《当前优先发展的高技术产业化重点领域指南》2011 年度 | 国家发改委 | 2011 年 6 月 |
| 《关于支持商业银行进一步改进小企业金融服务的通知》 | 银监会 | 2011 年 6 月 |
| 《关于鼓励和引导民营企业发展战略性新兴产业的实施意见》 | 国家发改委 | 2011 年 7 月 |
| 《产业关键共性技术发展指南（2011 年度）》 | 工信部 | 2011 年 7 月 |
| 《关于加快推进民营企业研发机构建设的实施意见》 | 国家发改委 | 2011 年 8 月 |
| 《海洋工程装备产业创新发展战略（2011~2020）》 | 国家发改委 | 2011 年 8 月 |
| 《关于支持商业银行进一步改进小企业金融服务的通知》 | 银监会 | 2011 年 10 月 |
| 《关于促进战略性新兴产业国际化发展的指导意见》 | 商务部等 | 2011 年 10 月 |

### （二）中关村“1+6”等政策效果持续释放

2011 年 2 月，国务院正式批复《中关村国家自主创新示范区发展规划纲要（2011~2020 年）》，纲要进一步明确了中关村示范区“深化改革先行区、开放创新引领区、高端要素聚合区、创新创业集聚地、战略产业策源地”的战略定位，提出了用 10 年时间建成具有全球影响力的科技创新中心和高技术产业基地的战略目标。在此背景下，中关村示范区“1+6”先行先试工作全面推进，示范区作为国家创新中心作用进一步显现（见表 9~6）。

目前，首都创新资源平台已有 19 个国家部委、31 个市属部门以及 10 个中关村分园区入驻，采取特事特办、跨层级联合审批模式，落实各项先行先试政策。科技成果处置权和收益权试点改革、股权激励个人所得税政策试点、中央单位股权激励试点方案审批、科研项目经费管理体制改革试

表 9~6　　中关村“1+6”先行先试政策简介

| | 内　容 | 政策简介 |
|---|---|---|
| 1 | 中关村科技创新和产业化促进中心 | 又称“首都创新资源平台”，由国家有关部门和北京市共同组建，重在整合首都高校、科研院所、中央企业、高科技企业等创新资源，采取特事特办、跨层级联合审批模式，落实各项先行先试政策。<br>截至 2011 年 9 月，平台下已设立 7 个工作结构，由来自北京市 29 个部门（单位）、中关村 10 个分院的 99 名工作人员常驻办公，来自 19 个国家部委的 37 名副主任参与重大事项的决策审批。 |
| 6 | 中央级事业单位科技成果处置权和收益权改革试点政策 | 支持在中关村深化实施先行先试改革的 6 条政策推进科技成果处置和收益权改革，中央级事业单位处置科技成果，价值在 800 万元以下的可由本单位自主处置，同时抓紧研究制订处置收入的管理使用办法。 |
| | 税收优惠试点政策 | 开展完善股权激励个人所得税政策试点，对中关村区内高新技术企业转化职务科技成果以股权形式奖励个人的，加大税收优惠力度。 |
| | 股权激励试点政策 | 中央有关部门会同北京市研究制订股权激励试点方案审批细则，明确审批主体、审批程序等。<br>截至 2011 年 9 月，共有 350 家单位申请参加试点，其中中央单位 146 家，市属单位 204 家。已批复 2 家中央单位、50 家市属单位股权激励方案。 |
| | 科研经费管理改革试点政策 | 原则同意在中关村开展科研项目及经费管理改革试点，在科研和产业化项目招标、立项等环节中，加大对中关村园区内企业的支持力度，开展科研项目经费后补助等试点。 |
| | 高新技术企业认定试点政策 | 在中关村先行开展完善高新技术企业认定试点。 |
| | 建设全国场外交易市场试点政策 | 在中关村代办股份报价转让试点工作基础上，加快推进全国场外交易市场建设。<br>2011 年新增挂牌企业 16 家，累计有 134 家企业参与试点，其中已挂牌和通过备案企业 95 家。 |

点、建设统一监管下的全国场外交易市场和完善高新技术企业认定试点等 6 项新政策顺利推进，初步形成了有利于创新创业的体制机制环境。未来，随着中央企业股权激励试点、中央级事业单位科技成果收益权管理改革试点等多项工作深入开展，中关村创新创智环境将进一步完善，对北京市经济发展引领作用将得到加强。

### （三）日本震后调整为北京市企业承接部分高端产能提供了机遇

从中远期看，日本半导体芯片、电子元器件等企业受地震等因素影响，出于规避风险考虑将加速产业布局调整，部分生产能力将向海外转移，而亚太地区将是日资企业的首选。以世界第三大半导体供应商瑞萨电子为例，从总部 2011 年 发布的中国战略中可以看出，该公司将致力于强化中国 MCU 产品中心，有步骤的将日本总部负责的产品研发、生产等决策权转移至北京等地的海外子公司，从而达到分散产业链风险、加速企业本土化和确保在华市场份额的目的。因此，日本震后调整将为北京部分电子信息领域日资企业承接高端产能提供了机遇。

延伸阅读：日本地震对中国半导体产业影响

日本是目前全球仅次于美国的第二大半导体生产国。2010 年，日本半导体企业销售额合计约为 635 亿美元，占全球半导体市场的 21%左右。2010 年全球前 20 大半导体厂商中，日本企业占据 5 席。其中，东芝是目前全球仅次于三星的第二大闪存芯片供应商，尔必达是全球第四大 DRAM 存储器厂商。索尼与松下的产品则主要是为本企业配套的逻辑 IC。目前日本的 FLASH 存储器产量约占全球的 36%，DRAM 存储器产量约占全球的 14%。

日本半导体芯片生产线在本土分布较广，其中在地震直接影响的区域（宫崎、岩手、福岛、秋田四县）内，共有 18 座芯片生产厂，产能约占日本半导体总产能的 20%，占全球的 4%左右。此次地震震区内的半导体企业主要是东芝、冲电气、TI、富士通等，生产产品主要为消费性逻辑 IC 和模拟 IC。目前这些企业在震区的工厂基本都已停工，这将使全球范围内相关半导体产品的供应受到一定影响。特别是中国境内的东芝、索尼、松下等日资电子企业将直接受到芯片供应短缺的影响。此外，瑞萨、东芝、松下等在国内的封装测试企业，也将因母公司的订单减少而受到影响。

值得注意的是，日本是目前全球半导体硅材料的主要生产国。信越、SUMCO 分别是全球第一和第二大半导体硅片供应商，两家公司合计占全球市场份额的 60%以上。其中，信越公司位于福岛县的白河工厂已因此次地震而停产。而该厂占信越公司全部产量的 2/3，占全球半导体硅片生产量的 22%左右。由于硅片是半导体芯片生产的关键材料，因而该厂的停产将对全球半导体芯片生产带来巨大影响。

王三义：《产业链上游薄弱之痛—分析日本地震对中国电子信息产业的影响》，有删节。

### （四）国际经济形势对北京市高技术出口企业造成一定影响

多家机构最新预测显示，2012 年全球经济面临衰退，GDP 增速预期进一步放缓。其中，欧元区在财政紧缩、债务重组、信贷限制等多重压力下，将陷入衰退，GDP 增速也由 1.0%下调到 0.2%。在国际经济走势低迷、主要发达经济体量化宽松货币政策短期无法改变的背景下，北京市出口将面临一定考验。主要贸易伙伴欧盟复苏乏力将导致北京市部分电子信息企业订单大减。美国受困于高失业率以及我国用工成本上涨等因素，电脑和电子产品、机械制造、家电产品制造业回流转移脚步将加快，势必对北京市相关企业造成影响。欧美贸易保护主义抬头，近期美国接连发起针对中国输美的太阳能电池（板）等产品的反倾销和反补贴调查，美国参议院通过货币汇率法案便是这一情绪的具体表现。鉴于以上情况，2012 年中国外贸环境将进一步恶化，出口或将进一步放缓。

延伸阅读：中美太阳能电池贸易战

2011 年 10 月 19 日，美国 7 家太阳能电池制造商，向美国商务部和国家贸易委员会（ITC）申报针对中国的报复性关税。美国制造商认为：中国企业获取了来自政府的不当补贴，大量廉价商品出口美国是对“公正价格体系和就业的威胁”。随后，美国太阳能发电行业一些企业经营出现困局，部分企业面临破产。鉴于上述原因，美国商务部受太阳能发电行业委托，对中国展开了不正当倾销调查。

美方历来对中国向本国产业提供保护持不满态度。11 月末，在中国加入世贸组织后的经济改革研讨会上，美通商代表部（USTR）次席代表曾表示：“中国国家管理型资本主义倾向逐年加强，导致两国间贸易摩擦频出，非常令人忧虑。”

不过，中方并没有沉默，中国商务部近期也开始了对美国政府对本国太阳能发电企业政策支援的调查，并不排除向 WTO 申诉美方贸易壁垒的可能性。

太阳能发电行业是奥巴马政权“脱石油”战略的一部分，是国内就业创出最有潜力的领域之一，对美国经济复苏意义重大，政府历来受到来自国会和业界的双重压力。而中国同样将太阳能发电作为扩大出口的重要手段，是国家战略性新兴产业之一，因此双方轻易不会让步，贸易战存在持续升温的可能性。

（摘自产经新闻，作者柿内公辅，有改动）

## 四、2012年高技术产业发展预测

综合高技术产业各领域发展现状和未来趋势，初步判断 2012 年北京市高技术产业发展将总体保持相对平稳增长态势，但个别领域增速受国内外多方面因素影响将面临一定的放缓压力。

### （一）产业总体将保持较快增长

综合考虑企业家信心指数、投资、消费、出口等方面因素，利用 ARIMA 模型，并结合重点产业近年走势，大体估算 2012 年高技术制造业增速在 10%左右，高技术服务业中信息服务业增速在 18%左右，科技服务业增速在 9%左右。

**信息传输、计算机服务和软件业企业家信心指数偏高。**从企业家信心指数看，信息传输、计算机服务和软件业企业家预期相对偏好，信心指数达到 158.6，较 2010 年同期大幅提高，高于其他领域。

**重大项目投资对产业拉动作用将逐步显现。**2012 年，中关村国家自主创新示范区将加快建设速度，北京市将进一步加大对新一代信息技术、节能环保等战略性新兴产业投资力度。其中，京东方第八代薄膜晶体管液晶显示器件生产线、三一北京制造中心、三一电气园等 2011 年已完成投资项目，对北京市高技术产业拉动效果将逐步显现。

**信息技术革命将大幅拉动新的消费需求。**随着新一轮信息技术革命的到来，新的信息产品及消费模式正在孕育。物联网、云计算等新技术的应用，新媒体等新的信息传输手段的诞生以及移动智能手机等 3G 数字终端产品的普及将极大带动消费市场增长。

延伸阅读：移动宽带显著拉动电信市场增长

英国咨询公司 Ovum 近期公布的最新报告显示，在 2012~2015 年间，高潜力电信细分市场将创造 2138 亿美元的新收入。

该报告共列出了 11 个有望在预测期内呈现快速增长和收入大幅增加的电信细分市场，其中移动宽带将成为创收大户（920 亿美元），紧随其后的是固定宽带（510 亿美元）。其他主要增长领域还有互联网电视（这一细分市场有望在 2012~2015 年间带来大约 200 亿美元的新收入）、企业以太网服务（180 亿美元）、消费服务（如数字音乐下载和订阅费，115 亿美元），以及 IP 语音服务（92 亿美元）。

（资料来源：人民邮电报）

**外贸出口疲软走势难以扭转。**由于发达经济体复苏迟缓，北京市2012年总体外贸出口形势仍不乐观。受欧盟等主要出口地区经济增速放缓、美国部分制造业回流影响，北京市部分电子信息高技术制造业出口形势依旧不容乐观。但联想等高技术龙头企业可借此机会，开展深层次国际合作，扩展海外市场份额。

### （二）战略性新兴产业总体将保持向好发展态势

图9~5 战略性新兴产业示意图

从战略性新兴产业细分领域看，**电子信息领域**将直接受益于年初颁布的“新18号文”，特别是软件、计算机制造、集成电路领域企业经营成本将持续降低，研发投入将进一步加大，部分企业国际化脚步将有所加快，2012年有望实现平稳增长态势。**生物医药领域**自身特点决定产业受经济波动影响小，因此2012年将继续延续平稳较快发展态势，但受部分药品价格限制等因素影响，盈利能力改善空间有限。同时，新药品审批手续繁琐、定价不合理等因素一定程度上抑制医药企业创新投入的积极性。**节能环保领域**具有极强的外部经济性，是“十二五”时期政府重点推动的产业，从官方预测的口径来看，“十二五”期间我国环保总投资将超过3万亿人民币，大气、水及固废处理将是最直接受益子领域，产业发展前景广阔，结合北京资源环境约束逐渐加强和率先转变经济发展方式的实际情况，在加快建设世界城市的背景下，节能环保领域将保持 2011 年平稳快速发展态势。**新能源领域** 2012 年走势具有一定不确定性，一方面"十二五"期间，我国节能减排力度将逐步加大，因此替代能源发展空间广阔[①]。但另一方面，部分领域产能过剩、价格非理性竞争以及国外贸易保护主义等因素客观上阻碍新能源产业发展。基于以上分析，2012 年新能源领域总体保持较快发展态势，但风电、光伏等子领域面临一定压力。此外，国际上外部市场疲软需求不足，国内高铁建设放缓、限购政策等将对北京市部分轨道交通、通讯设备等高技术制造产业产生一定影响。

延伸阅读：北京市出台关于加快培养和发展战略性新兴产业的实施意见

2011 年 7 月，北京市政府出台《北京市关于加快培育和发展战略性新兴产业的实施意见》，意见指出在未来 5 至 10 年，北京市将构建"以新一代信息技术为引擎，以生物、节能环保、新材料、新能源汽车为突破，以新能源、航空航天、高端装备制造为先导"的战略性新兴产业格局，进一步集聚世界高端企业总部、高端人才和国际活动，提升北京的国际竞争力、影响力和辐射力，加快迈向世界城市的步伐。

到 2015 年，北京市战略性新兴产业的支柱地位将进一步提升，对产业结构升级的推动作用显著增强，增加值占北京市地区生产总值的比重达到 25%左右。在新一代信息技术、新材料等领域，将形成若干千亿级产业集群；在生物、节能环保、新能源汽车、新能源、航空航天、高端装备制造等领域，将突破一批关键核心技术，转化一批重大科技创新成果，形成一批百亿级产业集群，打造一批年销售收入过 500 亿的大型企业，涌现出一大批"专、特、精、新"的中小企业。

到 2020 年，战略性新兴产业将成为北京国民经济和社会发展的重要推动力量，增加值占北京市地区生产总值的比重达到 30%左右，创新能力大幅提升，掌握一批达到世界领先水平的关键核心技术，培育一批国际知名品牌和具有较强国际竞争力的跨国企业，形成一批拥有技术主导权的产业集群。

① 根据 2011 年 8 月国务院印发的《"十二五"节能减排综合性工作方案》，到 2015 年，全国化学需氧量和二氧化硫排放总量比 2010 年下降 8%；全国氨氮和氮氧化物排放总量比 2010 年分别下降 10%。

### （三）“两城两带”等功能区建设将加速产业集聚

2012年，作为北京市“调结构、保增长”之年，“两城两带”功能区建设将进一步加速，一批重大项目有望落地。中关村科学城和未来科技城在一批重大项目的带动下，将加快产业集聚速度，特别是中关村科学城，随着龙蕊芯片、激光显示、太阳能电池等重大产业化项目加快转化速度，24个产业园特色化发展趋势将进一步凸显。南北产业带将以永丰基地、国家轨道交通高新技术产业化基地、国家生物医药产业基地等加快建设为契机，加速产业集聚效能释放。

## 五、政策建议

### （一）加大对中小微企业扶持力度

建立帮扶企业长效工作机制，加大对中小微企业扶植力度。会同有关部门，着力降低企业物流等环节运行成本。加大政府采购中小微企业高新技术产品倾斜力度。拓宽中小微企业融资渠道，支持优质中小微发行集合债，扶植小额贷款公司发展，适时推广中关村股权代办转让系统等科技金融试点经验。会同上级主管部门，建立差异化监管机制，切实降低小微企业融资门槛和融资成本。

### （二）改善南城创新创业环境

落实“南城行动计划”等政策文件，促进南北产业带协调发展。继续推动大兴、亦庄的各项资源整合，拓展产业发展空间；加快重点园区、基地交通、水、电等基础设施建设；完善教育、医疗等公共配套服务设施；合理引导产业布局，加强产业落地前的各项指标评估，定期对重点园区的产业进行评估，建立项目准入和退出机制，推进产业链整合和功能提升。加快亦庄等地人才公寓建设速度，切实解决专项技术人才居住问题。

### （三）推动战略性新兴产业健康发展

落实《国务院关于加快培育和发展战略性新兴产业的决定》，把握行业发展规律，制定行业发展规划。支持有条件的战略性新兴产业联盟牵头组成全国性产业联盟，在更大的范围内统筹行业创新资源，共享行业发展信息。深度开展国际合作，提高品牌国际影响力，鼓励和引导风电、光伏等战略性新兴产业国际化发展，支持行业领军企业不断开拓国际市场。

**（四）发挥“1+3+N”股权投资体系作用**

充分发挥政府引导基金杠杆作用，坚持市场化运作，吸引优秀股权管理投资基金，逐步完善“1+3+N”股权投资体系，重点支持科技、绿色、文化创意领域高成长性企业。积极引导社会资金进入创业投资领域，进一步拓宽中小微高新企业融资渠道。

# 第十章 房地产

## 短期调控目标已实现 稳健发展道路仍曲折

2011年，国家及北京市多措并举、综合施策、持续加强改善房地产市场调控效果显著，抑制价格过快上涨的调控目标已基本完成。北京市房地产市场进入调整期，多个领域的市场结构均出现积极变化。2012年，在世界经济低速增长，国际资本流动性持续充裕，国内宏观政策取向不变，房地产市场调控方向不改变、力度不放松的背景下，北京市房地产市场将持续处于结构性调整期。

### 一、政策的连续性和针对性有所加强

为巩固和扩大本轮调控以来取得的阶段性成果，2011 年，国家出台了“新国八条”，并 5 次上调基准利率，6 次提高存款准备金率，充分体现出了政策的连续性和针对性。

#### （一）从源头入手，抑制地价引导房价

中央要求各地切实做好城市住房用地管理和调控，坚决杜绝土地出让中出现楼面地价超过同类地价历史最高价的情况，通过直接调控地价抑制房价。

#### （二）商品住宅市场调控再度升级

年初国务院出台“新国八条”，从税收、信贷、土地等多方面对房地产市场进行调控。为落实中央政策，北京市及时出台了“京十五条”，提出“最为苛刻”的限购令；在市政府公布的年度新建住房价格控制目标中率先提出，新建普通住房价格与2010 年相比稳中有降；落实国家出台的《商品房销售

明码标价规定》，在全国率先发布实施细则。

延伸阅读：新“国八条”

2011年1月26日，国务院总理温家宝主持召开国务院常务会议，研究部署进一步做好房地产市场调控工作。会议指出，自2010年4月份《国务院关于坚决遏制部分城市房价过快上涨的通知》印发后，房地产市场出现积极变化，房价过快上涨势头得到初步遏制。为巩固和扩大调控成果，逐步解决城镇居民住房问题，继续有效遏制投资投机性购房，促进房地产市场平稳健康发展，必须进一步做好房地产市场调控工作。会议确定了以下政策措施：

（一）进一步落实地方政府责任

（二）加大保障性安居工程建设力度

（三）调整完善相关税收政策，加强税收征管

（四）强化差别化住房信贷政策

（五）严格住房用地供应管理

（六）合理引导住房需求

（七）落实住房保障和稳定房价工作的约谈问责机制

（八）坚持和强化舆论引导

较2010年公布的新“国十条”相比，“新国八条”公布了更加严厉的行政手段，特别是限购政策更加严厉，而且涉及城市更广。首次提出了“房价控制目标”，虽然不能算是价格管制，但也明确表示调控将从通过行政手段调控房地产市场转为直接调控房价，自此“看不见的手”将基本被“看得见的手”所替代。落实约谈问责机制，以提高政策落实到位的有效性，将“执行差别化住房信贷、税收政策不到位”等情形纳入问责范围。

### （三）全面保障政策性住房建设

中央下发《关于利用债券融资支持保障性住房建设有关问题的通知》，批准投融资平台公司申请发行企业债券筹措资金；多部门联合发布《关于认真做好公共租赁住房等保障性安居工程金融服务工作的通知》，要求对于政府投资建设的公共租赁住房项目，凡是实行公司化管理、商业化运作、项目资本金足额到位、项目自身现金流能够满足贷款本息偿还要求的，各银行业金融机构应按照信贷风险管理的有关要求，直接发放贷款给予支持。住建部除要求地方政府将保障性安居工程建设资金纳入本级财政预算外，

还强调严格执行“土地出让净收益用于保障性住房建设的比例不低于10%”的规定。同时规定，各地公积金增值收益在扣除风险准备金等费用后，全部用于廉租住房建设。北京市成立北京市保障性住房建设投资中心，旨在破解各地普遍存在的保障性住房融资难题。

政策梳理：北京出台最严厉限购政策

本轮调控中的限购政策，始于2010年5月份的《北京市人民政府贯彻落实国务院关于坚决遏制部分城市房价过快上涨文件的通知》即“京十一条”，主要是为了限制多套购买，规定同一购房家庭只能在北京市新购买一套商品住房；限制外地人购房，不在北京工作的外地人不给贷款，而后在10月份二次调控中由中央推广及全国。“京十五条”基本符合国八条政策框架，但限购方面较“新国八条”严厉。具体体现在：一方面要求外地人提供纳税或保险证明的年限由1年提高至5年，另一方面还明确限购住房包括新房和二手房。

表10~1　2011年“新国八条”和2011年“京十五条”限购政策对比

<table>
<tr><th></th><th>家庭</th><th colspan="2">2011年“新国八条”</th><th colspan="2">2011年“京十五条”</th></tr>
<tr><td rowspan="5">限购政策</td><td rowspan="2">当地户籍居民家庭</td><td>已有1套住房</td><td>限购1套住房</td><td>已拥有1套住房</td><td>限购1套住房（含新建商品住房和二手住房)）</td></tr>
<tr><td>已拥有2套及以上住房</td><td>暂停在本行政区域内向其售房</td><td>已拥有2套及以上住房</td><td>暂停在北京市向其售房</td></tr>
<tr><td rowspan="3">非当地户籍居民家庭</td><td>能够提供当地一定年限纳税证明或社会保险缴纳证明</td><td>限购1套住房</td><td>持有北京市有效暂住证在北京市没拥有住房且连续5年(含)以上在北京市缴纳社会保险或个人所得税</td><td>限购1套住房</td></tr>
<tr><td>拥有1套及以上住房</td><td>暂停在本行政区域内向其售房</td><td>拥有1套及以上住房</td><td>暂停在北京市向其售房</td></tr>
<tr><td>无法提供一定年限当地纳税证明或社会保险缴纳证明</td><td>暂停在本行政区域内向其售房</td><td>无法提供北京市有效暂住证和连续5年(含)以上在北京市缴纳社会保险或个人所得税缴纳证明</td><td>暂停在北京市向其售房</td></tr>
</table>

## 二、2011年北京市房地产市场进入调整期

在持续调控影响下，北京市房地产市场进入了全面调整期：在土地市场交易和金融信贷规模整体收缩但结构持续调整的引导下，房地产开发投资明显向政策性住房和商业地产倾斜；商品住宅市场需求中的外来需求明显下降，二手房市场持续活跃；在建设世界城市的引导下，市场对北京市高端、优质写字楼和商业用房物业的需求持续增加。

### （一）投资增长波动趋稳，投资结构有效改善

主要受土地市场波动和2010年基数影响，2011年北京市房地产开发投资呈现波动中趋稳的运行态势，1~3季度累计完成投资2264亿元，同比增长15.2%，增速与往年[①]基本持平。其中，建安投资同比增长40%，占比升至36%，虽然仍低于金融危机前的平均水平，但实物投资量明显高于前两年水平，从一个侧面反映出投资资金从土地中解绑，使用效率得到提高。前三季度，政策性住房投资同比增长2.7倍，写字楼投资占比稳步提高，投资结构实现优化，**房地产业的民生属性和产业承载功能逐步增强。**综合考虑四季度保障性住房新开工进度安排、投资惯性和2010年基数等因素，预计全年房地产开发投资实现13%左右的增长。

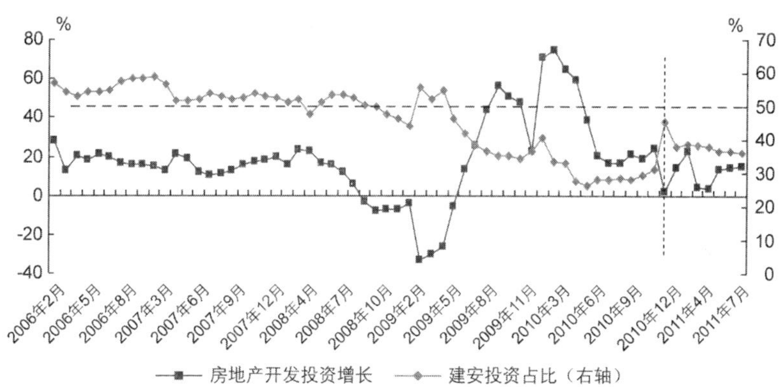


**图10~1　2006年2月~2011年9月北京市房地产开发投资增长和建安投资占比**

① 剔除受全球金融危机和政策影响波动较大的2008和2009年。

### （二）要素市场整体趋冷，但不乏增长亮点

#### 1．资金来源持续紧张，保障房开发成为住房开发贷款增长主力

在央行持续收紧信贷政策的作用下，商品住宅市场销售低迷影响自筹资金，房地产开发资金来源持续紧张，截至 2011 年 9 月末，北京市房地产开发项目本年到位资金同比仅增长 0.6%，其中金融贷款同比下降 8.5%，自筹资金仅增长 0.05%。2011 年 1~8 月，住房开发贷款中 66.5%投向保障性住房，保障性住房成为贷款增长主力。

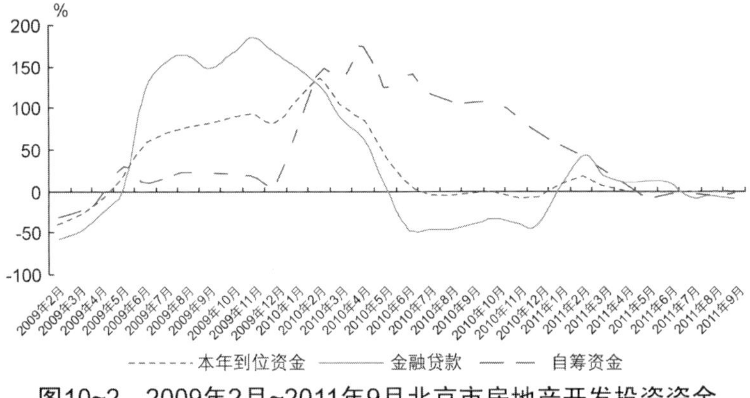


图10~2 2009年2月~2011年9月北京市房地产开发投资资金来源增长及构成增长

#### 2．土地市场交易整体低迷，商服用地出让收入成为土地收入的重要来源

在开发商拿地意愿下降、拆迁难度加大等因素影响下，北京市土地市场持续低迷，截至 2011 年 9 月末，北京市通过“招拍挂”方式出让土地（建设用地）面积和金额同比分别下降 9.8%和 7.4%。其中，居住类用地出让面积下降 5%，在保障性住房土地供应占比达到 50%以上和市场交易低迷的影响下，成交均价出现下滑，土地出让金额同比下降 43%；商服用地出让面积下降 27.8%，但在优质地段入市交易的带动下，成交金额同比上涨 67.9%，占土地出让收入的 55%，成为土地收入的重要来源。

表 10~2　2010 年、2011 年前三季度北京市土地出让构成（%）

| 年份/项目 | 用地性质分类 | | |
|---|---|---|---|
| **2010 年** | **商业用地** | **住宅用地** | **工业用地** |
| 建设用地面积占比 | 29.40 | 27.38 | 43.21 |
| 成交总价占比 | 30.55 | 64.79 | 4.66 |
| **2011 年** | **商业用地** | **住宅用地** | **工业用地** |
| 建设用地面积占比 | 23.55 | 28.86 | 47.59 |
| 成交总价占比 | 55.37 | 39.65 | 4.98 |
| 建设用地面积增长 | -27.8 | -5.0 | -0.7 |
| 成交总价增长 | 67.9 | -43.3 | -1.0 |

**（三）住宅市场购置低迷，租赁火爆，结构性调整显著**

**1．新建商品住宅市场存量上升，价格滞涨**

在政策的累积作用下，2011 年商品住宅上市量延续了 2006 年以来的下行走势，1~9 月份累计上市套数同比下降 13.6%；与此同时，在限购政策的作用下，总体需求大幅回落，1~9 月份累计销售套数在 2010 年同比下降 45% 的基础上，再度回落 25%；其中，外来需求显著下滑，占比由政策出台前的 38%降至 10%。总体需求大幅回落使可售存量持续攀升，前三季度可售

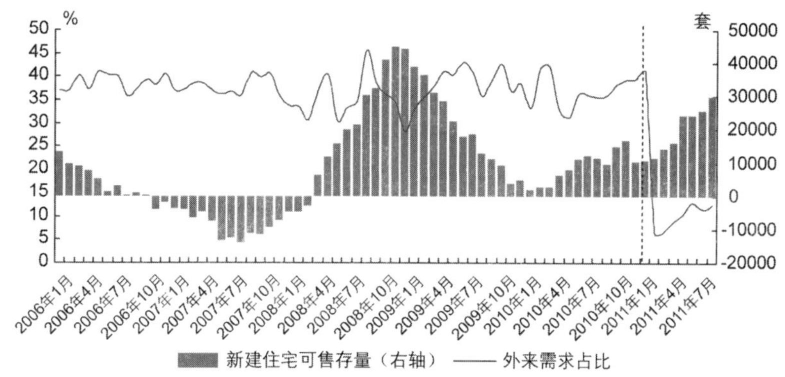


图10~3　2006年1月~2011年9月北京市新建住宅可售存量及购房需求中外来需求占比

存量达到 3 万套，多以郊区、小户型为主。交易价格整体出现滞涨，中心城区价格涨幅明显收窄；以通州为代表的，之前上涨过快的部分远郊区县住宅价格已出现不同程度的下滑。

**2．存量住宅仍是市场交易主力，新房和二手房价格倒挂加剧**

受政策调控影响，存量住宅交易持续萎缩，交易套数在 2010 年同比下降 26%的基础上，再度回落 21%；尽管如此，存量住宅交易依然[①]占据市场主导地位，2011 年前三季度存量住宅交易量是新建住宅的 1.7 倍。从价格来看，主要受限购政策持续影响，在改善性需求的主导下，选择购买城区房屋和大户型二手房的意愿增加，带来成交价格高位盘整，在新建住宅价格滞涨的背景下，**新建住宅和二手住宅价格倒挂的走势加剧**。

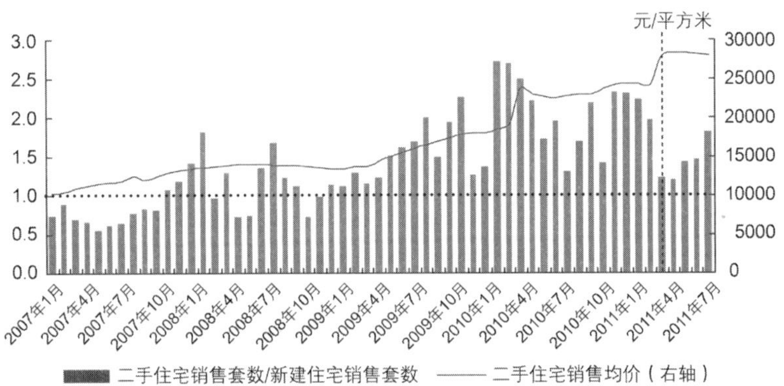


图10~4　2007年1月~2011年9月北京市住宅销售中二手新建住宅之比及二手住宅成交均价

**3．租赁市场相对繁荣**

在房价持续高位运行、购房观望气氛浓重的背景下，部分需求从购房市场转移至租赁市场，住宅租赁市场持续活跃。成交量在经历了年初的大幅攀升后，进入高位趋稳期；在需求持续旺盛和物价水平高位运行等因素的影响下，租金价格持续攀升，平均涨幅达到 5%以上。

**4．政策性住房建设、供应力度加大**

为贯彻落实中央关于确保落实保障性住房建设计划的要求，北京市政

① 2008 年，北京市存量住宅交易套数首次超过新建住宅。

策性住房保障力度显著加大，前三季度，北京市各类保障性住房新开工 21.8 万套、竣工 6.6 万套，年内配租 1 万套共租房的计划也于 10 月份开始逐步落实。

### （四）商业地产市场持续火爆，优质资源供需缺口明显

#### 1．写字楼市场总量供需矛盾稍有缓解，甲级写字楼租金创历史新高

2009 年以来，伴随世界经济复苏和住宅限购政策引致资金流向商业地产，北京市写字楼建设加速，2011 年年初以来，可售写字楼上市面积出现了快速增长，前三季度上市面积同比增长 58%；与此同时，全球经济复苏放缓和国家及北京市宏观经济运行出现平稳减速，使商业地产有效需求受到了影响，前三季度销售面积同比下滑 13.5%，受此影响，总量供需矛盾稍有缓解。受写字楼销售面积下降的影响，租赁市场新增面积减少，尤其是甲级写字楼新增项目屈指可数，租赁市场的供需缺口加大，推动租金价格持续走高。2011 年第三季度，北京市甲级写字楼有效租金达到 351 元/平方米/月，创出历史新高，并超过上海再次领跑全国（除香港以外），空置率处于历史低位，并呈现出持续回落的态势。

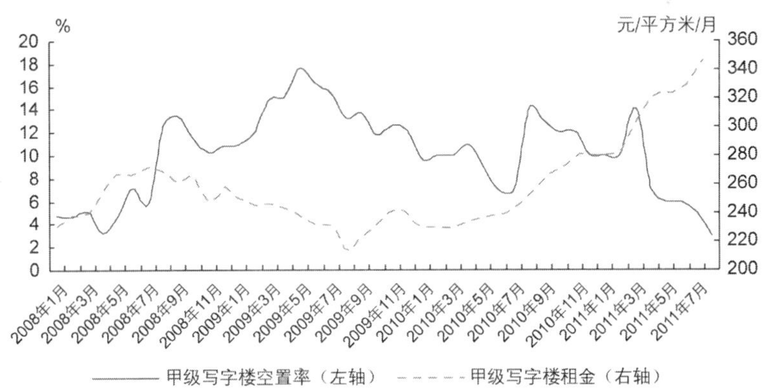


图10~5　2008年1月~2011年9月北京市甲级写字楼空置率及租金

#### 2．商业用房市场运行保持平稳，优质物业租金小幅攀升

年初以来，北京市商业用房上市面积出现恢复性增长，前三季度，上市面积同比增长 4.5%；与此同时，主要受国家及北京市经济增速双双放缓、

2011 年北京市居民消费实际增速持续处于近年来低位等因素影响，商业用房购置需求出现回落，前三季度，销售面积同比下降 21%；在供给相对平稳的带动下，可售存量规模进入相对稳定期。受商铺销售面积下降的影响，新增租赁物业面积出现回落，国内外品牌积极开拓北京市场，优质物业之间的竞争日趋激烈，供需矛盾日益加剧，截至第三季度，北京市商业用房空置率持续下降至 16%，为 21 年来新低；最优质物业租金持续小幅攀升。

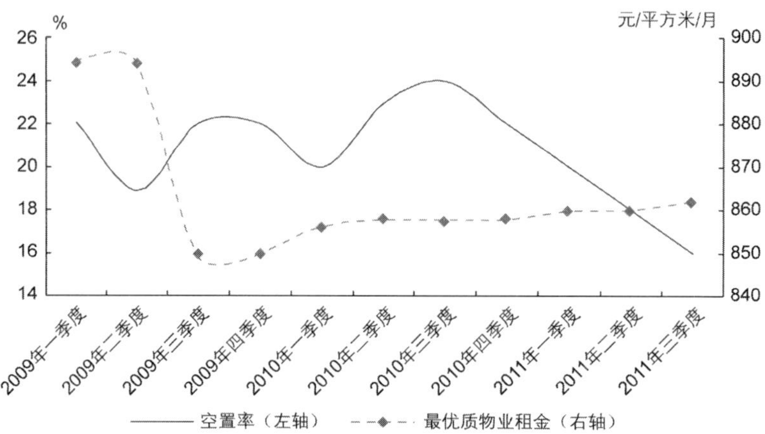


图10~6　2009年1季度~2011年3季度北京市商业用房空置率及最优质物业租金走势

延伸阅读：“十一五”时期北京市房地产市场运行回顾

频繁政策调控带来市场跌宕起伏

一、房地产开发投资运行波动减弱，结构微调

“十一五”期间，北京市累计完成房地产开发投资 10863.2 亿元，年均增长 12%，增速低于“十五”时期 17 个百分点；但增速波动区间明显收窄。开发投资结构出现微调，“十一五”期间，住宅投资占北京市房地产开发投资的比重较“十五”期间下降 6.3 个百分点，写字楼和商业楼完成投资 2326 亿元，是“十五”期间的 2.2 倍，占北京市房地产开发投资的比重较“十五”期间上升 3.6 个百分点。

二、新建商品房市场量跌价升

“十一五”期间，房地产业再次发挥了宏观调控的“开关”功能，在政策频繁调控下，房地产市场跌宕起伏。“十一五”期间，新建商品房销售面积和新建商品住宅销售面积较“十五”期间分别下降 10.2%和 14.1%；在交易价格持续盘升的带动下，新建商品房销售额和新建商品住宅销售额较“十五”期间分别上升 10.6%和 6.5%。

三、开发布局向新城转移

“十一五” 期末，发展新区（房山、通州、顺义、昌平和大兴）房地产开发投资额和施工面积占北京市的比重分别达到 39.5%和 40.2%，较“十五” 期末分别提高了 18.5 和 14.9 个百分点。

四、居民居住条件改善，保障性安居工程稳步推进

“十一五” 期末，北京市住宅实有建筑面积为 3.8 亿平方米，比“十五” 期末增长 16%；城镇居民人均住房使用面积为 19.49 平方米。“十一五”期间，北京市先后推出“限价商品房”、“公共租赁房”，与经济适用房和廉租房一起逐步形成较为完善的“政策性住房”保障体系。

## 三、房地产领域需要关注的问题

### （一）商品住宅市场将长期面临供给不足的窘况

虽然受政策调控影响，北京市商品住宅存量出现快速增长，但就 2011 年 9 月末 3 万套的存量来看，按照 2011 年 2 月份以来月均销售 4500 套的速度计算，仅需要 7 个月就能够消化。然而受市场销售不景气、资金链日趋紧张等因素影响，开发商已采取减少土地购置、放慢施工速度、延长开盘时间来减少上市供应；与此同时，在政策的持续作用下，需求已经呈现出相对稳定的走势，未来库存增长将逐步趋缓，并很快进入消化期，加之随着房地产业中小企业倒闭潮的来临[①],房地产业资金向矿产、文体行业转移等现象的出现，未来有效供应将加速萎缩。长期来看，在保障性住房供应还没形成气候的阶段，遭遇供给大幅收缩，将加大北京市商品住宅的供需缺口，为价格上涨带来压力。随着房地产业整合的加速，在实力雄厚的国企形成寡头垄断后，行业活力将大幅下降，市场化进程实现倒退。

### （二）商品住宅供需结构性失衡加剧

自 2006 年全国强制推行“新建住宅套型 90 平方米以下占开工总量 70%”

[①] 2011 年 1~7 月，房地产行业内公开的股权并购数据合计为 62 宗，总涉及金额达 175.39 亿元，相比 2010 年同期的 36 宗及 86.85 亿元分别上涨 72.2%及 101.9%。

政策以来，北京市90平米以下中小户型商品住宅存量及其在商品住宅中的份额持续攀升，初步估算，目前新建住宅可售存量70%以上为中小户型，而且多数位于远郊区县。然而目前北京市已进入改善性需求[①]规模释放的阶段；再考虑到北京市建设世界城市的发展目标，将吸引大量国际国内优秀人才，对90平米以上、高品质住宅需求将持续增加。在政策仍没有进行调整的背景下，未来小户型商品住宅供给将持续过剩，而大面积、高品质住宅需求将难以得到释放，供需的结构性失衡将进一步加剧。本轮调整中，部分远郊区县的住宅价格率先大幅下滑，助推房价进入下降通道预期的形成，就是一个体现。另外，作为消费型城市，保障性住房和小面积商品房难以满足高端人群的住房消费，会为北京市吸引高端人才、消费持续增长带来影响。供需结构的错位不仅不利于资源的有效配置，也会对北京市经济发展产生持续影响。

### （三）房价下降预期逐步形成加剧房地产领域信贷风险

在政策的持续调控下，房价将整体出现下降的预期正逐步形成。在北京市经济增速放缓的背景下，房价一旦进入下降通道，将引发双重信贷危机：**一是房地产开发领域信贷风险。**年初以来，房地产开发企业资金压力不断加大，为保证资金链不会出现断裂，部分开发企业铤而走险进入"高利贷"市场融资，由于房地产开发企业资金贷款规模较大，一旦房价进入下行通道，目前已在温州地区出现的"高利贷"主逃跑、自杀的现象将在房地产开发企业重演。这不仅会影响上下游关联行业的生产活动，还会扰乱正常的金融秩序。**二是地方政府信贷风险。**北京市政府已连续两年斥资千亿元进行土地储备，并于2011年开始进入大规模还本付息阶段，一旦房价进入下行通道，必将带动地价大幅跳水，而土地出让收入又是政府财政收入的重要来源之一，在货币政策持续收紧，北京市保障性住房、基础设施大规模建设的阶段，市、区两级财政的信贷风险日益加大。

---

① 改善性需求既包括首次购房满10年进入改善期的自住需求，也包括在优质资源相对集中的中心城区购置二手房的需求。

表 10~3　2009 年北京市土地出让金支出主要构成

| | 支出去向 | 金额 | 占比 |
|---|---|---|---|
| 1 | 农业土地开发等 | 26.5 亿元 | 5.4% |
| 2 | 廉租住房建设 | 38.5 亿元 | 7.8% |
| 3 | 城乡市政基础设施建设 | 319.46 亿元 | 64.6% |
| 4 | 国有企业改革安置费等 | 2.51 亿元 | 0.5% |

### （四）写字楼或成流动性的避风港

在流动性充裕、热钱涌动和住宅市场调控引致资金转向的影响下，北京市写字楼建设加速，2001 年 1~9 月，北京市写字楼新开工和施工面积同比分别增长 177%和 31%。从市场来看，内资能源、银行、金融类机构和外资投资机构需求持续增长，带动甲级写字楼市场需求大幅攀升，尤其是大单整售项目频现。写字楼市场的快速回暖，既反映了北京市经济运行稳健和商业物业市场的活跃，也意味着流动性带来的投资“回潮”，写字楼市场或将成为房地产市场调控下流动性的避风港。在政策持续调控的背景下，热钱过多由住宅市场流向写字楼市场，而优质物业供给相对不足，会导致投资收益率降低，写字楼的物业价格被推高，为其健康发展带来隐患。

### （五）政策性住房“以租为主”的政策导向与实际脱节

北京市提出“十二五”期间，保障性住房供应将向“以租为主”转变，公共性租赁住房将占到公开配租配售保障房的 60%以上，但这一理念不仅与我国传统购房观念[①]相脱节，也与北京市户籍居民改善性需求脱节。近期北京市公布的《北京市人民政府关于加强北京市公共租赁住房建设和管理的通知》中明确规定，北京市公租房准入对象包括外省市来京连续稳定工作一定年限的人员。这是北京市保障房首次对非北京市户籍群体开放，虽然体现了首都建设世界城市的包容性，但在北京市公租房各项制度设计尚不完善的阶段，将准入人群扩大至非北京市户籍人员，相关资格界定、审核标

[①] 目前我国住房自有率达到 90%，北京市达到 80%以上，远高于欧、美等发达国家。

准等针对性的实施细则制定难度加大，进而会影响政策的实施效果。

## 四、2012年北京市房地产市场运行走势判断

### （一）外部环境依然偏紧

**1．世界经济低速增长，全球流动性依然充裕**

2012 年，欧美等国房地产市场难以走出深度调整期，市场交易仍将持续低迷，影响整体经济复苏步伐。IMF 预测世界经济有望实现 4%的增长，增速与 2011 年持平。预期美国、欧洲、日本等发达经济体将推出新一轮量化宽松政策，利率将保持在历史低位。考虑到我国经济增势较好以及人民币升值等因素，套利资金将持续涌入，在新的实体投资增长点形成以前，楼市尤其是高端写字楼、优质物业等商业地产，仍将成为国际资本关注的重点领域。

**2．国家房地产调控政策仍将延续，但预计不会针对一线城市再出重拳**

2012 年，由于物价水平将持续高位运行，货币政策仍将保持适度收紧的总体取向。一是以抑制不合理需求、严格实施差别化住房信贷、税收政策和住房限购措施为导向的房地产市场调控政策仍将延续；二是对部分还没有实施限购的二、三线城市调控力度会持续加大，但不会对价格已经出现松动的一线城市再出重拳；三是时机成熟时会将房地产税等长期制度性安排的研究工作提上议事日程。

**3．北京市房地产市场开发建设进一步突显民生属性和高端产业承载功能**

2012 年，北京市将加快落实“十二五”规划，加快推进产业结构升级和功能园区建设，需要进一步提升房地产业承载高端业态的功能。同时，北京市将稳步推进住房保障制度建设，进一步凸显房地产业的民生属性。

**4．房地产企业将面临资源加速整合**

北京市房地产企业目前出现的并购潮在 2012 年仍将继续，在产权交易所挂牌出售的房地产企业或项目将会持续增长，行业整合集中度进一步提高。在销售困难、资金紧张的情况下，2011 年出现的企业合作拿地开发

项目以分担风险、抱团取暖的情况将逐步增多，资源整合力度将进一步加大。

### （二）2012 年北京市房地产市场仍将处于调整期

2012 年，在政策调控的延续下，北京市房地产市场仍将处于调整期。房地产开发投资保持低速增长，保障性住房仍是建设主力；商品住宅市场趋于稳定，商业地产持续火爆。

#### 1．资金来源整体趋紧

在持续收紧的货币政策导向下，信贷政策难以放松，加之国家将表外业务的金融创新活动逐步纳入货币政策监控范围，社会融资总量增长逐步趋缓。其中，商品住宅开发建设资金尤为紧张，政策性住房建设资金来源渠道虽不断拓宽，但受制于地方政府赤字压力和在建、新开规模过大等因素影响，资金压力将难以缓解。但全球流动性持续充裕、国际资本逐利引发的热钱流动，将为北京市商业地产注入新的活力。

#### 2．土地市场交易将持续低迷

在前两年土地储备大幅增加的基础上，2012 年北京市土地供应规模将保持稳定，尤其是政策性住房用地和高端产业用地将保持稳步增长。2011 年北京市出台的《北京市人民政府关于印发北京市国有土地上房屋征收与补偿实施意见的通知》规定的应由各区、县出台的征收细则尚未明确，拆迁难矛盾难以缓解。调控政策延续和市场低迷将影响开发商拿地的能力和意愿，土地市场交易将持续低迷。

#### 3．开发投资增速持续回落，预计将维持低速增长

2012 年，在要素市场整体趋紧的背景下，房地产开发投资规模将保持低速增长。**从市场用途看：**虽然开发投资占比近两成的商业地产市场买卖交易在 2011 年略有降温的基础上将保持平稳，但开发投资占比达到 60%以上的住宅市场交易仍将持续低迷。市场需求整体不旺，将抑制开发企业的建设意愿和能力。**从投资构成看：**受土地市场交易低迷的影响，占比高达 40%的土地购置费用增速将持续放缓。虽然 2011 年房地产新开工面积实现

了较快增长，但3季度房地产企业家信心指数已跌至98，创出两年来的新低，进入不景气状态，预计2012年开发企业将进一步放缓工程进度、减少新开工面积，势必将影响建筑工程投资量的形成。2011年房地产竣工面积持续负增长，将带动2012年安装工程投资规模持续萎缩。综合来看，**预期2012年北京市房地产开发投资增速将由2011年的13%降至9%左右。**

**4．新建住宅市场交易量逐步趋稳，交易价格呈现区域性差异**

从北京市新建商品住宅供需趋势来看，截至9月末，北京市普通住宅竣工面积同比下降32.5%，预示着2012年可上市销售的住宅面积将持续萎缩，而且长期来看上市量已进入明显的下行区间。在"70/90"政策没有放开的背景下，在北京市加速推进新城建设、实施南城行动计划的带动下，新增供给将仍以远郊区县为主。销售量在经历了大幅下跌后，已连续7个月稳定在4500套左右，如果政策保持稳定，预计需求将稳定在这一水平，这将引导市场交易量逐步趋稳。从存量来看，虽然目前新建住宅可售存量仍在持续攀升，但自2009年以来，北京市商品住宅销售持续处于消化历史存量的阶段，从存量的周期走势来看，即将达到本轮周期的峰值，2012年将进入去库存周期。综合来看，如果政策不出现导向性的变化，**预期2012年北京市商品住宅上市面积将持续萎缩，而需求量保持相对稳定，住宅可售存量在攀至高点后，即将进入去库存周期；在需求量趋于稳定的带动下，市场交易也将进入稳定期。**目前在政策的持续调控下，房价进入下降通道的预期正在形成，如果政策没有导向性变化，**预期2012年，北京市新建住宅成交价格走势将呈现区域性差异：之前上涨过快、泡沫较严重的远郊区县的房价将进入下降通道，价格降幅将达到20%以上；由于供需缺口持续加大，回落的空间较小，城区房价将保持平稳或小幅回调。**

**5．二手住宅交易量有望小幅回升，租赁市场持续火爆**

从二手住宅供需来看，2011年下半年以来，远郊区县二手住宅挂牌量已出现大幅攀升，预计2012年整体供应将保持上升态势；成交量在经历了大幅下跌后，已连续6个月稳定在6500套左右，如果政策相对稳定，需求将稳定在这一水平。从价格走势来看，目前已经出现部分急需用钱或户型较差的远郊区县二手房业主降价出售的现象，随着降价预期的形成，2012年势必将有更多的业主降价销售，预期降幅普遍达到15%；但对于市区二手住宅来说，由于其具有的稀缺性带来溢价，城区交通、商业、教育、医疗等配套为房源带来的高附加值，价格难以出现回调。随着政策调控的持续，在供给持续上升的带动下，**预期2012年北京市二手住宅交易量将小幅回升，价格将出现结构性回调。**受限购政策和价格下降预期等因素影响，部分住房需求由购房市场进入租赁市场，再考虑到北京市加大对城乡结合部的环境整治和对住房租赁市场的规范整顿，**租赁需求仍将不断增加；**在物价水平持续高位运行的预期下，**租赁价格也将持续走高。**

**6．商业地产市场运行稳健，优质物业租赁市场持续火爆**

从供需走势来看，2011年北京市写字楼和商业用房的上市量均结束了2009年以来呈现的下行走势，出现小幅盘升态势；截至9月末，北京市写字楼的施工和竣工面积同比分别增长31%和3.6%，商业用房的施工面积降幅明显收窄，均预示着2012年可上市面积将出现增长。从近年来北京市写字楼和商业用房可售面积存量规模水平保持相对稳定可以看出，北京市商业地产处于供不应求的卖方市场，交易量主要由供给决定。**预期2012年北京市商业地产购置交易量将小幅回升，交易价格也将小幅盘升。**近年来北京市甲级写字楼和优质商铺的租赁供应持续偏少，因此长期处于供不应求的卖方市场，2012年随着商业地产购置的增加，租赁供给会有所上升；由于2010年以来以金融、能源行业企业为主的内、外资企业对优质地段、设备完善的甲级写字楼和商铺需求强劲，新增供给也将很快被消化。**预期2012年北京市甲级写字楼和优质商铺租赁市场将持续火爆，市场持续供不应求将进一步推高租金。**从新增供应的区域布局来看，2012年北京市写字楼和商铺供给的新增供应将仍然以六大高端产业功能区为主；甲级写字楼新增租赁供给将以CBD、金融街、中关村、燕莎、东长安街为主；商铺新增租赁供给将以西单、王府井、东长安街为主。

## 五、政策建议

### （一）适度调整北京市住宅供应结构

**一是**适当调整保障性住房供应模式。更多考虑采取在中心城区，出让小地块集中建设保障性住房的建设模式，降低远郊区县商品房用地中配建保障性住房的比重，以避免未来出现相对过剩而带来资源浪费。将需要建设的保障性住房任务指标向轨道交通沿线或环路、高速公路出口等易达区域集中。**二是**要在人口密度较低、生态环境较好、交通相对便利的地区，适度增加低密度、大户型住宅的建设规模，以承接北京市居民改善性需求的释放。**三是**要进一步提高二手房市场活跃程度。进一步规范二手房交易行为，降低二手房交易手续费用；加快推进央产房、校产房房屋权属登记、产权确认工作，进一步激活存量房交易热点，以满足北京市日益壮大的中产阶层对配套相对完善城区住房的需求。

### （二）积极防范房地产企业融资风险

房地产调控在引导市场回归理性的同时催生了房地产基金的野蛮生长。在资金来源持续紧缩的背景下，开发企业纷纷创新融资模式以缓解现金流压力，房地产信托和私募基金迅速扩张，随着国家5次上调基准利率，房地产信托、私募基金等融资渠道借贷利率普遍攀升，部分民间融资利率已升至15%~20%。高息资本的引入会进一步侵蚀企业利润，持续调控将增加项目出现低收益甚至是负收益的风险，为房地产业健康持续发展带来隐患。在近期中央叫停四大国有银行房地产信托的背景下，北京市相关监查部门应加大对民间融资、海外融资、房地产私募基金等借贷利率更高的融资渠道的监查力度，引导房地产私募基金、民间融资提升内控和风险管理能力，积极防范开发企业融资风险，防止由于开发企业资金链断裂而引发信贷危机的情况出现。

### （三）建立健全保障性住房建设运营制度设计

**一是**要充分考虑到未来公租房可能出现运营困难、建设成本回收难、总量相对过剩的可能，提前做好公租房“由租转售”的制度设计。可以参考 1998 年香港政府曾经推出的“租者置其屋计划”，设置相应制度，让公租房住户在入住期满后，在需要退出时，可以选择负担得起的价钱购买所居住的公租房。**二是**在资金保障方面，充分发挥北京市保障性住房建设投资中心的积极作用。探索利用企业债券、公积金贷款、社保资金、REITS 等多渠道筹措保障性住房建设资金，通过引进民间资本，降低建设成本，实现政府财政资金效益的最大化。**三是在**进一步完善已有制度规范的同时，加快对公租房建设和运营管理的制度建设，包括明确公租房的管理主体、运营模式、申请资格、审核流程以及退出机制等。**四是**进一步明确准入人群。起码在未来 5 年内，北京市保障性住房准入仍应以北京市户籍为首要条件，待保障性住房达到一定规模后，再逐步对外来务工人员开放。

**（四）积极引导流动性进入优质商业地产**

**一是**要积极引导社会上充裕的流动性进入优质商业地产开发建设。在商业用地供应上，向高端产业倾斜；对生产性服务业项目、文化创意产业项目等采取灵活的供地方式；探索创新分阶段招标等土地使用权出让方式。**二是**探索商业企业自己开发建设并长期持有物业进行经营的运作模式。借鉴在工业用地项目中已经成功运作的由经营企业自主开发地产项目的模式，在商业用地“招拍挂”中，利用价格优惠、政策扶持等手段，吸引有实力的大型商业企业购置商业用地，按照自身需求特点，自主开发建设，整体运营管理。这将有利于改善由于实力雄厚的房地产开发企业相对不足，导致商业地产开发建设后多被整栋或分区域转让、出租，而影响整体品质和物业的情况。

**（五）未雨绸缪，提前着手准备限购政策的退出机制**

虽然目前限购令等主动调控措施将实现长期化，但所谓长期也必然会有期限，毕竟对于市场来说，一个行政色彩过于浓重的调控政策，不利于资源合理配置，随着市场逐步回归理性增长，限购令等措施终将会被取消。但考虑到市场对政策极其敏感、北京市各类住房需求的规模很大，限购政策应逐步退出。建议首先放开对高端住宅、大面积住宅（140平米及以上）、公寓、别墅的限购；因为高端住房市场的走势，不会影响北京市普通商品住宅的供需，还有利于北京市居民改善性需求的释放，也能满足北京市建设世界城市吸引国内外优秀人才的住房需求。其次是可以适度缩短非户籍人口连续纳税的年限，或是在不缩短限制年限的基础上去掉连续的要求。

## ※ 专题研究

### ——北京市新建商品房可售存量及其结构分析

2006年以来，在国家及北京市对房地产市场调控力度加大、频率加快的作用下，北京市商品房市场的供求走势均发生了显著变化。在2009年本轮一系列政策调控的累积作用下，特别是限购等行政性政策的影响下，商品房市场的可售存量走势出现转向，其中商品住宅可售存量的快速攀升，一度成为市场热议的焦点。但由于种种历史原因，北京市商品房存量底数一直不清，对存量及其构成的分析相对较少，导致部分研究人员对北京市商品房可售存量的规模估计与实际情况出现较大偏差，对社会舆论和政策制定者的判断造成误导。目前，在政策调控的关键阶段，亟需对存量进行准确判断，以把握市场走向。本文利用2006年以来的数据，分析北京市商品住宅、公寓、写字楼和商铺的存量规模和走势变化，以期准确判断市场走向，为决策提供支撑。

### 一、新建商品房可售存量计算方法

新建商品房可售存量，即当期已经通过预售、现售形式上市的，但还未销售出去的商品房。理论上讲，统计起始年应从商品房建设初年起并包括全部社会商品房屋，但综合考虑数据的可得性和准确性[①]，本文利用2006

[①] 由于北京市统计资料信息化程度不高，历史数据难以获得；而且6年以上的房屋存量，对目前的市场来说可视为无效供应。

年 1 月份以来在市场上公开销售的商品房数据[①]（包括期房和现房），以固定年为基础，计算存量变化，以此进行分析。

具体计算方法：$CL=\sum_{i=1}^{n}SS_i-\sum_{j=1}^{n}XS_j$

CL：当期新建商品房可售存量（套数、面积）

SS：新建商品房上市量（套数、面积）

XS：新建商品房销售量（套数、面积）

N： 期数（统计的起始时期）

虽然由于年度间市场销售情况的差异，导致以不同时间为起始点计算（分别选取 2006、2007、2008、2009、2010 年 1 月为起始点）得出的当期存量会有所不同，但相同时间段存量变化的走势保持基本一致。

## 二、商品住宅存量即将达到峰值，郊区、小户型仍是主力

### （一）商品住宅存量快速攀升至3万套，即将进入消化期

自 2002 年以来，全国进入了以汽车、住房为热点的消费阶段，加之北京外来人口不断膨胀，北京市商品住宅市场长期处于供不应求的阶段，尤其是 2008 年一季度以前，楼盘上市销售速度较快，曾一度出现过“日光盘”的火爆景象。已空置 6 年以上的房源，即使有一定存量，也可视为无效供应。2006 年以来，在政策调控的累积作用下，北京市商品住宅上市量呈现出明显的下行走势。从（图 10~8）中可以看出，选取 2006 年、2007 年、2009 年、2010 年 1 月为起始点得出的当期存量十分接近，平均为 3 万套左右；而选取 2008 年 1 月为起始点得出的库存为负，也就是说自 2008 年以来北京市商品住宅市场交易一直在消化之前的历史存量。因此根据 2006 年以来的上市和销售数据计算得出，**截至 2011 年 9 月末，北京市商品住宅存量约为 3 万套，远远低于近期媒体上炒作的 11 万套。**

进一步分析近几年来北京市商品住宅存量走势可以看出：按照峰—峰

---

[①] 北京拥有大量的央产房、军产房、校产房，但其相关的统计资料口径不尽统一，也没有进入公开市场交易，本文分析数据中不包含此类住房。

来考虑，近 6 年来北京市商品住宅存量呈现出两个周期，第一个周期的波谷、波峰分别出现于 2007 年 8 月和 2008 年 12 月，本轮周期在 2010 年 2 月达到波谷，目前仍处于上升阶段，还未触及上一轮的峰值。2011 年 2 月份以来，商品住宅需求在经历了大幅下滑后开始趋于平稳，从上次周期的波长来看，波峰即将在近期出现。如果政策没有出现导向性的变化，**预计 2012 年商品住宅存量将进入下行期，即库存规模有望稳中趋降**。

表 10~4　　2006 年以来北京市商品住宅存量周期

| | 第一个周期 | 第二个周期 |
|---|---|---|
| 时　间 | 2006 年 1 月~2008 年 12 月 | 2008 年 12 月至今 |
| 周期波长 | 36 个月 | - |
| 波峰时间 | 2008 年 12 月 | - |
| 波峰存量 | 4.5 万套 | - |
| 波谷时间 | 2007 年 8 月 | 2010 年 2 月 |

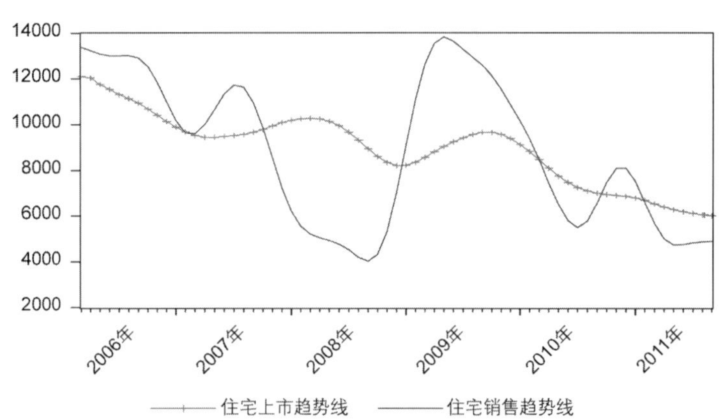


图10~7　2006年1月~2011年9月北京市商品住宅上市和销售套数季调后趋势

### （二）郊区[①]商品住宅是存量主体，占比仍将继续攀升

自《北京城市总体规划（2004~2020）》公布以来，北京市新城建设加速推进，郊区商品住宅开始大规模建设，但由于新城发展相对滞后，商品住宅

① 城区，指的是城 6 区，即东城区、西城区、朝阳区、海淀区、丰台区、石景山区；郊区指的是 10 个远郊区（县）。

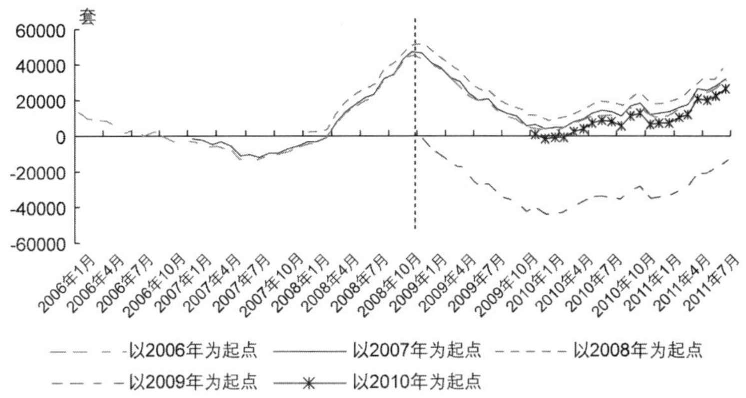


图10~8　以不同年份为起始点计算得出的北京市商品住宅可售套数

销售更多集中于城区，导致上市面积增长明显快于销售面积，成为北京市商品住宅存量的绝对主力。本轮调控以来，郊区商品住宅规模总量再度扩张，2011 年 7 月超过了 2009 年 1 月的历史高点，并保持持续上升态势。**2012 年，随着城区商品住宅供应的持续萎缩，预计城区商品住宅存量将逐步下降；郊区商品住宅存量将保持稳定，其占商品住宅存量的比重将继续攀升。**

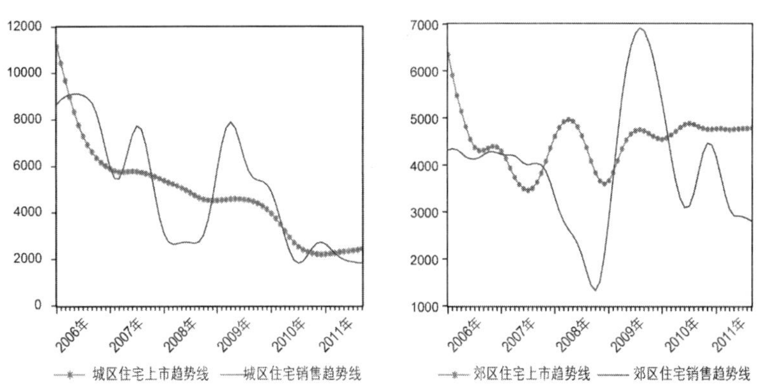


图10~9　2006年1月以来北京市城、郊区商品住宅上市、销售套数季调后趋势

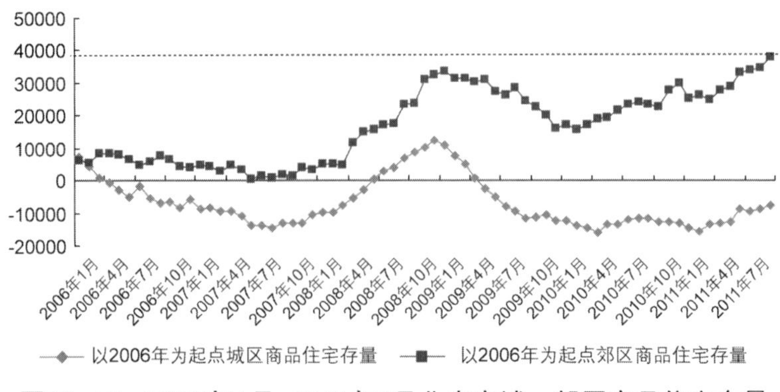


图10~10　2006年1月~2011年9月北京市城、郊区商品住宅存量

**（三）小面积商品住宅是存量主体，过剩趋势将进一步加剧**

自2006年全国强制推行“新建住宅套型90平方米以下占开工总量70%”政策以来，北京市90平米以下中小户型商品住宅存量及其占全部商品住宅的比重持续攀升；直至2009年初，北京市出台“对商品住房项目，允许在北京市总量平衡前提下，根据市场需求来确定套型面积和比例”的政策后，“70/90”政策才有所松动。本轮调控以来，虽然90平米以下中小户型商品住宅存量依然持续攀升，但占比已由高点回落至60%左右。

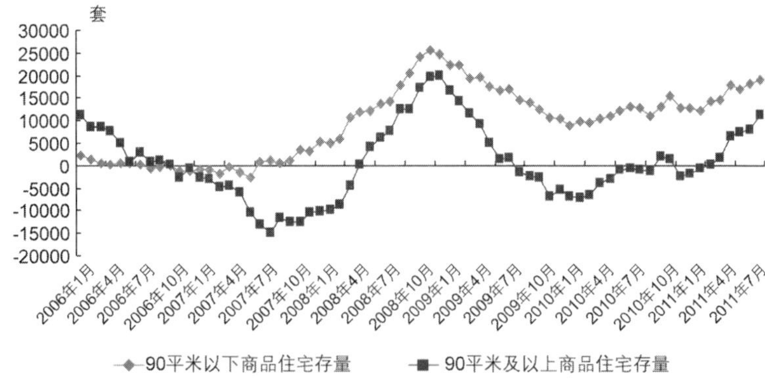


图10~11　2006年1月~2011年9月北京市90平米以下、以上商品住宅存量

数据显示，在存量较低，即市场销售火爆的时期（例如：2007年第三季度和2010年第一季度），90平米以上的商品住宅存量消化较快；而在存

量较高，即市场相对滞销的时期（例如：2008 年第四季度和 2011 年第三季度），90 平米以下商品住宅存量消化较快。**2012 年，随着商品房市场存量的逐步消化，预计对 90 平米以上房源需求将再度增加，供需缺口将再度拉大，90 平米下中小户型的过剩将进一步加剧。**

## 三、公寓市场长期供不应求，可售存量几乎被消化殆尽

自 2006 年国家将别墅用地列入禁止用地项目目录后，特别是近年来为抑制房价过快上涨的各类政策出台以来，北京市公寓用地供应大幅减少，上市面积持续回落；2010 年下半年以来，几乎没有新开楼盘，月度上市套数跌至个位数，并主要以现房为主，预计短期内难有改观。公寓销售数据波动趋势与商品住宅基本相同，尽管公寓与商品住宅一样受到限购等政策影响，需求受到一定抑制，但由于其需求群体较为稳定，短期内不会出现较大变化，振幅较整体商品住宅明显偏窄。

进一步分析公寓存量变化态势可以看出：一是近 6 年来北京市公寓存量在 2008 年 12 月达到最高，与商品住宅走势相同；二是受本轮政策调控影响相对较小，目前仍处于收缩期底部，还没有出现明显的上升趋势。综合上市、销售数据及未来走势分析，**预计 2012 年在几乎没有新增楼盘的背景下，已经快消化殆尽的公寓存量将继续下降，供不应求将进一步加剧。**

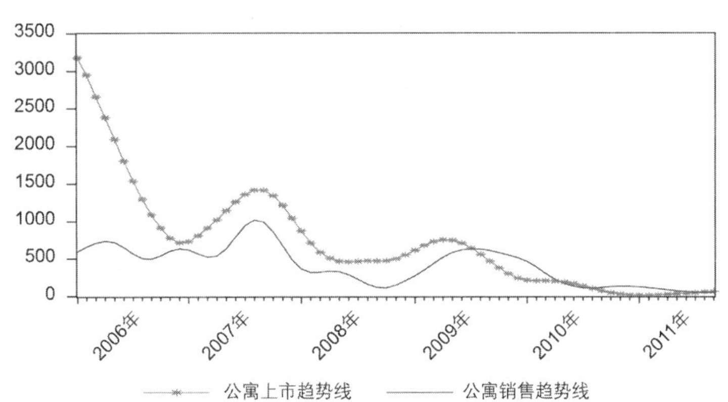


图10~12　2006年1月~2011年9月北京市公寓上市和销售套数季调后趋势

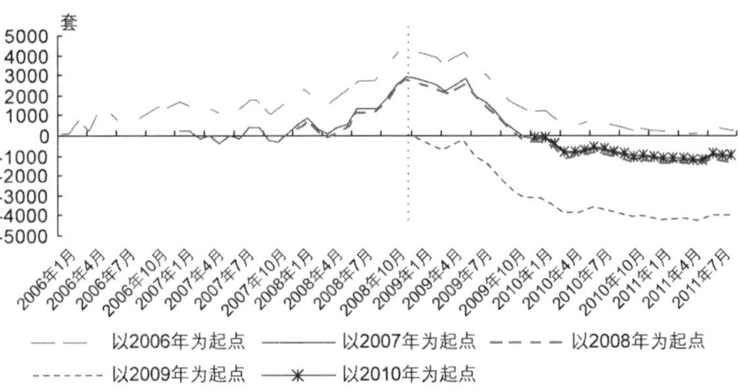


图10~13 以不同年份为起始点计算得出的北京市公寓可售套数

## 四、写字楼存量近期出现抬头迹象

2006 年前后，北京市写字楼供应曾出现过一轮高峰，而后由于商品住宅大规模建设的挤出和存量消化较慢等因素影响，供给出现了放缓，继而又遭遇金融危机影响，供给进一步回落。直至 2009 年末，伴随着世界经济的复苏和住宅限购政策引致资金流向商业地产，引致投资结构的变化，北京市写字楼的供应再度上升。综合考虑 2011 年写字楼的土地供应和施工面积走势，**预期 2012 年写字楼供给持续上升的势头不会改变，但上升幅度将有所放缓。**从需求来看，受金融危机影响，写字楼销售在 2008 年末达到低谷，随着经济复苏开始回升，至 2009 年末达到高点。受世界经济复苏进程放缓等因素影响，2010 年再度出现回落。2011 年以来，受益于商品住宅限购等政策溢出影响，结束下行态势，呈现出平稳走势。如果政策调控没有方向性调整，**预计 2012 年写字楼销售将延续目前的稳健态势。**

进一步分析写字楼存量变化态势可以看出，近 6 年来北京市写字楼存量走势可以分为三个阶段：第一个是 2008 年 9 月之前，处于存量持续增加阶段，主要由于“十一五”时期新增供给较多；第二个是 2008 年 9 月至 2011 年 6 月，由于供需均波动较小，带来存量规模相对稳定；第三个是 2011 年 6 月至今，在供给出现大幅上升的带动下，存量再度出现抬头迹象，但幅度相对较小。结合供需走势，**预计 2012 年，北京市写字楼可售存量将在现有**

**规模上保持稳定或呈现出小幅缓慢攀升的走势。**

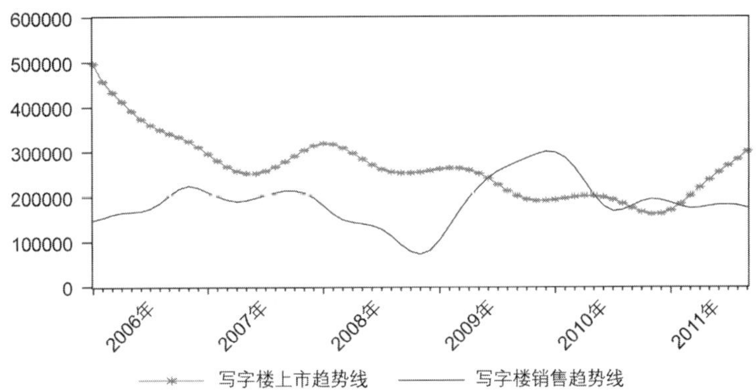


图10~14　2006年1月~2011年9月北京市写字楼上市和销售套数季调后趋势

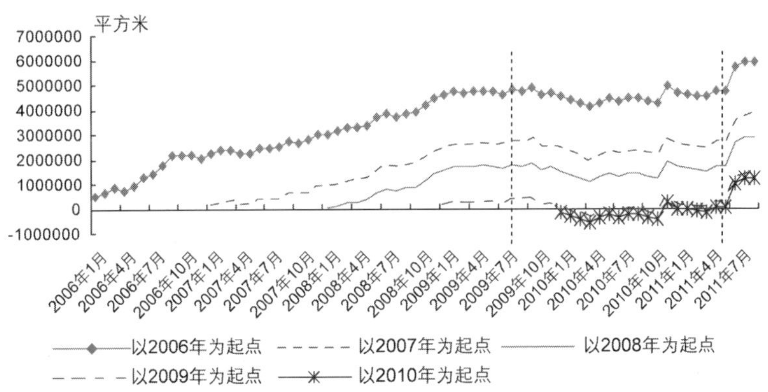


图10~15　以不同年份为起始点计算得出的北京市写字楼可售面积

## 五、商铺存量规模持续保持稳定

2006年前后，北京市商铺上市供应情况与写字楼趋同。2008年以来，主要由于我国及北京市宏观经济运行受金融危机冲击相对较小，以国内居民消费为主要受众的商铺建设供应并未受到较大影响。近年来，在互联网技术对传统消费模式带来冲击等因素影响下，北京市商铺上市供应持续呈现出稳步回落的态势。本轮调控以来，主要由于住宅限购政策引致资金流向商业地产，北京市商铺供应再度出现回升态势，但综合考虑到年初以来北京市房地产业资金流向矿产等其他资源类行业、长期需求走弱等因素，

**预计2012年商铺上市供应的回升势头将逐步放缓趋于平稳，甚至出现逆转。**销售数据显示，近年来，北京市商铺需求保持相对稳定，只有在国家四万亿投资刺激下在2009年出现过一轮上升态势，仅仅10个月后，再度进入平稳且缓慢下行阶段。在国家及北京市经济增速双双放缓的背景下，**预计2012年，商铺销售仍将延续稳中有降的走势。**

进一步分析可以看出，北京市商铺存量走势主要分为两个阶段：第一个是2009年12月之前，处于存量持续增加阶段，主要由于"十一五"时期新增供给较多造成；第二个是2009年12月至2011年6月，在供需双双趋缓的带动下，存量规模呈现出相对稳定且被缓慢消化的态势。结合未来供需走势预计，**2012年，北京市商铺可售存量将延续当前的缓慢回落走势。**

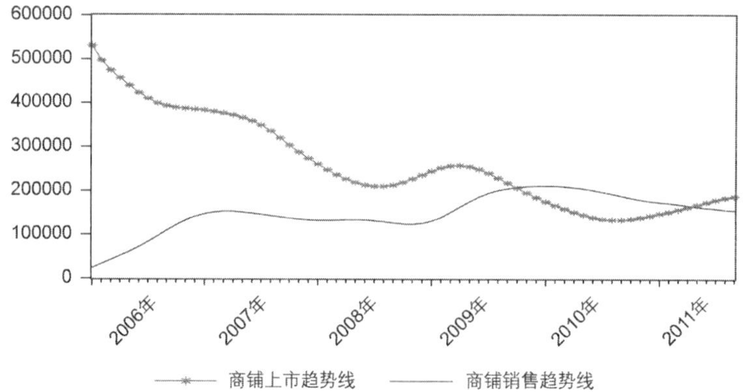


图10~16　2006年1月~2011年9月北京市商铺上市和销售套数季调后趋势

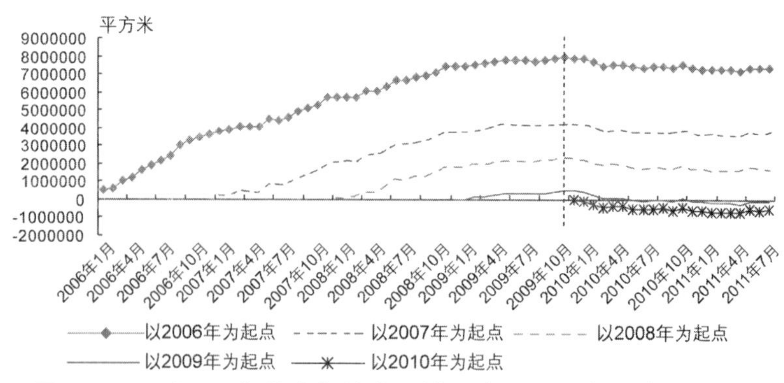


图10~17　以不同年份为起始点计算得出的北京市商铺可售面积

**上述分析可以看出：目前北京市商品住宅存量压力并不大。**虽然受政策调控影响，商品住宅存量出现快速增长，但就目前 3 万套的存量，按照 2011 年 2 月份以来，月均销售 4500 套的速度粗略估算，需要 7 个月就能够消化。而开发商已采取减少购地、放慢施工速度、延长开盘时间来减少上市供应，需求呈现出相对稳定的走势，未来商品住宅的存量会逐步减少。

**未来供给长期不足和结构性矛盾应引起重视。**2011 年以来，房地产业破产、兼并、整合力度不断加大，整体资金外流现象严重，行业景气持续下滑，或将进入漫长的收缩期，必将带来供给的持续收缩。上述分析可知，北京市商品住宅销售持续处于消化历史存量的阶段，在保障性住房供应还没形成气候的阶段，遭遇供给大幅收缩，将加大北京市商品住宅的供需缺口，为商品住宅价格上涨带来压力；考虑到小户型商品住宅的持续过剩，而大面积、高档住宅长期供不应求，北京市居民改善性需求难以释放，将影响北京市居民生活质量的进一步提高。作为消费型城市，首都在建设世界城市的进程中，保障性住房和小面积商品房难以满足高端人群的住房消费，也会为北京市吸引高端人才、消费持续增长带来影响。

# 第十一章 人民生活

## 居民收入平稳增长 生活质量不断提高

2011年，在经济增长放缓、物价较快上涨的形势下，北京市出台一揽子惠民政策，促使城乡居民收入平稳增长，居民消费结构持续升级，就业总量稳定增长，社会公共服务能力不断增强。但同时，物价过快上涨给居民生活特别是低收入群体带来了较大压力。展望2012年，伴随宏观经济平稳增长、物价调控措施发力、居民就业继续保持平稳增长以及社会保障体系不断完善，北京市人民生活质量将不断提高。

### 一、2011年北京市人民生活领域运行特点

#### （一）居民收入平稳增长，收入渠道日益多元化

2011年以来，在国内外经济增长放缓形势下，北京市积极主动调结构、转方式，北京市经济增长延续了2010年以来逐季回落的态势。尽管经济增长逐步放缓，但在各项促就业、增收入等政策作用下，北京市城乡居民名义收入仍保持较快增长；受物价水平持续高企等因素影响，居民实际收入增长低于年度计划目标。

2011年1~9月，北京市城镇居民人均可支配收入24164元，同比增长10.7%，扣除物价因素，实际仅增长4.5%，为1992年以来的最低点，远低于“十一五”时期年均 8.95%的实际增速。北京市农村居民人均现金收入12962元，同比增长12.8%，比2010年同期提高1.1个百分点。预计2011年全年城、乡居民人均收入分别增长10.5%、12.5%。

表 11~1 “六五”至“十一五”时期北京市城乡居民收入实际增速（%）

| 时 间 | GDP 增长 | 人均 GDP 增长 | 城镇居民收入实际增长 | 农民收入实际增长 |
|---|---|---|---|---|
| “六五”时期 | 9.7 | 7.99 | 7.77 | 19.04 |
| “七五”时期 | 8.0 | 5.72 | 2.67 | 3.51 |
| “八五”时期 | 11.8 | 9.71 | 8.88 | 4.80 |
| “九五”时期 | 10.3 | 8.10 | 7.09 | 6.21 |
| “十五”时期 | 12.1 | 8.87 | 11.58 | 9.95 |
| “十一五”时期 | 11.4 | 6.95 | 8.95 | 8.72 |

从收入结构看，工资性收入比重继续近年来的下降态势。2011 年 1~9 月城镇居民工资性收入占比为 68.21%，较 2010 年末回落 1.03 个百分点。这表明多种所有制的发展为居民提供了更多的就业选择，收入来源也日益多元化。从四大类收入增长变化看，2011 年，北京市城镇居民收入呈现“两增两减”的特征。受经济增速放缓、股市低迷等影响，工资性、财产性收入增速均较 2010 年同期有所放缓，两者同比分别增长 9%、8.7%，增速较 2010 年同期回落 0.18 个百分点和 0.01 个百分点。经营性和转移性收入同比分别增长 9.6%、10.1%，增幅同比上升 0.08 个百分点和 0.18 个百分点。

表 11~2 2006 年以来北京市城乡居民收入结构（%）

| | 2006 年 | 2007 年 | 2008 年 | 2009 年 | 2010 年 | 2011 年 1~9 月 |
|---|---|---|---|---|---|---|
| 城镇居民收入结构： | | | | | | |
| 工资性收入 | 72.64 | 70.47 | 67.7 | 66.95 | 69.24 | 68.21 |
| 经营性收入 | 1.05 | 1.21 | 2.81 | 3.57 | 3.51 | 3.18 |
| 财产性收入 | 1.21 | 2.16 | 1.64 | 1.91 | 1.97 | 2.01 |
| 转移性收入 | 25.1 | 26.16 | 27.85 | 27.56 | 25.28 | 26.60 |
| 农村居民收入结构： | | | | | | |
| 工资性收入 | 60.6 | 59.38 | 59.12 | 60.69 | 60.38 | 56.65 |
| 经营性收入 | 23.11 | 22.87 | 19.32 | 14.35 | 14.00 | 19.91 |
| 财产性收入 | 8.97 | 9.7 | 11.16 | 11.7 | 11.99 | 9.37 |
| 转移性收入 | 7.32 | 8.06 | 10.4 | 13.26 | 13.63 | 14.07 |

从区域结构看，城镇居民收入方面，首都功能核心区和功能拓展区继续保持较快增长。2011 年 1~9 月，核心区和功能拓展区城镇居民收入同比分别增长 10%和 10.9%，增幅较 2010 年同期提高 1.3 个百分点和 1.7 个百分点。其中，拓展区城镇居民收入高于北京市平均增速 0.2 个百分点。高端产业的集聚与较快发展是推动核心区和拓展区收入增长加快的重要原因。农村居民收入方面，功能拓展区、生态涵养区增长较快。2011 年 1~9 月，在城南行动计划加快实施，中心城区产业加快向新城转移，政府对农村地区转移支付力度不断加大，郊区乡村旅游日益红火等因素的推动下，功能拓展区、生态涵养区农村居民收入同比分别增长 13.8%、13.6%，增幅分别较 2010 年同期提高 2.9 个百分点和 1.7 个百分点。

**表 11~3　2008 年以来北京市四类功能区城乡居民收入名义增速（%）**

| | 2008 年增速 | 2009 年增速 | 2010 年增速 | 2011 年 1~9 月增速 |
|---|---|---|---|---|
| 城镇居民人均可支配收入 | | | | |
| 城市功能拓展区 | 13.5 | 8 | 8.9 | 10.9 |
| 城市发展新区 | 10.3 | 8.3 | 8.1 | 9.8 |
| 生态涵养发展区 | 11.6 | 7.7 | 8.5 | 9.3 |
| 农村居民人均收入 | | | | |
| 城市功能拓展区 | 13.3 | 11.4 | 10.3 | 13.8 |
| 城市发展新区 | 12 | 11.5 | 10.7 | 10.8 |
| 生态涵养发展区 | 12.2 | 11.6 | 10.7 | 13.6 |

注：农民收入年度数据为人均纯收入，农民月度收入数据为人均现金收入，下同。

### （二）居民消费结构持续升级，生活水平逐步提高

伴随居民收入水平逐步提高以及居民消费观念日益更新，2011 年北京市城乡居民消费结构继续保持升级。一方面，从反映居民消费结构变化的城乡居民家庭恩格尔系数来看，尽管 2011 年以来食品价格大幅上涨，但其仍旧保持在 35%以下的代表富裕的优化区域内。2011 年 1~9 月，城镇和农

村恩格尔系数分别达到 32.3%、33.3%，与 2010 年同期基本持平。

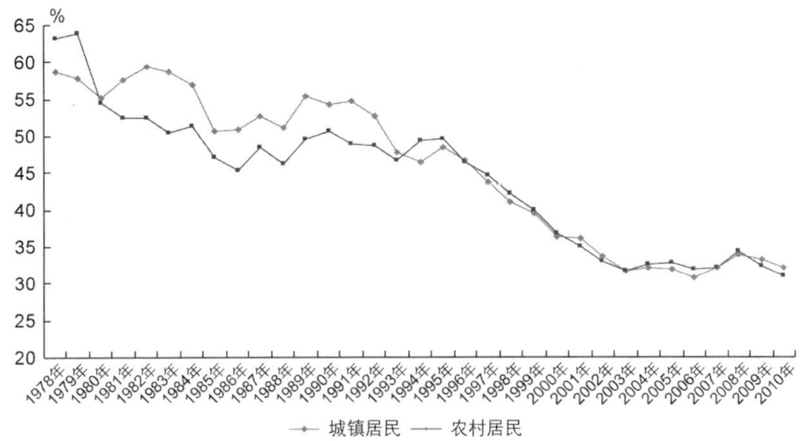


图11~1　北京市城镇及农村居民家庭恩格尔系数

另一方面，城乡居民用于发展型的消费支出占比不断提高。2011 年 1~9 月，城镇居民人均消费支出中，用于居住、家庭设备用品及服务、医疗保健、教育文化娱乐服务等的消费支出占比分别较 2010 年同期提高 0.18 个百分点、0.31 个百分点、0.18 个百分点和 0.23 个百分点。农村居民消费支出中用于家庭设备用品及服务和医疗保健的占比也分别较 2010 年同期提高 0.6 个百分点和 1.27 个百分点。

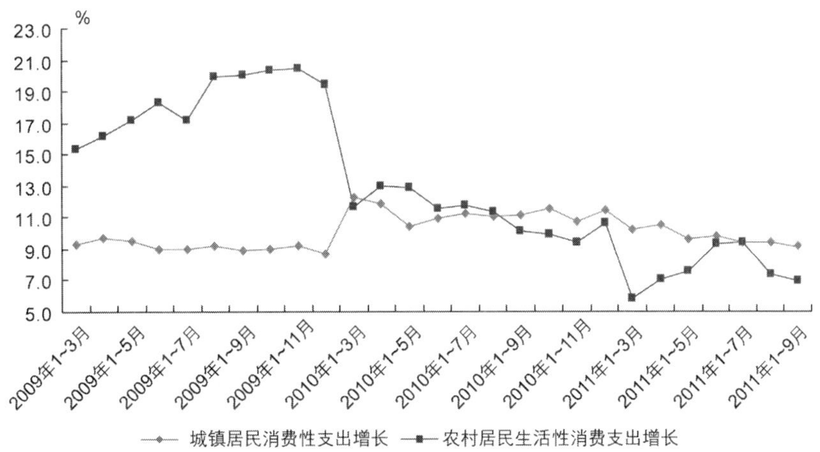


图11~2　北京市城乡居民消费支出月度增速比较

表 11~4　2011 年 1~9 月北京市城乡居民八大类消费支出比重变化（%）

| 项　目 | 城镇居民 | | 农村居民 | |
|---|---|---|---|---|
| | 2011 年 1~9 月 | 较 2010 年同期变化 | 2011 年 1~9 月 | 较 2010 年同期变化 |
| 食　品 | 32.34 | -0.15 | 33.28 | 2.44 |
| 衣　着 | 9.84 | -0.09 | 7.61 | 0.15 |
| 居　住 | 7.55 | 0.18 | 20.04 | -0.20 |
| 家庭设备用品及服务 | 7.33 | 0.31 | 6.73 | 1.26 |
| 医疗保健 | 7.03 | 0.18 | 11.67 | -1.76 |
| 交通和通信 | 15.46 | -0.78 | 7.95 | -2.78 |
| 教育文化娱乐服务 | 15.92 | 0.23 | 10.01 | 0.60 |
| 其他商品和服务 | 4.53 | 0.11 | 2.72 | 0.27 |

**（三）就业总体保持稳定，增速略有下滑**

2011 年以来，北京市就业经受住了经济增速回调、信贷政策收紧、房（车）调控加强等考验，在城乡促就业体系逐步完善，促就业服务继续加强等作用下，就业总体保持稳定。2011 年 1~9 月，北京市法人单位从业人员达到 872 万人，同比增长 5%，增幅较 2010 年同期回落 4.1 个百分点；城镇登记失业率为 1.56%，同比上升 0.2 个百分点。部分行业受调控影响加大，

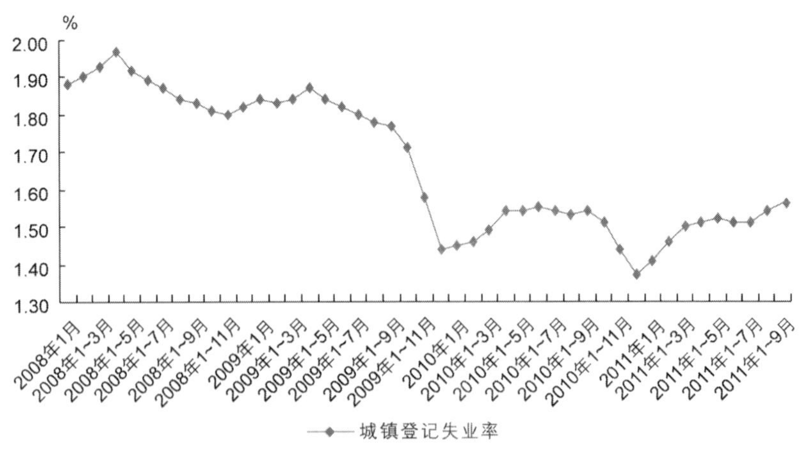


图11~3　2008年以来北京市城镇登记失业率变化趋势

出现吸纳就业不甚理想的情况。其中，建筑业、批发零售业、住宿餐饮业、金融业以及文化、体育和娱乐业的就业增长均较2010年同期出现7%以上的回落。就业增速回落一定程度上影响到工资性等收入增长。

专栏："六五"至"十一五"时期北京市就业及工资增长情况

"六五"时期以来，北京市从业人员基本呈稳定增长态势。伴随产业结构的不断调整，农村剩余劳动力持续向第二、第三产业转移，就业结构逐步实现由"二三一"向"三二一"转变。从三次产业从业人员增长情况看，第一产业从业人员持续负增长转向保持稳定，第二产业从业人员增长逐步趋缓，第三产业从业人员增长始终保持稳定正向增长，特别是"十五"时期年均增长率达到11.57%。

表11~5 "六五"至"十一五"时期北京市从业人员增长情况（%）

| 时 间 | 北京市 | 第一产业 | 第二产业 | 第三产业 |
|---|---|---|---|---|
| "六五"时期 | 3.19 | -3.14 | 4.67 | 5.28 |
| "七五"时期 | 2.05 | -2.05 | 1.58 | 4.39 |
| "八五"时期 | 1.19 | -4.89 | -0.76 | 4.90 |
| "九五"时期 | -1.42 | 0.64 | -5.14 | 0.88 |
| "十五"时期 | 7.23 | -3.12 | 2.11 | 11.57 |
| "十一五"时期 | 3.28 | -0.26 | -2.59 | 5.59 |

从城镇在岗职工平均工资变化看，"六五"时期以来，国有单位、集体单位在岗职工平均工资名义增速逐步放缓，其他单位职工平均工资稳步上升，尤其是在"八五"以及"十一五"时期，伴随乡镇企业迅速发展、中小企业发展活力不断释放，其他单位职工平均工资名义增速均超过国有及集体单位。

表11~6 "六五"至"十一五"时期北京市城镇职工平均工资名义增速（%）

| 时 间 | 城镇单位 | 国有单位 | 集体单位 | 其他单位 |
|---|---|---|---|---|
| "六五"时期 | 9.91 | 8.40 | 11.58 | |
| "七五"时期 | 14.31 | 14.47 | 12.34 | 11.26 |
| "八五"时期 | 22.40 | 22.15 | 19.86 | 23.94 |
| "九五"时期 | 13.92 | 13.25 | 6.81 | 10.62 |
| "十五"时期 | 16.64 | 20.01 | 10.70 | 9.81 |
| "十一五"时期 | 13.06 | 11.83 | 10.78 | 13.83 |

### （四）社会保障体系逐步完善，保障水平有所提升

2011 年，北京市不仅将职工基本养老保险延期缴费政策扩展到农民工，而且将领取失业保险金人员纳入职工基本医疗保险范围。同时，开展了北京市转移就业农村劳动力个人参加职工社会保险试点。累计发放 922 万张社保卡。启动社会保障相关待遇标准与物价上涨挂钩联动机制。社会保障待遇再次提高。两次上调城乡社会保障相关待遇标准，并将城乡居民基础养老金和福利养老金待遇标准列入调整范围。各项社会保障待遇增幅均在 10%以上。养老、医疗、失业等社会保障各方面的系列举措，进一步减轻了居民医疗、养老等费用的负担，逐步缓解了低收入群体生活压力，有利于稳定居民支出预期。

表 11~7　　社会保障待遇主要指标对比

单位：元/月

| 项　目 | 2010 年 | 2011 年 |
|---|---|---|
| 企业职工基本养老金 | 2058 | 2268 |
| 城乡居民基础养老金 | 280 | 310 |
| 城乡居民福利养老金 | 200 | 230 |
| 工伤保险定期待遇（伤残津贴） | 2201 | 2504 |
| 职工最低工资标准 | 960 | 1160 |
| 失业保险金标准 | 632～741 | 752～861 |

### （五）公共服务向均衡、优质化推进，服务能力有所提升

一是公共教育发展逐步均衡优质。制定出台学前教育三年行动计划、加大幼儿园新建扩建，积极实施推优派位等入学办法，加强收费管理，努力缓解“入园难”和中小学“择校”问题。通过实行城乡、区域内教师流动制度及名校办分校等措施，发挥优质资源的辐射作用。二是医疗卫生服务水平不断提升。在北京市三级医院和区域医疗中心推出实名预约挂号等新举措，全面推行家庭医生式服务，在北京市公立医院推广优质护理服务示范工程；启动按病种分组付费方式结算医疗费用试点，出台新版医保药品目

录，减轻了群众医疗费用负担。三是文化体育服务水平不断提高。继续开展“周末场演出计划”等文化惠民工程。继续推进文化馆、图书馆和美术馆三馆免费开放。积极开拓文化信息共享工程服务范围。广泛开展全民健身活动，将体育生活化社区达标工作纳入社区服务管理，促进学校体育设施向社会开放。公共教育、医疗、文化、体育等服务水平的不断提升，促进了居民生活品质的持续改善。

**延伸阅读：北京市预约挂号统一平台启动**

自2011年7月28日北京市启动预约挂号统一平台试运行以来，总体运行平稳。上线的各医院积极配合统一平台预约服务，不断完善与统一平台的服务衔接，服务流程进一步得到梳理，群众预约踊跃，社会舆情和民情反映积极。

目前，北京市已有38家三级医院（包括所有21家市属三级医院）接入统一平台。截至10月中旬已有58.5万人在统一平台注册，各上线医院投入到统一平台的号源累计219.4万个，累计成功预约52.4万个。试点上线医院的整体预约就诊比例达到40%，复诊预约比例达到70%，门诊排队挂号现象明显好转。2011年年底前，统一平台将实现对全部三级医院的全覆盖。

## 二、当前人民生活领域需要关注的主要问题

### （一）物价水平持续高涨，中低收入群体生活压力显现

2011年以来，受成本上升、输入性通胀压力、居住类权重提升、房租价格上涨较快等因素影响，北京市物价水平持续高涨。与百姓日常生活密切相关的食品、居住、服务类价格上涨幅度大大超出总体CPI的涨幅。其中粮食价格月度涨幅均在11.6%以上，肉禽及其制品月度涨幅一度高达27.3%，蛋与鲜果价格的月度涨幅也保持在两位数之上，居住类价格大部分月度上涨在8%以上。由于食品、居住在中低收入群体消费中占比高达40%以上，这方面价格的大幅上涨无疑加剧了中低收入群体的生活压力。

表 11~8　2010 年北京市城镇居民家庭消费性支出构成（%）

| | 低收入户 | 中低收入户 | 中等收入户 | 中高收入户 | 高收入户 |
|---|---|---|---|---|---|
| 消费性支出 | 100 | 100 | 100 | 100 | 100 |
| 食　品 | 39.3 | 34.3 | 34.6 | 31.7 | 26.7 |
| 衣　着 | 9.8 | 10.4 | 10.2 | 10.7 | 10.8 |
| 居　住 | 9.8 | 7 | 6.9 | 7.8 | 8.4 |
| 家庭设备用品及服务 | 6.4 | 6.3 | 7 | 6.9 | 7.4 |
| 医疗保健 | 7.1 | 6.5 | 7.1 | 7 | 6.1 |
| 交通和通信 | 11.5 | 16.2 | 16.5 | 17.4 | 20.1 |
| 教育文化娱乐服务 | 13.4 | 15.6 | 14 | 14.2 | 15 |
| 其他商品和服务 | 2.7 | 3.7 | 3.7 | 4.3 | 5.5 |

### （二）居民消费意愿逐年下降

改革开放以来，北京市城镇居民高、低收入组平均消费倾向均呈持续下降态势，分别由 1984 年的 90%、96%下降至 2010 年 58%、84%，并且低收入组平均消费倾向持续高于高收入组，两者差距由 1984 年的 6%扩大至 2010 年的 26%。城镇居民高低收入组平均消费倾向持续下降显示其消费意愿也在逐年下降。应该说，当前北京市城镇居民高低收入组平均消费倾向持续下降反映两者面临着迥然不同的消费困境。一方面，高收入组居民具有充足的购买力，但面临着符合其消费需求层次的产品供给严重缺乏，或受现有消费税收等政策约束的现实困境，如国内依然对奢侈品消费征收较高关税，导致其消费意愿受挫。另一方面，低收入组居民具备较强的消费意愿，但又受其有限的收入水平约束，导致其消费倾向逐步下降（见图 11~4）。

### （三）优质公共服务资源在中心城过度集中，供求矛盾仍然突出

教育、医疗等优质公共资源过度集中在中心城区，导致北京市优质公共服务供给与公众日益增长的需求之间的矛盾越来越突出。教育方面，重

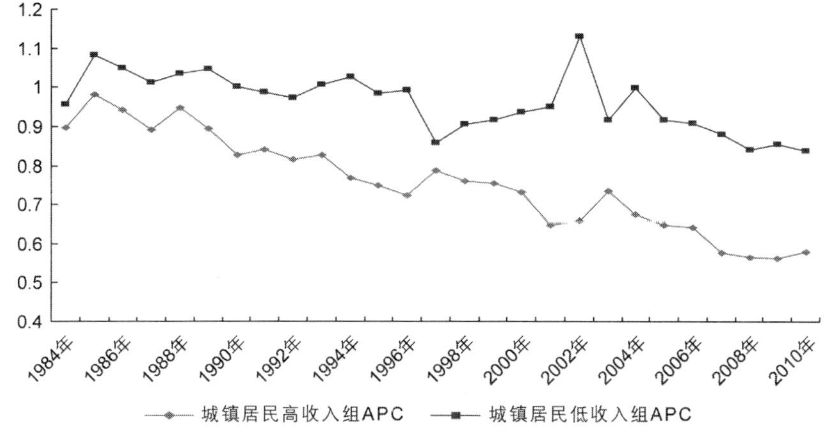


**图11~4 1984年以来北京市城镇居民高低收入组平均消费倾向变化趋势**

点中小学主要集中在西城、东城和海淀，而人口密集的朝阳、丰台、通州等区域的重点中小学数量稀少，导致小学入学、“小升初”的择校热仍高烧不退。医疗、卫生方面，城六区集中了95%以上的三级甲等医院，挂大医院号难、挂专家号难等问题仍然广泛存在。此外，社会公共服务重设施建设、轻服务管理以及重外延扩张、轻内涵发展的社会公共服务的粗放式发展方式，不利于社会公共服务的供给规模扩大和内涵提升。

## 三、2012年北京市人民生活领域运行展望

### （一）就业保持基本稳定

2012年，尽管北京市经济发展所面临的外部环境仍旧存在较大的不确定性和不稳定性，但随着车、房调控效应的逐步减弱以及经济自身增长动力的加强，北京市经济增长将好于2011年。同时，近期国家也在逐步加大对中小微企业发展政策环境的改善。综合来看，经济增长与政策环境改善，将有利于支撑2012年就业的增长，但就业的结构性矛盾依然突出。产业结构的升级与服务性消费需求的提升将带动北京市对高端人才以及餐饮、家政等服务业者的需求加大；同时一线城市居高不下的生活成本、忙碌的工作节奏、拥堵的交通状况等又加大了这部分人员的外流。预计2012年北京市三次产业从业人员同比增长2.2 %，增速回落0.1个百分点。

延伸阅读："六普"后北京市就业面临新的人口发展形势

北京市第六次全国人口普查主要数据显示，北京市就业面临新的人口发展形势。一是首都人口总量面临新形势：伴随外来人口不断涌入，常住人口总量持续扩大，因此北京市总体上仍将面临比较严峻的就业形势。2010 年，北京市常住人口达到 1961.2 万人，较 2000 年增加 604.3 万人，年平均增长率为 3.8%。其中，外来人口达到 704.5 万人，较 2000 年增加 447.7 万人，年平均增长率为 10.6%；外来人口在常住人口中的比重由 2000 年的 18.9%提高到 2010 年的 35.9%。二是首都人口结构面临新形势：人口老龄化程度进一步加深，受教育程度进一步提高，城镇人口比重进一步上升。2010 年，北京市 65 岁及以上人口达 170.9 万人，占比 8.7%，较 2000 年上升 0.3 个百分点；15~64 岁人口达 1621.6 万人，占比 82.7%，上升 4.7 个百分点。平均受教育年限由 2000 年的 10 年提高到 2010 年的 11.5 年。城镇人口比重（86.0%）较 2000 年上升了 8.5 个百分点。这表明北京市"人口红利"期仍可望持续一段时间，但人口抚养比将逐步上升，同时劳动人口整体素质逐步提高，城市就业人口规模将进一步扩大。

### （二）收入有望实现稳定增长

2012 年，北京市经济预期向好，将为收入增长奠定较好的基础。同时，促进北京市居民收入增长的意见逐步落实，机关事业单位工资增长机制的建立、企业工资集体协商制的推进以及最低工资、养老金、失业金等各项社会保障标准的提高，也将带动居民收入的增长。此外，伴随粮食丰收、国际输入性通胀压力减弱等，物价上涨趋势也将趋缓，居民实际收入有望得到改善。综合来看，2012 年，北京市居民收入有望在经济平稳增长、社会保障标准提高、物价上涨趋缓等因素的推动下，实现稳定增长，预计全年北京市城乡居民人均名义收入分别增长 11%、13%。

### （三）居民发展型、享受型消费特征进一步凸显

近年来，随着北京市居民收入的提高、消费的理念转变以及第三产业的迅速发展，居民用于教育文化、运动健身、生态休闲等方面的消费支出不断加大，追求生活品质的发展型、享受型消费特征进一步凸显。2012 年，北京市将深入落实十七届六中全会的精神，北京市公共文化设施的建设推

进、文化创意产业的扶持加大将进一步改善居民文化消费的环境，丰富文化生活，居民文化消费意愿有望加强。同时，引领2011年消费增长的智能手机、数码相机等时尚、高档的通讯电子产品以及黄金、珠宝、手表等保值增值的奢侈品消费有望继续保持高涨势头。此外，“十二五”绿色规划的发布，将进一步推动居民绿色饮食、绿色出行等绿色消费。居民享受型消费将继续扩张。

### （四）社会公共服务水平有望进一步均等提升

2012年，北京市“十二五”规划纲要及社会发展领域各专项规划的逐步实施，将推动社会公共服务发展逐步向城南地区、西部地区以及新城倾斜，北京市社会公共服务有望逐步均等，服务水平将进一步提升。教育方面，以优先发展公共教育服务为重点，加大幼儿园新建和改（扩）建力度，进一步扩大北京市的学前教育资源，中小学布局结构的调整和规范化建设的推进，将促进基础教育优质均衡发展。医疗卫生方面，预约挂号的不断完善与公立医院改革的推进等，将逐步提升医疗服务水平。同时，天坛医院、同仁医院等中心城大医院外迁、扩建等，将推动医疗卫生资源优化布局和均衡发展。文化体育发展更加繁荣。经营性文化事业单位转企改制的推进，文化与科技的深入结合，人艺国际戏剧中心等标志性文化设施的建设以及重点镇文化体育活动中心建设的推进均将推动文化体育的发展。

## 四、改善首都人民生活状况的政策建议

### （一）不断完善就业政策，促进城乡居民充分就业

调整完善城乡统一的就业失业管理制度，统一鼓励用人单位招用城乡劳动者的岗位补贴和社会保险补贴政策。利用社会保险补贴政策吸引政府出资的各类社会公共管理服务岗位，优先招聘安置重点群体和城乡就业困难人员，提高对城乡就业困难人员的安置能力。继续推进“绿色就业”行动计划，在有条件的地区探索试行一产从业人员员工化，提升农村劳动力“绿色就业”质量，力争全年促进10000名北京市城乡劳动力就业实现“绿色就

业”。研究制订社会公共就业岗位的开发征集办法，加快构建城乡一体的促进就业政策体系。加强对高校毕业生就业服务，着力解决好城市化进程中农民的就业问题，强化对城乡就业困难人员帮扶培训。加快推动统一规范的人力资源市场建设，完善人力资源公共服务体系。

贯彻落实国家新“非公经济 36 条”以及《北京市关于鼓励和引导民间投资健康发展的实施意见》，将减税规模、范围与中小微型企业在稳定和增加就业方面的作为相挂钩。

**（二）有效落实各项增收政策，切实提高居民收入水平**

建立工资正常增长机制，提升收入增长的可持续性。按照市场机制调节、企业自主分配、平等协商确定、政府监督指导的原则，形成反映劳动力市场供求关系和企业经济效益的工资决定机制和增长机制。建立和完善以企业工资指导线、劳动力市场工资指导价位、企业人工成本状况为主要内容的工资宏观指导体系，职工工资增长要与企业劳动生产率的提高相适应。大力推行工资集体协商制度，建立职工代表巡查制度和企业履约情况向职代会报告制度，确保集体合同履约效果。全面落实最低工资保障制度，逐步提高最低工资标准，确保最低工资标准上调幅度不低于居民收入增加幅度。研究完善机关、事业单位人员工资制度，提高公益性岗位和社区工作者待遇水平。

千方百计促进农民增收，努力缩小城乡收入差距。积极落实《北京市促进农民增收行动计划》，促进农民非农就业，稳定提高工资性收入，加快农村改革，提高农村社会保障待遇水平，确保农民财产性收入和转移性收入实现较快增长，培育农民自主创业、自我发展能力，转变发展方式，挖掘经营性收入增长潜力，为农民创造更多的增收机会。

**（三）加大政策创新，促进居民消费稳定增长**

适时调整当前对房、车消费的“一刀切”式的限购政策，逐步取代以务实、灵活的市场化手段。对于住房消费，应逐步放宽高端住房市场限购门槛，引导部分高端改善性需求释放；申请房产税（物业税）试点，通过增加保有环节成本，鼓励存量房上市交易，减少炒房投机；在交易环节采取增值收益税收递减的方式限制过度炒房，鼓励投资性住房上市出租。对于汽车消费，侧重在汽车租赁、新能源汽车等汽车日常消费和汽车文化、汽车赛事、汽车营地等汽车衍生消费两方面做好政策引导和服务。

不断完善公共文化服务，扩大居民文化消费比重。一是引导街道、社区和文化经营企业投资兴建更多适合群众需求的文化消费场所，为居民日常文体活动创造良好的环境和空间。二是鼓励出版适应群众购买能力的图书、报刊，鼓励在商业演出和电影放映中安排一定数量的低价场次或门票。三是通过发放文化消费券和文化补贴等形式激发群众文化消费热情，刺激文化消费的增长。四是积极发展文化旅游，促进非物质文化遗产保护传承与旅游相结合，发挥旅游对文化消费的促进作用。此外，需要创新研究出台鼓励低碳消费和绿色消费的优惠政策。

### （四）继续完善社会保障和社会福利政策，改善居民支出预期

持续完善社会保障制度。进一步落实国家关于跨省就业的企业职工基本养老保险转移接续办法。逐步推进机关、事业单位退休金制度与职工基本养老保险制度的并轨。完善城乡居民养老保险和职工养老保险的衔接政策。将城乡居民养老保险统筹层次由区（县）级统筹提高到市级统筹。全面推进《社会保险法》的贯彻落实，抓紧完善北京市相关配套措施，研究将工伤保险和生育保险制度覆盖到所有的用人单位，将农民工纳入城镇职工基本医疗保险。继续推进公费医疗制度纳入城镇职工基本医疗保险进程。扩大基本医疗保障范围，降低医疗保险基金起付线和适度提高封顶线。完善社会保障相关待遇标准与物价上涨挂钩的联动机制，缓解物价上涨对低收入群众的影响。

着力构建适度、普惠的社会福利公共服务体系。进一步完善以老年人、孤儿为主的补缺型福利事业，积极发展面向全体社会公众的适度、普惠型福利，形成以居家养老为基础、社区养老为依托、机构养老为补充，以孤儿养育、老年人和残疾人服务为基本内容并逐步向社会全体公众延伸的社

会福利体系。积极应对人口老龄化和养老服务社会化需求，在鼓励居家养老等多种养老方式共同发展的同时，着力解决养老设施不足、养老护理人员素质不高的问题。鼓励引导社会力量以多种方式参与养老机构建设。推进社区规范化建设试点，促进社区便民利民服务社会化、产业化，带动各类社区服务业的发展。整合社区治安、文化建设、卫生保健、全民健身、养老服务、就业扶助等多项功能。

## ※ 专题研究

### ——2011年北京市居民关注热点变化及2012年期盼

北京市居民关注热点调查主要包括居民关注的热点领域和热点问题两个方面。热点领域包括教育、医疗、交通等12个领域，热点问题则是在12个领域的700多个具体问题中，列出提及频次排名前15位的问题。通过调查，我们能够及时把握居民关注热点领域和热点问题的现状和变化趋势。

### 一、2011年北京市居民关注热点领域的变化情况

2011年，“住房”领域除在第三季度排位有所下滑外，一直稳居榜首，蝉联年度居民最关心的热点领域；受物价水平持续高涨影响，“市场秩序”领域居于第二位，较2010年上升四位；“教育”领域位居第三位，与2010年持平；“医疗”、“就业”和“交通”领域分别位居第四、第五和第六位，较2010年分别下降两位、一位和一位；“环境”领域位居第七位，较2010年上升三位；“老年人问题”、“社保”、“安全”、“其他”和“社区建设”领域分别排在第八、第九、第十、第十一和第十二位，排位与2010年基本持平。具体如图11~5所示。

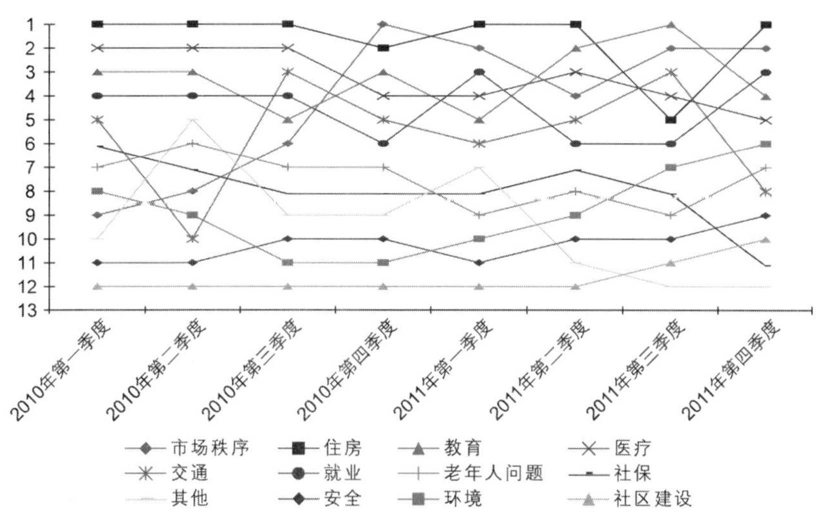


图11~5 2010~2011年北京市居民最关注的领域变化

## 二、2011 年北京市居民最关注的热点问题

### （一）"房价"是 2011 年北京市居民最关心的问题

"房价"连续三年蝉联本市居民最关注热点问题首位。2011 年 1~4 季度居民对"房价"关注度的提及率分别为 36.2%、38%、29%和 32.6%，同比分别下降了 18.2 个百分点、9.6 个百分点、18.4 个百分点和 5.0 个百分点，表明伴随房地产调控政策持续发力，调控取得积极成效，带来居民对房价的关注度有所下降。其中受商品房涌现降价潮影响，第 4 季度居民关注度重新上升。在住房领域，居民对"住房政策"和"房屋质量"的关注分别排在第二、第三位。

### （二）"物价水平"是 2011 年居民关注度仅次于"房价"的问题

调查显示，2011 年食品、生活服务及房租价格上涨对居民生活影响较大，居民对物价水平的关注度逐步攀升，1~4 季度居民对此提及率分别达到 23.3%、33.2%、30.8%和 25.7%。伴随稳物价政策逐步生效，第 4 季度物价水平明显回落，居民对当季物价关注提及率也相应降低。在市场秩序领域，居民对"食品安全"、"诚信交易"的关注分别排在第二、第三位。

### （三）“交通问题”受到居民高度关注

调查表明，近六成市民认可尾号限行、购车摇号、停车费上调等政策的缓堵效果，居民对交通拥堵问题的关注有所回落。2011 年 1~4 季度“交通拥堵”居民关注度提及率分别为 16%、36.1%、33.1%和 14.9%。同时，伴随北京市公共交通基础设施不断完善，缓堵措施倒逼机制逐步发力，公交出行理念逐步深入人心，市民公交出行需求日益上升，带来居民对“公共交通”的关注保持高位，2011 年 1~4 季度提及率分别达到 3.7%、28.2%、19.8%和 16%。

### （四）“医疗费用”在居民最关注热点问题中稳居第四

2011 年，伴随北京市推出预约挂号、更新扩充医保药品目录等举措，全市医疗服务水平有所提升，居民医疗费用负担有所减轻。居民对这些政策的后续效果仍保持高度关注，1~4 季度对“医疗费用”的提及率分别为 15.7%、30%、24.9%和 23.8%。同时，居民对公立医院改革能否带来方便患者就医和控制医药费用不合理增长等效果充满期待，对“医疗体制”的关注度稳步提升，1~4 季度提及率分别为 3.7%、14.5%、9.1%和 15.5%。

### （五）“就业难”和“教育体制”问题的居民关注度有所上升

伴随北京市经济增长放缓，企业用工需求有所下降，2011 年北京市就业增速有所回落，带来居民对就业难问题的关注度有所提升，2011 年 1~4 季度提及率分别为 13.7%、18.8%、13.9 和 21.1%。在就业领域，居民对“薪资水平、福利待遇”和“劳务市场管理”的关注分别排在第二、第三位。

当前，北京市优质教育资源存在总量严重不足以及布局失衡等问题，导致小学入学、“小升初”的择校热仍高烧不退，并有延烧至学前教育领域的趋势，居民对“教育体制”的关注度有所上升，希望推进教育体制改革以实现教育资源均等化。2011 年 1~4 季度居民对此的提及率分别为 4.9%、20.6%、11.7%和 22.3%。在教育领域，居民对“教育质量”、“教育收费”的关注分别排在第二、第三位。

### （六）“空气污染”问题的居民关注度迅速提升

近期，北京市等大城市频现雾霾天气，引发全社会对于城市空气质量监测标准和污染问题的追问，诸如PM2.5等环境科学专业术语逐步被人们所了解。调查显示，居民普遍感觉环保部门的空气质量监测数据和自己的直观感受"不相符"，2011年1~4季度，居民对此问题的提及率分别达到4.1%、14.8%、9.2%、21.1%。

此外，居民对"公共场所卫生"、"政府管理"、"市场安全"等问题也比较关注。

表11~9　　2011年居民关注热点问题变化

| 关注问题 | 第四季度提及率 | 第四季度排位 | 第三季度排位 | 第二季度排位 | 第一季度排位 |
|---|---|---|---|---|---|
| 房价 | 29.00% | 1 | 3 | 1 | 1 |
| 物价水平 | 25.70% | 3 | 2 | 3 | 2 |
| 交通拥堵 | 14.90% | 13 | 1 | 2 | 3 |
| 医疗费用 | 23.80% | 4 | 4 | 4 | 4 |
| 就业难 | 21.10% | 6 | 6 | 11 | 5 |
| 公共交通 | 16.00% | 11 | 5 | 5 | 19 |
| 教育体制 | 22.30% | 5 | 10 | 8 | 10 |
| 食品安全 | 19.90% | 8 | 13 | 6 | 9 |
| 空气污染 | 21.10% | 7 | 17 | 19 | 15 |
| 教育质量 | 16.80% | 10 | 14 | 17 | 21 |
| 诚信交易 | 25.90% | 2 | 85 | 25 | 61 |
| 医疗体制 | 15.50% | 12 | 18 | 21 | 20 |
| 公共场所卫生 | 13.60% | 14 | 19 | 14 | 17 |
| 政府管理 | 13.30% | 15 | 30 | 26 | 25 |
| 市场安全 | 16.90% | 9 | 36 | 31 | 69 |

## 三、2012年北京市居民的十大期盼

### （一）"房价降低"是2012年居民的首要期盼

2011年，在“新国八条”、“京十五条”等房地产调控政策持续作用下，全国商品房涌现降价潮。北京市通州、大兴等郊区县部分新开楼盘价格出现20%以上的大幅下调。同时，继住建部要求各地延长实施住房限购政策之后，中央经济工作会议再次强调“促进房价合理回归”的调控目标，带来北京市居民对于2012年“房价降低”的期盼十分强烈，蝉联居民十大期盼榜首，其关注度总体提及率达到20.3%。此外，在住房领域，居民还期盼“改善居住环境”、“增加经济适用房、公租房的数量”，提及率分别为15%、5.5%。

**（二）“减少污染”是2012年居民的第二大期盼**

近年来，北京市不断加大节能减排力度，居民生产生活环境得到较大改善。但2011年第四季度以来，北京雾霾天气增多，人们普遍感觉空气质量与政府环境监测数据不相符，美国驻华使馆发布PM2.5数据更是引发广大网民和北京市民震惊。受此影响，北京市居民希望2012年能够进一步“减少污染”，其关注度总体提及率达到16%。

**（三）“看病难、看病贵问题得到逐步解决”是2012年居民的第三大期盼**

2011 年北京市通过启动统一预约挂号平台，全面推进家庭医生式服务，逐步推进公立医院改革等举措，一定程度上缓解了市民挂号难、看病贵、看病不方便等问题。同时，居民对这些政策及改革的后续效果充满期待。展望2012年，居民期盼看病难、看病贵问题能够得到逐步解决，其关注度总体提及率为14%。

**（四）“稳定物价，保障人民生活”是2012年居民的第四大期盼**

2011年，北京市物价水平持续高涨，其中与百姓日常生活密切相关的食品、居住、服务类价格上涨幅度大大超出总体CPI的涨幅，加大了食品及居住消费支出占比超过40%的中低收入群体的生活压力。尽管在稳物价措施作用下第4季度物价水平呈现明显回落，但居民对未来物价走势仍心存疑虑。展望2012年，北京市居民期盼“稳定物价，保障人民生活”，其关注度总体提及率为11.2%。

**（五）“找到好工作或工作更好找”是2012年居民的第五大期盼**

2011年，北京市就业总量仍然保持平稳增长，但就业增速有所放缓，城镇登记失业率同比小幅上升。同时2011年全年物价水平持续上涨增加居民生活成本，促使居民就业意愿日益增强。2012年，北京市居民渴望工作更好找或者找到好工作，其关注度总体提及率为10.8%。

**（六）“交通拥堵状况继续缓解”是2012年居民的第六大期盼**

在一系列缓堵措施作用下，2011 年北京市交通拥堵状况得到一定缓解。但受近年来机动车持续超常增长带来全市路网承载能力达到极限，加上恶劣天气、突发事件、占路施工等因素影响，北京市发生长时间、大范围拥堵及交通瞬时瘫痪风险仍然存在。2012年居民期盼继续完善各项缓堵措施，促使交通拥堵状况继续缓解，其关注度总体提及率达到9%。

**（七）“加大养老投入，完善养老服务”是2012年居民的第七大期盼**

近年来北京市不断加快养老服务设施建设，积极落实各项老年优待政策，推行“9064”养老模式，北京市养老服务水平有所提升。但受老年人口持续扩大、区（县）财力不平衡、社会力量参与不足等因素影响，养老服务设施配置不均衡、养老服务内容单一、养老收费较高等问题仍然存在。2012年，居民盼望政府进一步加大在养老方面的投入，完善各项养老服务，其关注度总体提及率为7.5%。

**（八）“教育资源均等化”是2012年居民的第八大期盼**

伴随北京市中长期教育改革和发展规划纲要及“十二五”教育专项规划的逐步落实，北京市将根据产业发展和人口分布状况规划教育设施布局，继续实行城乡、区域内优秀教师流动制度，名校办分校等措施。2012年，居民期盼教育资源均等化程度逐步提升，其关注度总体提及率为5.5%。

**（九）“社会保障更好更完善”是2012年居民的第九大期盼**

2011年，北京市先后两次上调社会保障相关待遇标准，首次启动社会保障相关待遇标准与物价上涨挂钩联动机制， 进一步减轻了居民医疗、养老等费用负担，逐步缓解了低收入群体生活压力。展望2012年，在经济增长放缓形势下，居民期盼社会保障更加完善、社会保障水平逐步提升，其关注度总体提及率为3.8%。

**（十）“社会治安更好更安全”是2012年居民的第十大期盼**

当前首都社会治安总体形势保持平稳，群众安全感指数始终保持在90%以上，但经济社会生活中的不稳定、不确定因素仍然存在，维护首都治安稳定仍面临一定压力。2012年，北京市将继续以民生为重，促进城乡居民共享经济社会发展成果，社会和谐程度有望进一步提高。居民期盼社会治安更好更安全，其关注度总体提及率达到3.7%。

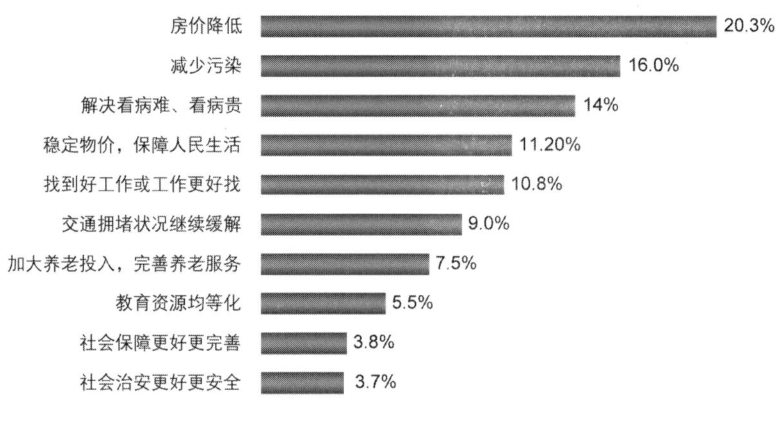


图11~6　2012年北京市居民的十大期盼

# 第十二章　首都经济圈

## 京津辐射作用增强 区域合作实质推进

全球化的深入发展催生着城市形态和竞争格局的变化，以特大城市为核心的城市群在未来发展中扮演着日益重要的角色。“十二五”时期，北京市将立足更大空间区域范围，从首都功能定位出发，更加注重区域协同和整体竞争力的提升，着力增强自身辐射带动作用，推动城市空间布局和发展形态完善，更好地为国家战略实施和区域共同发展服务，最终实现北京和周边区域的良性互动和互利共赢。

### 一、加快首都经济圈[①]发展的背景

#### （一）外部形势迫切需要首都经济圈加快发展步伐

从国际形势看，后金融危机时代世界经济政治发生深刻变化，国内外产业变革和调整加快进行，以特大城市为核心的城市群在国家发展中正扮演着日益重要角色。这就要求京、津等特大城市要以更宽阔的视野推动区域发展，代表国家在更高层次上参与全球分工。从国家战略看，国家“十二五”规划纲要明确将“首都经济圈”纳入国家区域发展总体战略，并将打造“首都经济圈”作为支持东部地区率先发展、推动东部三大区域经济一体化的战略重点，期待通过推动首都经济圈大幅跃升，打造全国经济发展“第三极”。

#### （二）国内多极崛起给首都经济圈发展带来直接竞争压力

2008 年以来，国家先后批准了近 40 个区域经济发展规划，全面启动

---

① 鉴于当前首都经济圈的空间范围尚未确定，本章以京津冀范围来代表首都经济圈。

包括长三角、珠三角、北部湾、海峡西岸、黄三角、中原经济区等多个区域发展，可谓东中西兼顾、全国遍地开花，可以清晰地看出加快区域发展已成为继 4 万亿元投资和战略新兴产业规划后，国家经济发展转型第三张牌的一个思路。各区域也呈现多极发展、齐头并进的态势，长三角、珠三角加快“腾笼换鸟”步伐，推动区域经济结构不断优化，形成区域轮动发展的新格局，这些都给京津冀发展带来一定的竞争压力。

### （三）区域自身发展要求客观上推动首都经济圈加快发展

从发展阶段看，当前京、津两大城市人口与资源环境矛盾日益突出，中心城功能及人口亟待疏解，迫切需要在更大空间范围来优化配置资源，完善城市功能布局，释放城市发展压力，实现城市的可持续发展；而河北则期待通过有效承接京津产业转移和功能扩散，加速自身产业转型升级，有效解决自身产业层次低、环首都贫困带等诸多问题。

### （四）推动首都经济圈发展是北京建设世界城市的需要

“十二五”时期，北京明确提出了要建设中国特色世界城市的目标。而纽约、伦敦、东京等国际大都市的成功实践证明，世界城市的形成和发展有赖于区域体系的强大支撑，区域内各城市间形成一种产业分工连锁关系，避免了产业结构的趋同化，在更大空间范围内进行资源的合理配置，实现城市群规模效应，进而促进首都经济圈产业分工合作，有利于拓展发展空间，提高产业集群和辐射能力，为世界城市的建设奠定能级提升的地缘基础。

## 二、2011年首都经济圈的发展现状

2011 年，首都经济圈发展虽受到国际经济复苏放缓、国内加大调控力度和北京实施房、车限购等不利因素影响，总体呈现稳中趋缓的走势，但区域内部经济结构不断优化，区域合作日趋紧密，区域整体竞争力和发展水平稳步提升。

延伸阅读：当前理论上对首都经济圈的几种划分方案

1982 年，《北京城市建设总体规划方案》首次提出了"首都圈"的概念。2004 年 11 月，国家发改委正式启动京津冀都市圈规划编制，2006 年，京津冀都市圈写进国家"十一五"规划纲要，与长三角都市圈共同成为区域经济规划的试点区域。2011 年，国家"十二五"规划把京津冀一体化和首都经济圈的发展上升到国家战略，标志着京津冀的区域合作进入了一个崭新的阶段。目前，对首都经济圈空间范围的界定主要有"2+5"、"2+7"、"2+8"、"2+11"等不同方案。

表 12~1　　首都经济圈的几种划分方案及比较

| 方案 | 主要依据 | 具体范围 | 来源 |
|---|---|---|---|
| "2+5" | 北京与周边城市的社会经济联系的历史成因 | 北京、保定、天津、唐山、秦皇岛、承德、张家口和已经消失的元上都开平府 | 王玲（1986）和范爱文（1999） |
| "2+7" | 首都与周边地区的社会经济联系强度 | 北京、天津、廊坊、保定、沧州、承德、张家口、唐山、秦皇岛 | 谭成文等（2000）和李国平等（2004） |
| "2+8" | 加入石家庄，主要考虑到其作为河北省省会的中心地位，方便京、津、冀区域间协调。 | 北京、天津与河北省的石家庄、廊坊、保定、沧州、承德、张家口、唐山、秦皇岛 | 国家发改委组织编制的《京津冀都市圈区域规划》 |
| "2+11" | 行政区划的完整性 | 北京、天津和河北 11 市（石家庄市、保定市、廊坊市、沧州市、唐山市、秦皇岛市、张家口市、承德市、邯郸市、邢台市、衡水市） | 河北省曾提出的京津冀都市圈 |

以上对首都经济圈划分方案都有其合理性，政治、经济、历史、区域协调等因素都可作为空间划分依据。但是，首都经济圈不仅是首都的影响圈，更是首都的支撑圈，因此，首都圈的空间范围不应只有固定的圈层，而应具有空间动态性，即根据空间距离、经济联系强度等因素划分出不同职能、联系与大小的首都圈空间范围。

### （一）经济增速有所放缓，区域实力稳步提升

2011 年，受复杂多变的国内外经济形势影响，京津冀三省（市）宏观经济走势与全国基本保持一致，均不同幅度地延续了 2010 年下半年以来的回调态势，进入相对稳定的增长区间（见图 12~1）。其中，**北京**主动推进发展方式转变和经济结构调整，实施了大力度的房市、车市调控措

施，受此影响，2011 年 1~9 月实现地区生产总值 11404.3 亿元，增速由2010 年同期的 10.1%降至 8%，在三省（市）中下滑幅度最大，排名降至全国后位。**天津**继续依托滨海新区大工业项目持续拉动和外贸快速增长，2011 年 1~9 月实现地区生产总值 8006.3 亿元，同比增长 16.5%，保持良好上升势头，增速居于全国前列，成为带动区域经济增长的主要动力。**河北**受投资结构调整优化和工业节能降耗影响，2011 年 1~9 月实现地区生产总值 17821.9 亿元，同比增长 11.3%，较 2010 年同期小幅回落 1.4 个百分点，但以物流、商贸为代表的生产性服务业保持了较快增长，成为全省经济增长新的驱动力。

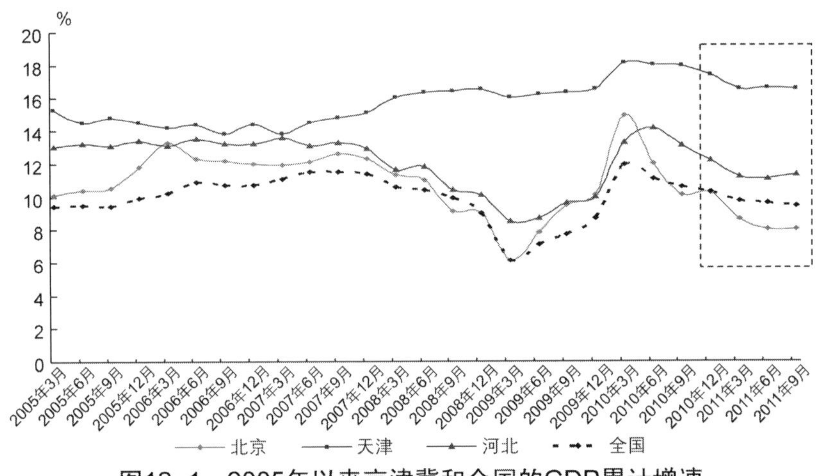


**图12~1　2005年以来京津冀和全国的GDP累计增速**

经过多年发展，首都经济圈已发展成为全国北方最大科技研发基地和产业密集区，依靠北京中关村国家自主创新示范区和天津滨海新区两大区域引擎，电子信息、汽车生产、高端装备制造、冶金和石油化工等产业发展势头良好，区域经济实力稳步提升。从全国生产力布局看，京津冀三省（市）GDP 占全国比重稳步提高，与珠三角的差距不断缩小。2011 年 1~9 月，京津冀 GDP 比重达到 11.6%，较 2010 年同期提高 0.3 个百分点（见表 12~2），已超过珠三角 11.5%的比重。

表 12~2　　2011 年 1~9 月全国三大经济圈主要指标对比

| 地区\指标 | | GDP（亿元） | 固定资产投资（亿元） | 出口总额（亿美元） |
|---|---|---|---|---|
| 全　国 | | 320692.4 | 212274.0 | 13922.7 |
| 首都经济圈 | 北京市 | 11404.3 | 3814.8 | 227.9 |
| | 天津市 | 8006.3 | 5190.3 | 328.6 |
| | 河北省 | 17821.9 | 11500.1 | 263.8 |
| | 小　计 | 37232.5 | 20505.1 | 820.2 |
| | 占全国比重 | 11.6% | 9.7% | 5.9% |
| | 2010 年同期比重 | 11.3% | 10.5% | 7.5% |
| 长三角 | 上海市 | 13725.6 | 3124 | 1464.9 |
| | 浙江省 | 22627.4 | 9629.3 | 1780.7 |
| | 江苏省 | 35113.1 | 18619.4 | 2405.6 |
| | 小　计 | 68450.2 | 31372.7 | 5651.3 |
| | 占全国比重 | 22.1% | 14.8% | 40.6% |
| 珠三角 | 广东省 | 36953 | 10934.3 | 4096.4 |
| | 占全国比重 | 11.5% | 5.2% | 29.4% |

**（二）经济结构不断优化，区域梯度逐步显现**

2011 年以来，京津冀三省（市）按照各自的区域功能定位要求，继续发挥区域比较优势，加快产业调整升级步伐，优势领域进一步扩大。其中，**北京**受国际市场变化影响，北京市通信设备、计算机及其他电子设备制造业下降 1.9%，受首钢涉钢产业调整影响，黑色金属冶炼及压延加工业下降 74.1%，第二产业区位商降至 0.47%，但北京市信息传输、计算机服务和软件业，租赁与商务服务业分别增长 23.5%和 15%，文化创意产业表现活跃，第三产业区位商升至 1.81%。**天津**依然受重大工业项目支撑作用明显，2011 年 1~9 月，天津市工业增加值同比增长 19.3%，拉动天津市经济增长的贡献率达到 57.8%，其中八大优势产业完成工业总产值 13818.8 亿元，同比增长 29.3%，第二产业区位商升至 1.17%。**河北**依托秋粮丰收和设施农业快速发展带动，2011 年 1~9 月，第一产业的区位商稳步提高至 1.42%，工业尤其是重化工业通过逐步承接京津地区的产业转移，得到了较快的发展，第二产业区位商攀升至 1.15%（见表 12~3）。

表 12~3　2007 至 2011 年 1~9 月首都经济圈产业区位商[①]变化（%）

| 区位商 / 年 份 | 北京市 | | | 天津市 | | | 河北省 | | |
|---|---|---|---|---|---|---|---|---|---|
| | 第一产业 | 第二产业 | 第三产业 | 第一产业 | 第二产业 | 第三产业 | 第一产业 | 第二产业 | 第三产业 |
| 2007 年 | 0.09 | 0.54 | 1.84 | 0.18 | 1.17 | 1.03 | 1.21 | 1.06 | 0.86 |
| 2008 年 | 0.1 | 0.53 | 1.83 | 0.17 | 1.24 | 0.95 | 1.12 | 1.12 | 0.83 |
| 2009 年 | 0.09 | 0.49 | 1.78 | 0.17 | 1.17 | 1.02 | 1.23 | 1.11 | 0.82 |
| 2010 年 | 0.09 | 0.52 | 1.74 | 0.16 | 1.14 | 1.05 | 1.26 | 1.13 | 0.8 |
| 2011 年 1~9 月 | 0.08 | 0.47 | 1.81 | 0.13 | 1.17 | 1.03 | 1.42 | 1.15 | 0.74 |

### （三）经济效益快速提升，区域发展后劲强劲

2011 年，尽管区域整体增速有所放缓，但京津冀三省（市）的政府、企业和个人三方面效益均好于历年同期水平，经济保持较高质量增长，区域发展潜力强劲。1~9 月数据显示，京津冀三省（市）地方财政一般预算收入分别增长 26.5%、40.9%和 38%，工业企业利润分别增长 10.9%、26.3%和 28.5%，城镇居民人均可支配收入分别增长 9.3%、14%和 11%。从发展取向看，**北京**对房、车市场依存度逐步减弱，投资重点向服务业、生态环境、公共领域倾斜，动漫网游、影视制作、文化演出、艺术品交易等文化创意产业表现活跃，“软产业”对经济的贡献愈加突出。**天津**继续加快滨海新区制造业与生产性服务业的融合，围绕航空航天、石油和化工、装备制造、电子信息、生物医药、新能源新材料、轻工纺织、节能环保等八大主导产业，着力构筑自主创新的大工业高地。**河北**走新型工业化道路态势日趋明显，一方面加大用新技术、新工艺、新装备改造传统产业力度，提高

① 产业区位商计算公式：HQij = (Hij / Hi)/(Hj / H)，其中，HQij 表示 i 地区 j 产业的区位商，Hij 表示第 i 个地区、第 j 个产业的产出，Hi 表示 i 地区的全部产出；Hj 表示全国 j 产业的全部产出，H 表示全国所有产业的总产出。一般来讲，当区位商显示超过 1 时，说明该产业在该地区拥有一定的比较优势。

产品技术含量和附加值，实现钢铁、装备制造等传统制造业由大变强；另一方面培育壮大战略性新兴产业，把新能源、新一代信息、生物医药、高端装备制造业发展成为未来支柱产业。

**（四）步入不同发展阶段，呈现各异转型特征**

2011 年，面对深刻变化的国内外环境，京津冀三省（市）呈现出迥然不同的发展转型特征。**北京**人均 GDP 超过 1.2 万美元，率先迈入后工业化时期，经济增速有所趋缓，“大城市病”日益凸显，“实现降速增质、完善城市功能、注重产业升级、加速社会转型、寻求区域支撑”成为这一阶段北京发展转型的主要方向。**天津**人均 GDP 超过 1 万美元，处于工业化后期，投资仍然是它主要推动力，产业集聚效益将进一步增强，相当一段时间还将保持快速增长势头，面临的主要任务是如何尽快由要素驱动向创新驱动、由粗放向集约转变，如何构筑自主创新高地和科技实践领航区。**河北**人均 GDP 超过 4000 美元，处在工业化中期和城镇化加速发展的时期，发展方式相对粗放，主要靠资源加工和规模经济，面临主要任务是加快产业结构调整，提升产品技术含量，提高中小城市功能承接能力和城镇化水平。

**（五）经济联系日趋紧密，区域合作显现成效**

近年来，京津冀三省（市）在生态、资源、能源、交通、旅游、产业等诸多领域进行了合作并取得一定成效。2011 年，**北京**继续优化工业布局，首钢钢铁主流程实现停产，中关村国家自示范区管委会与廊坊市政府签署区域战略合作框架协议后，通过技术输出、人才交流等形式，逐步加强与周边城市的合作，一批中关村“十百千工程”企业和瞪羚企业在周边建立子公司或生产基地。**天津**发挥作为创新服务区和高端产业化基地的优势，积极吸引科技成果区域内部就近转化，与北京的技术合同成交额达到 16 亿元，居环渤海地区第一位，居全国第四位。**河北**则主动出台了“环首都绿色经济圈”规划，在七大新兴产业领域谋划了一批基地，旨在通过吸纳承接京津产业转移，加快高端产业聚集，促进区域内产业融合提升，同时还将建设一批养老休闲度假健身、观光农业、有机蔬菜和宜居生活基地。

## 三、首都经济圈发展面临的机遇与挑战

### （一）面临的主要机遇

**1．首都经济圈不过分依赖出口经济结构，在后金融危机时期更显竞争优势**

金融危机结束后，世界经济处在大变革大调整之中，发达国家将进一步巩固其在国际产业转移中的主导作用，积极增加对外投资，为本国新兴产业发展获取更多资金。同时，新兴经济体和石油输出国组织具有大量的财源，正通过其跨国公司实施国际化战略。这些力量将导致国际产业转移进程重新加快。尤其是北京的经济结构经历了多年调整，已形成了第三产业主导的产业结构，经济增长并不是过分依赖出口，抗击风险的能力显然强于其他沿海一些地区；在应对金融危机的过程中，国家实行积极的财政政策和适度宽松的货币政策，为上马重大项目创造了条件，加上北京发展高新技术和现代服务等产业的优势，使北京经济发展的潜力依然巨大。

**2．北京建设具有中国特色世界城市的新定位为首都经济圈发展带来新机遇**

北京把建设世界城市作为自己未来发展的新定位，要坚持高端，以更宽的视野，在经济、文化、科技等领域，进一步加强与国际最高水平的企业、经济组织、文化创意组织、科研机构等的交流与合作，不断提高对外开放水平和国际化程度。要抓住国际金融危机给世界带来政治、经济大转折的机遇，把自主创新放在更加重要的位置，大力推动产业升级，发展高端产业。这一新定位使北京立足于更大的空间范围，综合京津冀的区域力量，在交通、生态、环境、水资源和土地开发利用、产业结构等方面打破现有行政分割，合理布局，从而使北京真正成为世界城市之一，同时带动周边城乡比翼齐飞。

**3．首都经济圈资源互补、发展阶段的不同奠定了区域产业梯度布局和分工合作的基础**

北京已率先迈向后工业化社会，产业发展的任务是优化升级，需要扩

散传统制造业和重化工业，大力发展高端制造业和生产性服务业；与此同时，圈内其他区域仍处于工业化中后期，需要集聚产业、做大规模，具备承接产业的可行性。同时，京津冀三省（市）产业梯度明显，结构水平由高到低呈“北京→天津→河北”的格局，合作互补性很强，完全有可能在区域内形成拥有基础产业、高端制造业和生产性服务业错位发展的合理产业分工格局。

**4．前期多个领域有效合作为首都经济圈产业合作打下良好基础**

长期以来，京津冀三省（市）已在生态、资源、能源、交通、旅游等诸多领域进行了有效合作。2011 年河北省出台了“环首都绿色经济圈规划”，提出建设“1 圈、3 城、4 区、6 基地”，主动加快与北京产业转移的对接；中关村国家自主创新示范区、天津滨海新区、曹妃甸新区的全面建设，也增强了对区域产业链型连接的重大带动和示范作用；高铁连通京津两地仅需半小时，规划建设中的高速铁路网络将使唐山、保定、沧州等临近城市进入北京的“1 小时交通圈”。

**（二）面临的主要挑战**

**1．区域内自成体系的发展路径尚需协调**

珠三角由于在同一行政区划内，内部协调能力强，容易统一行动；长三角地区苏南和浙江经济发达，与上海经济落差小，有很强的话语权，江浙对上海是较大的支撑，所以一体化进程也比较顺利。反观京津冀三地发展合作，受当前行政区划体制影响，京津两大主体都没有显示强烈的合作需求，河北又与京津存在较大落差，始终处于被动地位。区域内部区域壁垒比较明显，从产业定位到具体项目，存在严重的同质化竞争，尚未形成统一的区域人才流动市场、资本市场、技术交易市场、产权交易市场等，导致区域内项目重复建设和资源不合理配置。

**2．区域内合理的产业链分工梯度尚未形成**

近年来，京津冀一体化进程在交通基础设施、环境保护等方面的合作取得了一定的进展，但在产业转移、市场、人才等方面的合作还较少，一体化合作的深度和广度仍然有限。从区域产业梯度看，由于长期以来区域开放度和市场化程度较低，区域民营经济发展较慢，周边中小城市特色不突出，河北以能源、原材料和加工制造业为主，科技转化能力不强，造成北京的科技存量优势和天津的高端制造优势，对河北的辐射带动能力和市场实现能力较弱，合作领域仅局限于产业链的低端环节。以北京为例，第二次经济普查结果显示，北京法人单位在津冀两地设立产业的单位不足700 家，涉及的行业主要是黑色金属采选业和电力、热力的生产和供应业两个行业，单位数仅为 7 家，从业人员却占 70%以上，表明其他行业的单位规模较小、行业分布散。

**3．区域内合理的中小城市网络体系尚未形成规模**

由于区域内资源配置的不合理，造成当前京津等大城市极化效应仍大于辐射效应，要素资源难以流动到中小城市，各层级城市间的功能联系难以紧密，与长三角、珠三角拥有一大批经济实力雄厚、产业特色分明的中小城市相比，京津冀区域始终缺乏具有一定发展水平的中小城市作为大城市发展的依托和外延，区域内合理的梯状城市空间体系尚未形成，影响到区域整体竞争力的提升。此外，从区域发展看，东南部的唐山、廊坊等地区由于区位优势显著、交通条件便利等因素，接受京津产业转移及辐射机会较多；而西北部如承德、张家口等城市由于与京津距离较远，且有山地阻隔，导致其与京津的经济社会联系比较松散，参与区域分工合作的机会较少，使其经济发展水平落后于其他地区。

**4．区域内整体资源日益短缺，协调发展难度加大**

目前，京津冀人均水资源是长三角的 1/2，不足珠三角和全国的 1/10，远低于国际公认的 1000 立方米的警戒线。北京 100%的天然气和石油、95%的煤炭、64%的电力和 55%的成品油依靠外地调入。京津冀自然生态历来脆弱，植被退化、水土流失、土地沙化现象严重。地处北京西北部的大多数城市作为京津的生态屏障和城市供水水源地，为了完成保障使命，封山育林、退耕还林还草，压缩工农业用水。但合理、有效的区域补偿机制一直没有建立起来，造成经济发展相对落后，可持续发展能力不强，区域内部协调发展的难度不断加大。

延伸阅读：北京已属于极度缺水地区

当前，北京人均水资源量仅为 329 立方米/人，如果加上常住的流动人口则仅为 260 立方米/人，这就意味着北京的人均水资源占有量甚至低于世界最贫水的国家之一以色列的水平。北京市人均水资源量是全国人均占有量的 1/8，是世界人均占有量的 1/30，远远低于国际公认的人均 1000 立方米的下限标准。按现有缺水程度标准划分（指标体系由水利部水资源司综合联合国组织著名专家看法，结合中国具体情况而定），北京市属于极度而非重度缺水地区。

表 12~4　　水资源紧缺指标界定

| 人均水资源量（立方米/年） | 紧缺度 | 表现主要问题 |
|---|---|---|
| 1700～3000 | 轻度缺水 | 局部地区、个别时段出现水问题 |
| 1000～1700 | 中度缺水 | 将出现周期性和规律性用水紧张 |
| 500～1000 | 重度缺水 | 将经受持续性缺水，经济发展受到损失，人体健康受影响 |
| <500 | 极度缺水 | 将经受极其严重的缺水，需要调水 |

展望 2012 年首都经济圈发展，机遇与挑战并存，但机遇大于挑战。在首都经济圈国家战略、北京建设世界城市、天津打造滨海新区和河北加快建设“环首都绿色经济圈”等大力度举措的推进下，京津冀三省市有望主动加强各领域尤其是产业合作，区域资源要素流动和区域一体化进程将进一步加快，以京津为核心的城市群体系将在区域发展中扮演重要角色，首都经济圈在全国生产力布局中也将占有更加重要地位。

## 四、促进首都经济圈产业发展合作的总体考虑

### （一）总体思路

首都经济圈产业合作发展应立足于着重优化提升首都功能，坚持“创新驱动、资源集约，优势互补、合作共赢”的原则，发挥市场配置资源的基础性作用，发挥首都科技创新支撑、高端制造带动和示范服务应用的优势，

着力打造两城两带，构筑战略性新兴产业集群；着力增强“北京创造”、“北京服务”对区域产业升级的引擎带动作用；着力构筑合作对接的平台，推动要素在区域内自由流动，推进产业对接、市场对接，以区域内产业链的延伸和拓展为主线，增强区域经济协同效应，推动生产环节向区域内低成本地区转移，推动首都服务资源向区域辐射，形成区域内产业梯度分工合作的格局，把首都经济圈建设成为具有全球影响力的生产性服务业中心、高端制造中心、战略性新兴产业策源地，使首都功能在更大的区域上得到发挥，推动首都经济圈的控制力和影响力的进一步提升。

### （二）主要合作领域

**1．创新支撑与区域转化并重，提升首都科技创新对区域发展的辐射作用**

以首都为创新引擎，集成创新资源，依托创新平台，增强首都在标准创制和关键技术方面的核心支撑功能；推动中关村国家自主创新示范区对周边产业园区的辐射，促进科技成果到周边转化；鼓励在京企业、高校科研院所与周边省市联合兴办研发机构，积极开展技术合作研究；支持区域内企业共同设立产业基金、产业和技术联盟，促进区域内企业并购重组。

**2．服务自身与服务区域协同，提升首都生产性服务业的辐射带动作用**

积极发展面向周边城市的金融、信息、科技、商贸流通、文化创意等服务以及技术、产权等要素市场，增强对区域生产组织和要素配置的服务；构筑“国内外联通、区域内一体”的现代物流体系；在北京建设服务区域、服务全国、辐射世界的生产性服务业中心城市同时，带动周边城市产业结构升级和参与全球竞争。

**3．高端引领与产业链配套衔接，提升首都经济圈高端制造业能级**

以高端、高效、高附加值为方向，壮大首都的技术创新能力强、龙头企业支撑作用突出、产业关联带动效应明显的高端制造集群，着力完善产业链空间布局，通过“龙头企业—产业链—产业群”的发展模式，实现生产环节在更大区域内转移；推动一般制造业向北京市外转移，生产加工基地转移在成本较低的周边地区，形成区域合理的价值链分工。

**4．发挥首都市场和总部经济对首都经济圈的引领作用**

持续扩大总部企业的影响，支持总部企业到周边建设生产基地和配套服务基地，进一步拓展总部经济的产业链条；充分利用首都市场的优势，支持周边优良的农副、旅游等产品展销；进一步发挥首都丰富信息资源优势，促进区域内政务、商务及公共信息有效共享。

**（三）主要承接区域**

**1．深化产业集群合作，打造三条特色产业承接带**

（1）京津塘产业带。以北京亦庄经济技术开发区、廊坊永定电子信息产业、天津滨海新区高新区为主要支撑，鼓励科技创新和发展现代制造业，重点布局移动通信、数字电视、生物医药、装备制造、高速动车组以及航空航天等产业集群。

（2）京唐秦产业带。由通州、顺义延伸至唐山、秦皇岛，着重发挥传统工业基础优势，积极发展汽车制造、新能源、新材料等高端制造业，建成布局合理、功能协调的制造业密集带。

（3）京保产业带。以北京燕房石化新材料基地、窦店高端汽车零部件基地、保定汽车及零部件制造基地、保定新能源及能源装备产业基地为依托，重点布局石化新材料、汽车及零部件制造、新能源装备制造等产业集群。

**2．强化重大项目引领，打造三个产业合作示范区**

（1）京南临空新区。主要以大兴区南部、廊坊市等区域，以首都新机场建设和周边区域开发为契机，开辟跨行政区划的一体化开放试验区，重点打造临空经济，促进战略性新兴产业、高技术产业和高端制造业集群发展，建设成为首都和首都经济圈的战略支撑新区域。

（2）曹妃甸新区。充分发挥能源、原材料及港口优势，继续深化与北京在钢铁、石化等方面的分工与合作，推动以钢铁、能源、建材、石化、装备制造等为主的重化工业临海布局，重点建设曹妃甸工业区、临海工业区、大港石化区、渤海新区，布局钢铁、石油化工、精细化工、海洋化工、煤化工、盐化工等产业集群。

（3）环滨海区域。依托临近天津滨海新区的地缘优势，发挥中关村国家自主创新示范区对该区域的科技辐射作用，以服务滨海新区重大项目为契机，发挥科技、人才、资本的密集优势，促进北京科技创新成果在该区域转化，强化中关村与滨海新区的深度战略合作关系，共同打造高科技和现代产业融合发展区。

## 五、政策建议

### （一）加快推动国家层面的首都经济圈总体规划出台及相关协调机构设立

统一的区域规划是京津冀发展合作的基石。北京应积极落实国家“十二五”规划纲要关于打造首都经济圈的战略部署，主动加强与国家发改委等有关部门衔接，做好相关协助工作，加快推动国家层面的首都经济圈规划编制和出台，并积极争取国家在重大基础设施布局、项目审批核准、体制机制创新等方面对京津冀发展给予优惠扶持政策。此外，考虑到京津冀三省（市）产业差级大，行政壁垒强，发展合作中存在一定顾虑和矛盾，建议设立国家层面的首都经济圈区域合作协调机构，统筹推进各项工作，强化在区域共同政策、重大项目建设、产业用地合作、跨区利益分享等方面的统一协调工作，及时指导和解决京津冀区域发展的重大问题。

### （二）加快首都经济圈基础设施和要素市场一体化建设

基础设施和要素市场一体化是京津冀合作发展的物质支撑。**首先，**京津冀三省（市）应逐步统一规划区域内城市快速铁路、高速公路、港口、机场等重大交通项目建设，并加强在水利、电力、能源和可再生能源等领域的开发合作，从区域整体层面超前规划建设区域大交通、大能源供应、大信息网络等基础设施网络体系。同时也要科学规划建设时序，避免因基础设施一体化可能带来的区域人流、物流短期内加速向大城市集聚势头，不利于区域平衡发展。**其次，**京津冀三省（市）应加强在税收分配、土地利用、资金融通、人才流动、市场准入、社会保障、公共服务和创业生活等方面政策协调，加快推动生产资料市场、人才市场、资本市场和产权交易市场的区域一体化进程，以降低区域交易成本，加快区域要素自由流动，推动区域共同发展。

延伸阅读：区域一体化的“四阶段”理论

**贸易一体化，**即取消对商品流动的限制。京津冀作为国内的三个一级行政区，不存在贸易的壁垒，市场开放从20世纪90年代已经达成共识，即发挥整体功能，形成一个经济区。虽然京津冀在市场一体化方面还不够成熟，但大体上已经迈过了这个阶段。

**要素一体化，**即实行生产要素的自由流动。包括人员自由往来、基础设施共建共享和产业转移等。京津冀的目前阶段，可以判断为初步实现要素一体化。例如，京津城际轨道2008年6月投入运营，北京至天津全程直达运行时间只需29分钟左右；首钢搬迁落户河北曹妃甸；北京一机床铸造车间迁到河北保定市高碑店，北京内燃机总厂铸造车间迁至河北沧州市泊头，北京白菊公司洗衣机生产基地也迁至河北霸州。

**政策一体化，**即区域内经济政策的协调一致。这是京津冀都市圈加强区域合作的当务之急。因为区域功能定位的认定、空间布局上的对接刚刚开始，所以我们判断，目前阶段是迈向政策一体化的阶段。淡化行政区划的关系，加强合作，强化经济关系，根据发展需要尽可能超越行政区划限制，需要对城镇空间布局提出战略性的规划方案。

**完全一体化，**即所有政策的全面统一阶段，需要经历政策一体化的阶段之后，向完全一体化演进。京津冀地区进入完全一体化阶段还需要相当长的时间。

### （三）充分发挥核心城市在首都经济圈产业升级中的引擎带动作用

产业分工合作是京津冀合作发展的长远保障。**首先，**继续发展好北京中关村国家自主创新示范区、天津滨海新区和河北曹妃甸三个主要的区域产业增长极。**其次，**加大提升京津等核心大城市在生产性服务业的辐射带动作用，积极发展面向区域的金融、信息、科技、商贸和文化创意等服务，完善服务业产业链区域空间布局，通过“龙头企业—产业链—产业集群”的发展模式，实现产业环节在区域内转移和配套。**再次，**发挥核心大城市作为总部中心、市场中心和信息中心对区域产业分工合作的引领作用，支持总部企业在区域内建设生产基地和配套服务基地，进一步拓展总部经济的产业链条；利用大城市的市场优势，支持周边地区的都市工业、农副产业和旅游等产业发展。

## （四）进一步完善首都经济圈阶梯形的城市群体系

特大城市的发展都离不开区域内中小城市群的有力支撑。**首先，**严格控制北京和天津的中心城人口规模，合理引导中心城人口向综合性新城和周边地区有序转移。北京应以中国特色世界城市为目标，着力发展生产性服务业、文化创意产业、高技术产业，完善提升首都服务功能，建设国家政治中心、国际交往中心、文化中心和创新中心；天津应以国家中心城市为目标，加快形成高水平的现代制造业和研发转化基地，巩固国际航运中心和物流中心地位，加快宜居生态型新城区建设。**其次，**进一步完善和提升唐山、保定、廊坊、承德、张家口等区域重要节点城市的服务功能和综合承载能力，处理好二级城市特色作用和中心城市的辐射作用关系，既要疏解京津的大城市压力，也要有利于形成河北新的增长极。**再次**加快发展区域广大中小城市和小城镇的特色经济，加快当地交通、通信、供电、供排水等基础设施一体化建设和网络化发展，根据实际适当放宽外来人口落户条件，增强公共服务和居住功能，发挥连接大中城市的区位优势。

延伸阅读：从戈特曼城市群理论到世界六大城市群

1942 年，一次美国之行激起了法国地理经济学家戈特曼的灵感，城市群理论开始孕育。1957 年，他提出了“大都市经济圈（带）”的概念，1961 年，戈特曼的城市群理论终于闪亮登场。《城市群——城市化的美国东北海岸》一书在美国出版。又经 20 年的悉心研究，1976 年，戈特曼系统提出了六大城市群理论。按其标准，世界上有六大城市群。

**（1）美国东北部大西洋沿岸城市群。**该城市群从波士顿到华盛顿，以波士顿、纽约、费城、巴尔的摩、华盛顿几个大城市为核心，涵盖 40 个 10 万人以上的中小城市。

**（2）北美五大湖城市群。**该城市群分布于五大湖沿岸，从芝加哥向东到底特克利夫兰、匹兹堡，并一直延伸到加拿大的多伦多和蒙特利尔。

**（3）日本太平洋沿岸城市群。**指从千叶向西，经东京、横滨、静冈、名古屋到京都、大阪、神户的范围。

**（4）欧洲西北部城市群。**由大巴黎地区城市群、莱因—鲁尔城市群，荷兰—比利时所构成。

**（5）以伦敦为中心的城市群。**由伦敦至利物浦一线的城市构成。由曼彻斯特、利兹、伯明翰、谢菲尔德等大城市以及众多小城镇构成。

**（6）以上海为中心的长三角城市群。**由苏州、无锡、常州、扬州、南京、南通、镇江、杭州、嘉兴、宁波、绍兴、舟山、湖州等城市与上海一起组成。

### （五）引导区域内雄厚央企资源积极参与首都经济圈发展

京津冀发展合作的最终主体应是符合市场规律的企业主体。京津冀三省（市）应逐步消除在人才、物流、资金、信息等方面流动障碍，引导鼓励在京津的大企业，尤其是区域内实力雄厚的央企参与京津冀发展。如支持央企在区域内设立总部级的管理和研发分支机构，通过总部经济模式开展跨区域经营；支持央企通过资本、技术、商标、专利和标准等知识产权为纽带实现品牌输出和区域市场拓展；支持央企通过产业联盟或技术联盟形式拓展区域市场；鼓励央企科研机构、公司企业的服务环节在区域内实现外包。

### （六）探索首都经济圈跨区域发展合作的新机制

现有行政区划下的土地利用和利益分配始终是影响京津冀发展合作的主要问题。**首先，**京津冀三省（市）应积极探索“区域内部产业用地合作模式”，如探索在河北开发区内划出部分土地，建设产业区园中园，按照统一规划，由京津组织实施和具体运作；探索将开发园区整体由京津委托，建设托管园区，进行规划和开发建设；探索“BOT 飞地模式”，设立“试点园区”，将产业园区长期划归京津整体管理，培育区域特色明显、有较强竞争力的产业集群，若干年后移交当地。**其次，**积极探索“跨区利益分享机制”。如构建区域 GDP 和财政收入跨区调整机制，设定一定年限，将转移企业创造的 GDP 和财政收入按比例阶段性返还给迁出区；如以横向财政转移支付方式补偿接纳区所承担城市功能疏解、低端产业承接、人口转移问题，在利益机制上保证双方有动力开展长期合作。

延伸阅读：国内外区域经济合作的主要经验借鉴

（1）**重视基础设施和金融方面的合作。**提高区域性基础设施建设深度，在交通通讯设施基础上，重视区域性信息网络建设，强调信息资源的联合开发与共享。在区域市场建设方面把加强跨地区资金市场建设作为重点合作内容。

（2）**以产业和企业合作为切入点。**区域经济合作组织努力发展企业间实质性合作，对共同发展大型产业项目呼声提高；强调配合现代企业制度的建设，共同推进区域内企业的联合和兼并，采取投资参股等新的合作方式进行跨区资产重组。

（3）**重视资源联合开发与环境保护和治理。**区域性旅游资源开发受到重视，水资源的开发利用和保护成为重要的区域合作问题。环渤海地区内，北京、天津与河北在水资源保护、京津风沙源治理等方面都开展了颇有成效的合作。

（4）**重视科技合作。**如欧盟成立了欧洲层面的研究基金，加强了欧洲产业的科技基础，提高了其国际竞争优势。欧盟的"科技框架计划"是为科研项目筹集资金以及促进欧洲研究区域发展的重要引擎。

（5）**重视维护公平竞争和共同市场的合作。**欧盟的竞争政策是共同市场不可或缺的，它为共同市场中的参与方搭建了一个覆盖欧盟所有成员国的公平竞争平台，促进了商品、服务、人员和资本在共同市场中自由流动。同时，欧盟竞争政策开始通过创造有利于创新和技术进步的氛围来提高经济效率。

（6）**政府积极发挥推动、引导、协调作用和服务功能。**对市场一体化的障碍进行清除，推动市场体系的培育和建设，加速全国统一市场的进程。在区域合作的初期，制定相应的鼓励合作的优惠政策、认真抓好政策的落实执行、充分发挥政府的调控和引导作用尤为重要。